湖南省湘学研究院系列成果

推进中国现代化进程的湘学名人丛书

主　编：刘建武　执行主编：刘云波　副主编：郭钦

推进中国政治现代化进程的十大湘学名人

李　斌◎主编

中国社会科学出版社

图书在版编目(CIP)数据

推进中国现代化进程的湘学名人丛书/刘建武主编.—北京:中国社会
科学出版社,2014.10
ISBN 978 - 7 - 5161 - 4723 - 8

Ⅰ.①推… Ⅱ.①刘… Ⅲ.①名人—生平事迹—湖南省—现代
Ⅳ.①K820.864

中国版本图书馆 CIP 数据核字(2014)第 193476 号

出 版 人　赵剑英
责任编辑　王　茵
特约编辑　周　荃
责任校对　任晓晓
责任印制　王　超

出　　　版　中国社会科学出版社
社　　　址　北京鼓楼西大街甲 158 号(邮编 100720)
网　　　址　http://www.csspw.cn
　　　　　　中文域名:中国社科网　　010 - 64070619
发 行 部　010 - 84083685
门 市 部　010 - 84029450
经　　　销　新华书店及其他书店

印　　　刷　北京市大兴区新魏印刷厂
装　　　订　廊坊市广阳区广增装订厂
版　　　次　2014 年 10 月第 1 版
印　　　次　2014 年 10 月第 1 次印刷

开　　　本　710×1000　1/16
印　　　张　80.25
字　　　数　1048 千字
定　　　价　258.00 元(全 5 册)

总　序

　　在五千多年的历史长河中，中华民族以自己的勤劳、勇敢和智慧创造了灿烂的古代文明，为人类社会发展做出了卓越贡献。但 18 世纪中叶以后，古老的中国却在世界工业革命的浪潮中落伍了。从 1840 年鸦片战争开始，西方列强的坚船利炮打破了清朝政府"天朝上国"的迷梦，中国逐渐沦为半殖民地半封建社会，中华民族进入了百年苦难时期。也正是从那时起，推进中国现代化进程，实现中华民族伟大复兴，成为无数志士仁人矢志不渝的梦想。

　　"一本湘人奋斗篇，半部中国近代史。"在百年艰难曲折的中国早期现代化进程中，湖南人做出了突出贡献。在近代史上，涌现了魏源、曾国藩、左宗棠、谭嗣同、黄兴、宋教仁、蔡锷等杰出人物，开启了中国早期现代化的思想闸门和实践进程；近现代以来，又涌现了一大批经济文化和科学教育等领域的杰出人物，比如，民族矿业先驱梁焕奎、民族化学工业之父范旭东、"盐碱大王"李烛尘等实业家，著名工程师宾步程、兵工大师李待琛、医学微生物学家汤飞凡等科学家，画家齐白石、历史学家翦伯赞、剧作家田汉等文化大师；特别是新民主主义革命时期，在争取民族独立和人民解放、推进中国现代化进程中，涌现了以毛泽东、刘少奇、任弼时、蔡和森、彭德怀、贺龙、罗荣桓等为代表的湘籍无产阶级革命家群体，领导中国人民推翻三座大山，建立了社会主义新中国，开辟了中国历史新纪元。这些湘籍杰出人物，都是源远流长的湖湘文化孕育出来的湘学名人，他们以其文韬武略，叱咤风云，对中国的现代化进程产生了巨大推动作用。

如此众多的政治、军事、思想和文化名人，在百余年内高度集中地出自湖湘大地，其勋名之著、业绩之丰、人数之众，全国无出其右，这绝非偶然。可以说，正是湘学所倡导的心忧天下的爱国情怀、敢为人先的进取精神、经世致用的务实学风、兼容并蓄的开放胸襟，激励着湖湘人士为民族独立和人民解放、为国家富强和人民富裕而鞠躬尽瘁、死而后已。"惟楚有才，于斯为盛"，这既是时代大潮呼唤催生的产物，更是千年湘学氤氲荏苒的结果。

为了深入研究和生动揭示中国现代化进程，进一步激发和凝聚实现中华民族伟大复兴中国梦的强大精神力量，湖南省湘学研究院组织专家学者，推出了这套《推进中国现代化进程的湘学名人》丛书。丛书包括思想卷、政治卷、军事卷、经济卷、科技卷五卷，集中展现了我国现代化早期 50 位湘学名人在思想、政治、军事、经济、科技等方面的成就，生动诠释了湖湘文化的精神特质，深刻揭示了湖南在中国近现代独领风骚的历史之谜，为我们传承和弘扬湖湘文化优良传统，增强三湘儿女的文化自觉和文化自信，推动湖南改革发展，提供了难得而宝贵的精神养料。

习近平总书记强调，博大精深的中华优秀传统文化是我们在世界文化激荡中站稳脚跟的根基，要使中华优秀传统文化成为涵养社会主义核心价值观的重要源泉。湘学是中华传统文化百花园中的一朵奇葩。加强湘学研究，努力把湘学研究院打造成为有影响的"湘"字号文化品牌，对传承和发扬中华优秀传统文化，推进湖湘文化的创新和发展，都具有重要意义。丛书的出版，是我省湘学研究的又一有价值的成果，必将有力地推动湘学研究和宣传的进一步深入，引导人们不断弘扬湖湘文化优良传统，为加快富民强省凝聚起更大更强的正能量。

当前，实现国家富强、民族振兴、人民幸福的中国梦，正激励着全体中华儿女为之不懈奋斗。7200 万三湘儿女理当传承湘学名人优秀品质，发扬光大湘学优良传统，自觉担当共筑中国梦的时代责任，为加快我省改革发展，推进中国现代化进程，实现中华民族伟大复兴，做出无愧于历史、无愧于时代的新贡献。

　　是为序。

许又声

2014 年 6 月

（作者系中共湖南省委常委、宣传部部长，湖南省湘学研究院名誉院长，湖南省湘学研究指导委员会主任）

目　录

前　言

　　中国政治现代化是一个历史过程，晚清社会开始即启动了政治现代化的进程。在有着两千多年封建社会历史的中国实现政治现代化，其历史进程漫长而曲折艰难。

　　近代以来，无论是魏源、姚莹等思想家介绍西方文化，还是以奕䜣、李鸿章、曾国藩、左宗棠、张之洞为代表的洋务派官员主张学习西方列强的工业技术和商业模式，他们已开始窥探西方的政治制度。戊戌维新时期，陈宝箴、康有为、梁启超、谭嗣同、唐才常等人倡导变法维新，尝试进行政治层面的某些改革。辛亥革命时期孙中山、黄兴、宋教仁等资产阶级民主革命家，提出了建立民主共和国的政治方案。与此同时，一批主张君主立宪的人士如杨度、谭延闿等人，推动了清政府的立宪运动。辛亥革命爆发后，彻底推翻了帝制，建立了中华民国，此后中国经历了北洋政府、国民党的南京国民政府，各种民主政治制度在曲折中不断发展，但"真正的民主共和"仍未能在中国全面实行。中华人民共和国成立后，建立了社会主义制度，制定了《中华人民共和国宪法》，实行人民代表大会制度这一根本政治制度，以多党合作和政治协商制度、民族区域自治制度、基层群众自治制度为基本政治制度，并在其他政治制度上继续探索，使中国政治不断向"真正的人民当家做主"的目标迈进。

　　为了建立富强、民主、文明、自由、平等、公正、法治的国家，无数仁人志士在推进中国政治现代化进程中殚精竭虑，其中，一批杰出的湘学人士为此立下了不朽的功勋。

　　鸦片战争以后，一部分开明知识分子和卓有远见之士，开眼看世界，开始介绍、褒扬西方的科技文化乃至政治制度。以学习西方科技为主的洋务运动，没能改变中国的命运。中日甲午战争后，一批有识之士痛定思痛，开始尝试提出学习西方的政治制度。康有为、梁启超、陈宝箴、谭嗣同、唐才常等人，不仅主张学习西方先进的科学技术，而且为实现政治及社会的变革奔走呼号。陈宝箴，虽非湘人，但他任湖南巡抚期间，一扫积弊，使湖南成为当时中国改革运动的先锋，被光绪帝称为"新政重臣"。谭嗣同，全心进行维新变法的实践，探索振兴国家的道路。唐才常，是近代中国由主张变革到力行以革命实现政治民主进步的关键人物，是武装推翻封建帝制的先驱者。

辛亥革命时期，黄兴、孙中山、宋教仁等，为实现国家的民主富强抛洒热血。黄兴，创建了华兴会并偕同孙中山共创同盟会，领导和创建了中华民国，他的一生，与中国近代化相始终。宋教仁，作为近代杰出的民主革命家，他所设计的资产阶级民主共和国方案和争取实施的活动，顺应了当时的历史潮流，符合当时国家和社会的需要。

在新旧民主主义革命的交替中，有"翰林将军"之称的谭延闿，从一名翰林学士，毅然走向了反清共和的道路，他从主张立宪救国走向民主共和，最后参加国民革命，为国民政府实现形式上的统一做出了贡献。杨度，君主立宪主张曾是他政治思想的核心内容，但是，当实事一再证明这条路走不通的时候，他毅然接受马克思主义，为实现中国政治的现代化发挥余热。

新民主主义革命以来，一大批共产党人为实现民族的复兴，为实现中国的现代化，奉献了毕生的精力，乃至生命。毛泽东，中国共产党的创建者之一，是取得新民主主义革命胜利的最重要的领导者，是中国特色社会主义建设的开拓者。刘少奇，是中国工人运动的先锋，也是中国共产党党建理论和新中国政治制度的重要构建者之一。任弼时，是以毛泽东同志为核心的中国共产党第一代领导集体的重要成员，为中国人民的解放事业和新中国的诞生贡献了自己的一切，在中国政治现代化进程中有着重要的历史地位。

近代以来，历经一代又一代人的努力，中国政治朝着现代化的进程不断迈进。本卷选取在不同阶段历史舞台上为中国政治现代化做出了重要贡献的湖湘名人：陈宝箴、谭嗣同、唐才常、黄兴、宋教仁、谭延闿、杨度、毛泽东、刘少奇、任弼时，分别为其作一小传。这些湘学名人，在中国政治、经济、文化、思想等方面都颇有建树。特别是毛泽东这样的历史伟人、时代巨人，即使是鸿篇巨制也难以细述其各方面的影响和贡献。因本卷为"推进中国现代化进程的十大湘学名人"丛书中的政治卷，故在叙述其重要生平事迹的基础上，择其要点，着重展现其政治思想主张与实践，突出其在中国政治现代化的进程中发挥的重要作用。

本书人物传主的选取、体例的拟定、内容的修改完善，都凝聚了领导和相关专家的心血，在此谨对湖南省社会科学院党组成员、副厅级纪检员、湖南省湘学研究院常务副院长刘云波，湖南省社会科学院历史研究所副所长郭钦，湖南省社会科学院原研究员刘泱泱，湖南省社会科学院原研究员李吉等人，一并致以诚挚的感谢！

因水平有限，也因资料收集的局限，疏漏甚至不当之处在所难免，敬请学界同仁和广大读者不吝赐正。

本卷写作分工情况为：

马延炜：《陈宝箴》、《谭嗣同》、《唐才常》。

阳特：《黄兴》、《谭延闿》、《刘少奇》。

刘泱泱：《宋教仁》。

李斌：《杨度》、《毛泽东》、《任弼时》。

本卷编写组

2014 年 4 月 24 日

陈宝箴　戊戌维新重臣

　　陈宝箴虽非湘人，但他一生的生命轨迹却一直与湖南有着密切联系，他任湖南巡抚期间，一扫积弊，让这个当年被传教士们称为"铁门之城"的南部省份，一举成为当时中国改革运动的先锋。1895年在湖南巡抚任内，他与按察使黄遵宪、学政江标等推行新政，成为当时光绪皇帝倚重的"维新重臣"。陈宝箴，这位深刻浸染了湘学精神的湖南巡抚，也深刻影响了近代中国的政治进程。

　　在近代湖南如点点繁星般众多的历史名人中，陈宝箴可说是较为特殊的一位。首先，他籍隶江西，与曾国藩等出身湖南的湘军大员并无天然的地缘关系，却被他们多方赞誉，引为同道。其次，在戊戌维新改革运动中，这位并非湘人的湖南巡抚一扫积弊，让这个当年被传教士们称为"铁门之城"的南部省份，一举成为当时中国改革运动的先锋。后来湘人论及此事，无不引为自豪。陈宝箴虽非湘人，但他一生的生命轨迹却一直与湖南有着密切的联系，这位深刻浸染了湘学精神的湖南巡抚，也深刻影响了近代中国的政治进程。

一　早年岁月，初染湘学

陈宝箴，字佑民，江西义宁州竹墩里（今修水）人，生于道光十一年（1831年）。原籍福建，其曾祖时迁往江西，遂为江西人。陈宝箴出生在一个传统的诗书之家，祖父克绳公，学者称为韶亭先生，修髯洪音，敦裕豁达，用孝义化服乡里，活了80多岁。父亲伟琳公，母李太夫人，皆高行懿德。

在陈宝箴的成长过程中，母亲李太夫人对他影响很大。李氏出身大族，亲友之间往来时，彼此之间常常馈赠丰厚，但李太夫人却经常"裁之以礼"，曰："吾求其有继也。"①少年时的陈宝箴受母亲的影响很大。他后来回忆说，母亲虽然对自己十分钟爱，"然每有过，举无巨细"，要求亦十分严格。和现在许多学龄期的儿童一样，少年时的陈宝箴在课余时候也喜欢看些杂书，他曾经趁父亲不在家的时候，悄悄地偷他书架上的书看，并尤其喜欢看其中杂家、小说家类的书籍，被母亲发现后制止，李太夫人认为："此等书恐非孔孟之徒所称述，小子志识未定，读之恐误性情，不可不慎也。"②唯恐年少的陈宝箴被这些杂书误了性情。

在母亲的悉心培育下，陈宝箴少年时就"慷慨有远志"，"生而英毅，顾视落落然"，③属于比较早慧的类型。在其子陈三立为其写作的传记中，曾记载了一件发生在陈宝箴幼年时的事。从中，我们可以看出他少年时的聪慧。

这件事发生在陈宝箴七岁时，那一年，他离开家到外面的私塾住校读书。小小年纪的陈宝箴不仅自己感受到了离家的痛苦，还想

---

①　（清）郭嵩焘：《陈母李太夫人墓志铭》，载《陈宝箴集》，中华书局2005年版，第1866页。

②　《陈母李太夫人行状》，载《陈宝箴集》，中华书局2005年版，第1864页。

③　陈三立：《皇授光禄大夫头品顶戴赏戴花翎原任兵部侍郎都察院右都御史湖南巡抚先府君行状》，载《散原精舍文集》卷五，辽宁教育出版社1998年版。

到了父母的思儿之情。据说他在到校的第二天曾对塾师说，昨天晚上有三个人夜不能寐。老师问是谁，陈宝箴回答说："吾父、吾母及我是也。"

当陈宝箴在江西家乡读书的时候，19世纪中叶的中国内部正在发生着深刻的变化。道光三十年（1850年），洪秀全、杨秀清等自广西桂平金田起义，随后迅速席卷大半个中国。为了对起义军进行围堵和镇压，清政府一面由中央调兵遣将，一面命各地举办团练。作为那个时代的读书人，陈宝箴对农民起义的态度是非常鲜明的。咸丰元年（1851年），他在考中举人后，就随父亲陈伟琳在家乡举办团练，并在咸丰四年（1854年）父亲积劳成疾去世后，继承其遗志，继续操办义宁州团练。

义宁州地处湘、鄂、赣三省的边陲地带，战略地位十分重要。太平军的翼王石达开为打通这条战略通道，于咸丰五年（1855年）对义宁州发起猛攻，并一度攻陷了这座城池，在严峻的形势下，陈宝箴以其特有的军事才能，联合湘军又收复了义宁州。那时并没有军事学校，陈宝箴更没有学习过军事，应该说他是从战争中学会了战争。为此，陈宝箴受到朝廷嘉奖，并以知县候补，优先擢用。据说，在陈宝箴的带领下，"义宁团练名噪一时"。

咸丰十年（1860年），陈宝箴到北京参加会试。虽然这次考试名落孙山，但接下来三年的京师生活却让他收获颇丰。在这三年之中，他交游广泛，与"巨人长德及与四方隽异方雅之士往来"，结识了当时的众多英才，他们彼此谈论天下形势，激发了年轻的陈宝箴为民效力、为国献身的志向。其中又以和湖南汉寿易佩绅、江西武宁罗亨奎最为相得，时人称之为"三君子"。易佩绅（1826—1906）字笏山，号健斋。人称函楼先生。湖南龙阳（今汉寿）人。家贫，累世业儒。六岁丧父。从其长兄书绅学。咸丰八年（1858年）应顺天乡试中举。十一年，从军。继领一军与太平军转战于湖南、四川、陕西一带。同治三年（1864年）养病于四川。次年复之陕从政。光绪二年（1876年），授贵州贵东道员。十三年，任江苏布政使。晚年回籍，与王闿运等诗酒酬唱。

　　或许正是在与易佩绅等一批湖南士人的交往中，本来就关怀天下，为学路径与强调心忧天下、主张经世致用的湘学十分接近的陈宝箴对湖南、对湘学产生了一种亲切感和认同感。也正是由于这种认同感，使得他把湖南视为自己未来的归宿，产生了想要在湖南建功立业的打算。

　　咸丰十一年（1861年），陈宝箴30岁时，在一封写给内兄黄鸿九的信中，他说："向者汲汲一官，不过亲老家贫，为禄养计耳，故筮仕之拜，必以楚南北为准，便迎养也。"在这里，他提到将来为官之地，必选择湖北、湖南，原因是以便迎养老母。有学者认为，这就是为什么后来同治三年（1864年）和同治五年（1866年）陈宝箴先后拒绝席宝田保奏的同知直隶州知州和安徽补用知府，直到同治八年（1869年）十二月清廷任命其以知府发湖南候补时，陈宝箴才从此就官湖南的原因。① 笔者认为，为孝顺父母的方便只不过是陈宝箴在选择服官地时的一个借口。因为就地缘上看，安徽与江西乃是邻省，和湖南与江西的地理距离基本相同，陈宝箴如果真的到安徽为官，奉养老母未必会有多大的困难。而他之所以偏偏要选择湖南，主要还是对湖南、对湘学有着一种亲切感和认同感。

　　作为中国传统的知识分子，陈宝箴自青年起就对国家和民族有着一份强烈的责任感和使命感。居京期间，他虽然只是一介小小的落第举人，却无时无刻不忘对国家建言献策。咸丰十一年（1861年），英法联军进逼北京，兵临通州城下，陈宝箴就如何防守提出了六条建议。由于通州是漕运枢纽，北京军民所食米粮皆由此输入，当时人们都十分担心仓米运输被联军破坏。陈宝箴建议采用明朝于谦的办法，"设传驼更运"，没用多久就将通州仓库中的粮食全部运来北京，解决了当局的一大难题。在北京期间，陈宝箴目睹了英法联军火烧圆明园的冲天大火，他痛心疾首，"锤案大号，尽惊其坐人"，反映出他对国家民族的深厚感情。

---

　　① 刘经富：《陈宝箴遗文、遗诗本事初考》，载邵鸿主编《赣学》第1辑，江西教育出版社2006年版。

1860 年 10 月 18 日，英法联军焚烧圆明园

二　投笔从戎，效力湘军

陈宝箴在北京居住应考的三年，也正是太平天国起义风起云涌的时期。清帝国最富庶的东南半壁尽被占领，战火所及，从宋代以来一直就是中国人文荟萃之所的江南各地皆遭到重创，被当时的统治阶级视为"心腹之患"。关心时事的陈宝箴等一干人也密切注意着清廷与太平军的战事，在会试不第的情况下，"三君子"决意放弃下一科，也即同治元年（1862 年）壬戌科会试，昂然出都，投笔从戎。这 10 多年的戎马经历，不仅大大改变了陈宝箴的人生轨迹，也将他与湖南、与湘学更加紧密地联系在一起。

咸丰十一年（1861 年），陈宝箴、易佩绅、罗亨奎三人相约离开北京后，易、罗二人赴湖南投奔巡抚骆秉章，为其招募兵勇，组建了一支"果健营"，驻防在湘鄂西来凤、龙山一带。陈宝箴则先回江西义宁老家看望母亲，不久即赶赴湖南与易、罗会合。当时，"果健营"正与太平军石达开部作战，粮尽饷缺，一度陷入困境。陈宝箴在风雪之夜穿着薄棉衣，只身到永顺筹粮募饷。其时，张修府任永顺县县令，他甚为敬慕陈宝箴的人品学识和爱兵如子的敬业精神，将自己的女儿嫁给陈宝箴的二儿子为妻，两人竟成为儿女亲家。

不久，骆秉章被任命为四川总督，易、罗率"果健营"随之。陈宝箴仍回乡奉母。回到老家后，陈宝箴做了两件事，一是与本族的另一位举人陈文凤主修族谱，于同治二年（1863年）修成，二是同治元年（1862年）秋在距故居五六里远的山里盖了一栋书塾，名"四觉草堂"，请邻县武宁名士李复课读子弟。

同治二年（1863年）秋，陈宝箴处理完宗谱纂修事务，受汪瀚的影响，赴安庆拜见曾国藩。汪瀚，字澄溪，江西武宁县人。咸丰九年（1859年）举人。中举后投效曾国藩，掌管厘务。因为办事得力，使得曾国藩对陈宝箴这位从未谋面的江西人颇为关注，期望甚殷。而这次见面也没有让他失望，他面前的陈宝箴"谈天下利弊，如示诸掌"。① 这次会面也给曾国藩留下了深刻的印象。同治五年（1866年）十月，曾国藩在回复江西巡抚刘坤一的信中还提及此事："右铭曾来安庆，接见多次，信为有用之才。武宁、义宁共有数人，志行优异，惜汪君遽逝，罗令被劾，右铭气类日孤，此外罕闻佳士。"

当时，另一个湘军将领席宝田正在江西带兵，作为和太平军交战的前线，陈宝箴的家乡因为战乱，社会经济和人民生活遭到很大影响，被时人称为"糜烂几尽"。陈宝箴于是返回江西，到席军中帮办军务。在这里，陈宝箴巧妙地调解了席宝田与江西巡抚沈葆桢的矛盾，深受席宝田的赏识与信任。特别让席宝田终生难以忘怀的是，同治三年（1864年）十月，当清军攻克太平天国首府天京后，太平军幼王洪福瑱、洪仁玕等率余部逃入江西境内，陈宝箴凭着其多年与太平军交战的经验，敏锐地觉察出他们可能逃往福建，于是建议席宝田在江西广昌、石城间的杨家牌设下埋伏，席宝田依其计，果然大获全胜，击溃太平军余部，俘获太平军幼王洪福瑱及洪仁玕等

---

① 赵炳麟：《陈中丞传》，载钱仲联主编《广清碑传集》卷14，苏州大学出版社1999年版，第974—976页。

将领，立下了一桩大功劳。陈宝箴的长女亦嫁给席宝田的儿子席曜衡为妻。

在陈宝箴的政治生涯中，如果说在会试落第后的居京时光里，他通过和湘籍士人的交往产生了对湘学传统的亲切感和认同感，进而将湖南作为自己未来的归宿和建功立业的战场，那么，其后 10 余年的湘军生涯则使得湖南人，这支深刻影响了近代中国历史走向的地域文化集团反过来对陈宝箴也产生了亲切感和认同感，进而将其引为同道，对他将来的生命历程产生了重大影响。陈宝箴仰慕着湘学，而湘学反过来也接纳了陈宝箴。

三 开府湖南，平定苗地

光绪元年（1875 年），陈宝箴被任命为湖南辰沅永靖道，开始独当一面，正式担任地方官实职。辰沅永靖道的治所在凤凰厅（今湘西凤凰县城），这里与贵州苗区接壤，山势嵯峨，云遮雾罩，在历史上一直属于民风彪悍、难以治理的地区。而陈宝箴本人也对这一即将上任地方的难于治理有所耳闻，他在写给最高统治者的谢恩折中说道："窃臣豫章下士，知识庸愚，由举人效力戎行，叠邀奖叙，洊保道员。伏念湖南为繁要之区，道员有监司之责。"①

当时，苗地刚刚平定，如何安抚流亡，制定后续制度等一系列善后事宜，成了摆在当时的湖南巡抚王文韶面前的一道难题。辰沅永靖道当地有一豪族姓欧阳，彪悍豪夺，纵横无忌，曾一次械斗杀数百十人。俗话说，强龙压不过地头蛇，欧阳一族的气焰十分嚣张，连当时的湖南巡抚王文韶亦无计可施，左思右想之际，他将刚刚抵达湖南的陈宝箴派往该地，寄望他能有所作为。而陈宝箴本人对湘西的复杂民情亦有所了解，深知朝廷这次压在自己肩头的乃是一副重担，10 余年的湘军生涯也使他习惯了去面对复杂的局面。

　　事实证明，欧阳豪族的气焰实在嚣张，作为朝廷命官的陈宝箴刚刚抵达该地，欧阳氏即发动男女老幼数千人，在道旁边走边骂，十分张狂。就在身边的随从人员不知所措时，陈宝箴突然看见其中一人，士绅模样，面含微笑，时仰其面，料定其人必为欧阳族的首脑，于是命令卫士将此人斩首来见。卫士拔出刀来，大概是没有料到新来的陈道员如此厉害，这位刚才还气焰嚣张的士绅立刻伏地求饶，道旁刚刚还群起辱骂新道员的众人也随即平静下来。陈宝箴对其晓以利害，将其杖责后开释，从此道路肃然。抵达治所后，陈宝箴明察暗访，在充分掌握了事实证据的基础上，采取恩威并施、宽严兼用的做法，下令捕获为首作恶及在查处中逃跑的罪犯21人，一一处决，对胁从者采取警告和逼恶为良的办法，及时镇压了欧阳豪族的嚣张气焰，多年遗留的社会问题一举平定。地方社会秩序顿时改观，百姓拍手称快。陈宝箴刚直不阿、疾恶如仇的胆识和气魄，赢得了社会的普遍好评。

凤凰陈宝箴老宅

　　陈宝箴任辰沅永靖道办的第二件事，就是教当地百姓种薯代粮，解决粮食不足的问题。辰沅永靖道地处湘西山区，山多土瘠，粮食低产，加之人口众多，百姓生活十分困难。陈宝箴根据自己家乡农民以番薯为主粮的经验，教当地农民种薯代粮。番薯是土种农作物，易种易活，产量亦高，适宜山区栽种。番薯全身是宝，番薯藤可以喂猪，番薯可以蒸吃，可以刨成丝晒干和大米煮饭吃，干薯丝可久藏不坏，以备荒年。大量引种番薯之后，长期困扰当地百姓的吃饭问题终于得以解决。

与此同时，陈宝箴还教当地百姓植茶种竹，增加经济收入。辰沅永靖道治所凤凰厅，历来为苗防重镇。往年治苗乱时，屯军无数，军粮皆从周边各县运来，山高路险，崎岖难行。城西有沱江流过，但江水湍急，江中怪石林立，使下游舟船无法抵达。陈宝箴拿出自己的积蓄开凿沱江，"使百里外舟船毕得达城下"。

四　宦海沉浮，认同湘学

就在陈宝箴在湘西任上大显身手的时候，噩耗传来，光绪二年（1876年）九月初七，对他的成长影响至深的母亲李太夫人去世了，享年七十有八。按照当时的规定，陈宝箴必须自行辞职，回家守孝三年。陈宝箴将母亲葬在紧邻故乡江西义宁州的湖南平江县内，并置办了祭田数十亩、墓庐两所。① 去职之际，陈宝箴还念念不忘在湘西的政务，曾提醒后任官员特别关注当地的矿务："宜及时经理，不可使天地自然之利所以养人者转以害人。"②

光绪六年（1880年），陈宝箴守孝完毕，奉命改官河北道。经过多年的湘军生涯和在湘西任上的作为，他已经彻底被湘学所认同并接纳，成为当时湖南人心目中的同道。陈宝箴这种被湖南人的接纳体现在他离开长沙去河北道赴任之际，当时，郭嵩焘等湘

---

① 汪叔子、张求会编：《陈宝箴集》，中华书局2005年版，第25页。
② 《陈宝箴集》，中华书局2005年版，第95页。

中绅耆赋诗为其饯行，郭嵩焘在《送陈右铭赴任河北道序》中写道："其行之也，甚果以决。久之而君所治事，群湖南之人信而服之；又久之，承望君之名，则亦莫不信而从之。所谓智、仁、勇三者，学素修而行素豫也。聆其言，侃侃然以达；察其行，熙熙然以和；坦乎其心而不作也，充乎其气而不慑也。……而君之去人远矣，则宜湖南之人流连咏慕，彷徨太息于君之行也。"①表达出对这位比自己小 13 岁的后辈的赏识和推崇。

陈宝箴在河北道上一共干了 3 年，多有建树，史称经过他的治理："吏有所惮，奸豪多敛迹。并斥金大起屋，而别营岁费，命曰'致用精舍'；置群籍，延通儒，遴取三府秀异，额设学徒都数十，学有规，课有程，多士彬彬，知古今，习世务焉，河北风趋为一变。"

光绪八年（1882 年），陈宝箴被提拔为浙江按察使，按惯例，他要先到北京面见太后和皇帝请训，但没等陈宝箴请训完毕到杭州上任，就有言官弹劾他在河北道上"听狱不慎"，陈宝箴虽然上疏为自己申辩，但因察问者首鼠两端，陈宝箴只得投闲置散，返回长沙，自放于山水间达 4 年之久。

光绪十二年（1886 年），两广总督张之洞奏调陈宝箴到广州任缉捕局，治理盗贼。不久黄河在郑州决口，清廷诏其助李鸿藻塞河。光绪十五年（1889 年）秋，王文韶出任湖南巡抚，力荐陈宝箴可大用，并在八月二十九日上《遵旨查明获咎各员缘由吁恳恩施折》，内称："降调前浙江按察使陈宝箴，该员由举人以知府分发湖南，其时臣正在巡抚任内，见其学问优长，识量超卓，深器重之。"②翌年，授湖北按察使，视事三日，改署布政使，逾一年还任。十九年复署布政使。不久，因朝鲜战事起，兴兵防海，京师戒严，改授直隶布政使。

---

① 《郭嵩焘诗文集》，岳麓书社 1984 年版。
② 《陈宝箴集》，中华书局 2005 年版，第 9 页。

陈宝箴在宦海中沉浮的时候，也是清帝国这艘百年航船日益面临危机的时刻。经过几十年的洋务运动，清帝国逐渐学到了一些西方列强的先进科技，对于挽救自身危亡起到了一定作用。但是，随着时间的推移和列强侵略的不断加深，落后的政治体制越来越成为阻碍这个国家前行的障碍，甲午一役的失败，割让台湾，赔款 2 亿两白银，主权尽失，国势不振，给当时的中国人以当头棒喝。而对太平天国起义以来一直唯我独尊，认为"语战绩则曰湘军，语忠义则曰湘士，语以民权则参官权，则亦曰湘人"①的湖南人来说，更是震惊莫名。特别是在甲午战争中，淮军在海陆战争中相继败北，全国上下对湘军寄以极大希望，认为只要湘军出战即可获胜。然而，湘军出战六天，在辽东即连失牛庄、营口等地，溃不成军，全国上下一片失望，更令湖南人产生了极大的心理落差，认为"甲午的败仗，实是我们湖南人害国家的"。②

湖湘文化铸就了湖南人坚强不屈的性格，甲午战争不仅没有使湖南人一蹶不振，反而更激发了他们拯救国家和民族的责任心和自信心，抱着"救中国从湖南始"，"吾湘变，则中国变；吾湘存，则中国存"③的豪迈气概，毅然选择了变革的道路。

作为深刻浸染着湘学传统，并被湖南人引为同道的陈宝箴，就是在这样的时代背景下接下了湖南巡抚的大印。在这里，他将与一班同道一起，使湖南这个当年传教士口中的"铁门之城"，一举成为当时中国改革事业的先锋。

五　初掌全湘，整顿吏治

光绪二十一年（1895 年）九月初二，陈宝箴交卸直隶事务，于十月十一日抵达湖南省城。作为在湖南长期工作和生活过的人，他

① 《唐才常集》，中华书局 1982 年版，第 170 页。
② 《湖南时务学堂缘起》，《知新报》光绪二十五年九月初一。
③ 《唐才常集》，中华书局 1982 年版，第 171 页。

十分熟悉崇尚忠义、主张经世的湘学传统，明确提出要继承并光大咸、同以来湘军的辉煌事业，"窃湖南自咸、同以来为胜兵之地，勋哲之流徽未沫，贵赓续之有人"。①

陈宝箴抵达湖南时，正值省内遭遇百年不遇的大旱，受灾州县20有余，陈宝箴目击时艰，认为"所以苏民困、静地方，莫急于采买谷米、鼓铸钱文二事"②。他排除万难，行文各省大吏请求援助，首先用于赈济灾情最为严重的浏阳、醴陵、衡山三个县，使得灾情得以缓解，于是湖南人心大定，陈宝箴也更受到湘人的敬重。当时，湖南官场歪风横行，陈宝箴曾描述为："官幕朋比，声气把持，几无复是非邪正之辨，苟非置得失毁誉于不顾，将不能去一贪黩之夫，进一气节之士，吏治之坏，盖有由来。臣到任数月，稍事激扬，即私相指目，以为怪异，诟议横生，动以声势报复相恫吓。"③可以说，不从根源上去除这股妖风，湖南的改革事业将无从措手。为此，他下大力气整顿吏治，通过对任骥一案的查处，对湖南官场风气进行了彻底整顿。

光绪二十一年（1895 年）刚抵湖南时，陈宝箴曾奉谕旨饬查湖南官幕劣迹，随后便将"臬幕任骥在湘游幕多年，广通声气，植利营私，实为官场之蠹"上报光绪皇帝，随即于当年十一月二十一日奉旨将任骥勒令回籍。不料任骥党羽众多，自勒令回籍后，谣言繁多，有说已有人函约任骥与同时被参各员联名京控，有说已有人与任骥互相集钱赴京托人代奏者。陈宝箴原亦不以为意，不料忽然接到湖北巡抚谭继询转来的直隶布政使王廉印电，内称："请飞递湖南抚台：'臬幕任骥无甚劣迹，所病者骄纵耳，逐之足矣'。若籍其家，未免太甚，千万不可。"查王廉电为四月十六日发，那时陈宝箴查得

① 《奏报湘抚到任日期并谢恩折》光绪二十一年十月十六日，载《陈宝箴集》，中华书局 2005 年版，第 28 页。

② 《变通鼓铸章程以便商民折（稿一）》，载《陈宝箴集》，中华书局 2005 年版，第 113 页。

③ 《附陈王廉印电请托党私背公片》光绪二十二年四月二十八日，载《陈宝箴集》，中华书局 2005 年版，第 180—181 页。

任骥之奏尚未到京，所有查出资产，其为入官与否，尚不可知，且未必即为任骥全家资产，而王电辄称"若籍其家，未免太甚，千万不可"，其词气迫切凌厉，若护之唯恐不力者。

光绪皇帝接到报告后认为，王廉于并不干己之事，辄用印电请托，殊属不合，着交部议处。孰料王廉又托直隶总督王文韶代为上奏，"廉与陈宝箴昔年同官两楚，故发电规劝之，初不知陈宝箴业已复奏也，乃陈宝箴竟以印电请托入奏，殊非意料所及。廉生平不事请托，而遽以此加之，部议之轻重不必计，一时之心迹不可不白，抄录原电，请据实代奏。"①光绪帝于是进一步指示，王廉以不干己之事，辄发印电，即非请托，已有应得之咎；阅电内"籍其家产，千万不可"等语，非请托而何？乃不听候部议，哓哓置辩，殊属冒昧。王廉著即行革职。王文韶率行据情代奏，亦属不合，著交部察议。寻吏部议上，得旨："王文韶著降三级留任，不准抵消。"

在这个案件中，王文韶是陈宝箴的老上级。当年，陈宝箴第一次出任地方实职，就是在他担任巡抚的湖南省任职道员；当陈宝箴在浙江按察使任内被免职后，又是王文韶向皇帝重新推荐陈宝箴，属于对他有恩的老前辈。但在是非面前，陈宝箴毅然选择了前者，不惜得罪这位昔日的恩人，也要杀一杀湖南官场的歪风邪气。通过吏治整顿，陈宝箴罢免了一批贪污渎职者，而代之以干良之才，因而政声大著，为他以后的改革打下了基础。

或许是历史的机缘，就在陈宝箴就任湖南巡抚的前后，一批主张改革的维新士人先后汇集到湖南。在他抵达湖南的前一年，江标到湖南任学政，1897年6月，黄遵宪担任湖南长宝盐法道并兼署按察使，同年，徐仁铸接替江标担任湖南学政，湖南成为当时中国改革势力最集中的地方。

---

① 王文韶：《藩司王廉呈请据情代奏折》光绪二十二年五月二十八日，载《陈宝箴集》，中华书局2005年版，第182页。

六　戊戌初变政，壮志未酬

19世纪下半叶，清政府在镇压农民起义和抵御西方列强侵略的过程中，其本身的政治体制也发生了变化。其中较为显著的一点就是地方督抚和各省官员的权力逐渐增长，使他们有可能在自己势力范围之内进行某些经济技术或制度上的改革。1896年初，在康有为的维新活动在北京遭到保守派的诋毁而举步维艰之际，中国南方腹地湖南省这个曾经的"铁门之城"的改革却在最高长官陈宝箴的支持和直接参与下，进行得有声有色。

事实上，陈宝箴在来湖南之前，已经对当时中国非改革不可的局面有了一定认识，他设想"营一隅为天下倡立富强根基"，认为"中国之大，非一时能悉改变，故欲先以湘省为全国之楷模"，湖南人又"果敢负气可用"，对被派往湖南感到"窃喜自慰"。可以说，陈宝箴在来湖南之前，已经有了充分的思想准备和计划，所以一上任就开始大刀阔斧的改革。

在当时湖南所兴办的各种改革新政中，无不有陈宝箴的支持和参与。这些新政涉及工矿企业、文化教育和政治体制等多个方面。特别值得一提的是时务学堂、南学会、保卫局这几个对当时封建政治体制有触动的政治改革方面。

光绪二十三年（1897年）八月，长沙成立了时务学堂，是晚清改革浪潮中传统书院制度向现代学堂制度转换的一个典范。该学堂讲授经史、掌故、公法、方言、格致、测算等实学。额设学生120人，分次考选。第一期招生，报名者就有4000多人，而录取名额只有40人，余下的80个名额，第二期、第三期再行招考，年龄限制在12岁到16岁之间。蔡锷为时务学堂第一期学堂，而章士钊居然落榜，余可类推想象。

在时务学堂的招考告示中，陈宝箴写道："湖南地据上游，人文极盛，海疆互市，内地之讲求西学者，湘人士实导其先。曾文正督两江，创议资遣学生出洋；左文襄建福建船厂，招子弟习西国语言文字及新奇工艺，以时出洋，宏识远谟，早收明效。曾惠敏公崛然继起，遂能力争俄廷，不辱君命。而魏默深《海国图志》之书，郭侍郎使西以还之著作，皆能洞见隐微，先事而发，创开风气，尤为海内所推。盖知彼知己，乃谋国者之急务，然必具朴诚忠勇之质，方备折冲樽俎之用，庶不至沾染洋风，舍己从人，艳彼教而忘根本也。"①这位熟悉湘学传统的湖南巡抚，分明就是用过往辉煌的湘学来鼓舞今天的湘士。

时务学堂校舍设在长沙北门外侯家垅，未建好之前，暂设在长沙小东街（今中山西路）的原大学士刘权之宅邸。学堂延聘由黄遵宪推荐的学兼中西品端识卓之举人梁启超为中文总教习，熊希龄被陈宝箴任命为学堂总理，康有为的另外两个弟子，广东人韩文举、叶觉迈为中文分教习，次年二月，梁启超因病离开湖南到上海就医后，唐才常、欧榘甲被聘为中文分教习，同时还聘请了候选州判李维格为西文总教习。

时务学堂的教学内容有两大特点：一是"以政学为主义"，二是强调中西并重。梁启超等讲课以《孟子》、《公羊》为主，将康有为的"托古改制，以求变法"的思想加以发挥，更为激进。我们无须引用过多的历史资料，只需要看一看后来引起保守派激烈反对的时务学堂课艺札记批语等文献，就可以了解，当年在湖南省会长沙城中的这所新式学堂中，师生们的政治改革思想究竟"现代化"到了何种程度。

"今日欲求变法，必自天子降尊始，不先变去拜跪之礼，上下仍习虚文，所以动为外国讪笑也。""议院虽创自泰西，实吾五经诸子传记，随举一义，多有其义者，惜乎君统太长，无人敢言耳。"要天子降尊，又说中国古代君统太长，推翻封建帝制，建立共和国的想法已经呼之欲出了。

---

① 陈宝箴：《时务学堂招考示》，载中国史学会编《戊戌变法》第四册，上海人民出版社 1953 年版，第 493—494 页。

长沙时务学堂旧址

1898 年初，陈宝箴又支持创办了南学会和《湘报》，并同意南学会设在巡抚部院内的孝廉堂里。南学会是继时务学堂之后不久成立的一个兼学会与地方议会性质的新型政治学术团体。它发源于谭嗣同、唐才常在其故乡浏阳成立的浏阳算学会，陈宝箴曾亲自到南学会演讲，南学会立会籍时，他带头入会，名列榜首。他还于每周礼拜日带领抚院大小官员到南学会听讲，在他的带领下，湖南的维新运动开展得十分顺利。正如皮锡瑞在其日记中所记载的："谭复生等禀请开学会，黄公度即以为议院，中丞已牌示，以孝廉堂为公所，开化可谓勇矣。"①

南学会虽然以学会为名，而实际上却具有地方议会的性质。正如梁启超所说的"兼学会与地方议会制规模"。在维新派的眼里，南学会在推进省内政治改革方面所起的作用比时务学堂、湘报等更重要，南学会更接近实质性的制度层面的改革。比如梁启超就认为南学会应该将重点放在开"绅智"上，南学会应该担负起培养地方议

---

① 皮锡瑞：《师伏堂未刊日记》，《湖南历史资料》1958 年第 4 期。

员的责任。他在《湘报》上发表的《论湖南应办之事》，其中说"欲兴民权，宜先兴绅权；欲兴绅权，宜以学会为之起点"。① 南学会的创办人之一谭嗣同在《上陈右铭抚部书》中也说得很清楚："湘省请立南学会，既蒙公优许矣，国会即于是植基，而议院亦且隐寓焉。"他也将学会作为保国、强种、保教的保障："国存而学足以强种，国亡而学亦足以保教，有学斯有会，会大而天下之权力归焉，复何为而不成乎？"另外，南学会何以名之"南学"呢？它有联合南部诸省自保自治之意："盖当时正德入侵夺胶州之时，列国分割中国之论大起，故湖南志士仁人作亡后之图，思保湖南之独立。而独立之举，非可空言，必其人民习于政术，能有自治之实际然后可，故先为此会以讲习之，以为他日之基，且将因此而推诸南部各省，则他日虽遇分割，而南支那犹可以不亡，此会之所以名为南学也。"可见，维新派人士成立该学会的深意所在。

保卫局是仿照西方警察制度而设立的一个保护士绅官商利益及维护社会公共秩序的组织。最初是由黄遵宪提出，受到陈宝箴的赞许并促其尽快施行的。"这真是一个很有现代色彩的设计。"比如对巡查（相当于西方的警察）自身条件的要求：一是20岁至35岁之间，二是要读过书识过字，三须身体强健，四须性情平和，五要有保人，六要有一段考验时间，七须没有犯罪记录。比之今天对警员的要求，条件也不算低了。保卫局的设立，是湖南政治体制改革的一部分，如果说南学会目的是为了伸张绅权，保卫局在卫民权的同时，也有伸绅权和伸商权的意义。②

陈宝箴在湖南的改革在当时就得到了人们的赞誉，光绪二十二年（1896年）十二月，江标给陈的信中有"湘中百废俱举，振兴气象，日甚一日。矿产大兴，是为无穷之利，电信即通，尤关商务血脉。一切得长者握其要纲，又分别而助拔之，标尝谓湘中必成一特立坚固之省，此其验矣。"③

① 《论湖南应办之事》，《湘报》第27号。
② 刘梦溪：《陈宝箴和湖南新政》，故宫出版社2012年版，第125页。
③ 《陈宝箴集》，中华书局2005年版，第601页。

1956 年，湖南长沙人，著名爱国人士章士钊写了一首给陈宝箴孙子著名史学家陈寅恪的诗，诗中有："戊戌初变政，湖南有首功。经始时务堂，厥在丁酉冬。……"说的正是戊戌年间，陈宝箴在湖南巡抚任上主持维新变法，成为中国改革势力最能发挥的地方。

维新派在湖南的各项改革引起了保守派的警觉，他们利用一切手段对变法维新进行攻击，作为一省行政长官的陈宝箴也不得不暂时放缓了变法的脚步。而在北京，年轻的光绪皇帝也越来越感受到来自以慈禧太后为首的保守派的压力。1898 年 9 月 20 日，慈禧太后发动政变，囚禁光绪帝，康有为、梁启超逃亡海外，几天后，惩处陈宝箴的上谕传来："湖南巡抚陈宝箴以封疆大吏滥保匪人，实属有负委任。陈宝箴著即行革职，永不叙用。伊子吏部主事陈三立招引奸邪，著一并革职。"同时革职永不叙用的，还有候补四品京堂江标、庶吉士熊希龄，原湖南按察使、新擢三品卿黄遵宪也被革职回籍。湖南维新运动随着北京政变的发生，宣告夭折，各项新政一律停办。

光绪二十四年九月十七日（1898 年 10 月 31 日），被罢免的陈宝箴与新任湖南巡抚俞廉三交卸，三天后，与全家老小登船离开湖南，一年前逝世的陈宝箴夫人的灵柩，也一同迁回。他们没有回江西义宁老家，而是临时在南昌租屋居住。第二年四月，陈夫人葬于南昌西山，陈宝箴在墓旁筑庐，并住在这里。光绪二十六年（1900 年）的春夏之交，陈宝箴逝世。

作为中国近代维新变法开风气之先的人物，陈宝箴的一生可谓与湖南有着千丝万缕的联系。他早年参加湘军，在湖南这片热土上建立了人生的最初功业，并在这个过程中吸纳了湘学，又反过来被当时的湖南人引为同道。在 19 世纪末中国那场轰轰烈烈的改革中，作为湖南巡抚的陈宝箴又带领湘人冲在了全国的最前列，经他支持并亲身参与的湖南南学会、时务学堂、保卫局等具有现代政治色彩的机构的创办，体现了这位湘学人物对祖国未来道路的设计。戊戌维新虽然失败了，但却产生了深远的影响。10 多年后，由慈禧太后这个当年扼杀了戊戌维新的刽子手亲手推动的新政运动，在许多方面实际上沿用了陈宝箴等当年维新派的做法，这也从一个侧面证明了陈宝箴当年在湖南所推行的改革，对中国近代政治的推动和影响作用。

谭嗣同 维新变法的践行者和殉道者

谭嗣同，这是中国政治现代化道路上永远被铭记的名字，在他短暂的一生中，提出了大量维新主张，追求政治现代化的探索。1898年9月24日，当他甘愿放弃生的希望，自愿成为革命理想的殉道者时，他不仅为中国政治现代化献出了第一滴血，也在中国长达百年的政治现代化探索中留下了自己的足迹。

　　他是朝廷二品大员的儿子，却放弃安稳舒适的生活搞起了改革。改革失败的消息传来，当生的希望向他招手时，他却甘愿被捕，走上了一条不归路。他就是浏阳人谭嗣同。在他的身上，集中体现了湖南人"心忧天下，敢为人先"的精神品质，也反映了湖南人"不怕牺牲，敢于牺牲"的豪情壮志。这位在人世间仅仅停留了33年的湖南人，将他的一生都奉献给了改革维新事业，同时，也深刻地影响了中国政治的现代化进程。

一　世家子弟

同治四年二月十三日（1865 年 3 月 10 日），北京宣武门外阑眠胡同（今烂漫胡同）的一所宅院传来婴儿的哭声，浏阳人谭继洵的"七公子"诞生了。他就是后来晚清政坛上的风云人物，"戊戌六君子"之一的谭嗣同。

谭嗣同是出身于家境富裕的官宦人家。谭嗣同出生时，他的父亲谭继洵 40 余岁，正在户部担任郎中。在之后的时间里，他不断得到提拔，先后担任甘肃巩秦阶道，后升按察使、布政使，并最终做到了湖北巡抚兼署湖广总督，成为掌握一方实权的封疆大吏。

谭嗣同因父亲在京做官的原因出生于北京，籍贯却是湖南浏阳。谭氏是一个古老的姓氏，相传它是传说中的华夏民族始祖黄帝之孙颛顼高阳氏的后裔。春秋时期，齐、鲁之间有郯国，系出嬴姓，后为齐桓公所灭，其址在今山东郯城以北，秦朝时属于东海郡。郯即谭的通假字，其子孙遂因郯国以谭为氏。古郯国一带可能是谭氏宗族最早的发源地之一，此后谭氏便由此向各地辗转迁移，不断繁衍，支系众多。浏阳谭氏明初为闽人，远祖辅佐明成祖战死，追封崇安侯，后世以武功显。明末，谭嗣同六世祖谭逢祺迁浏阳县，居于浏阳县城梅花巷丹桂坊，故邑中人又称谭家为梅花巷谭氏。迁居浏阳后，谭氏世代以教读为生，至谭嗣同祖父学琴公时，因父病家贫，当过县吏职。谭氏宗族迁居浏阳之时，正值明清易代之际。随着明朝的灭亡，谭氏又从勋阀之家变成寒微之族，无论是"列祖勤王之功"，还是"崇安、新宁之爵"，都已成为遥远的过去。同时，朝代的更迭也使谭氏宗族本身发生了一个显著的变化。在此以前，谭氏以武功起家，重武而轻文，用谭氏后人的话来说："先世将门，闳于武烈，文学无闻焉。"而此后谭氏宗族开始转变努力方向，弃武而求文，走耕读起家、科举功名的道路。

谭嗣同的父亲谭继洵字子实，号敬甫，弱冠时辑补县学生员。

谭继洵墓

清道光二十九年（1849 年）中举人，咸丰九年（1859 年）成进士，历任户部主事、员外郎、郎中、甘肃巩秦阶道，后升为按察使、布政使，官至湖北巡抚兼署湖广总督。谭嗣同的母亲徐五缘，浏阳北乡炉烟洞人，她 19 岁时嫁给谭继洵，生有三子两女。长子嗣贻，大嗣同 13 岁，次子嗣襄，大嗣同 9 岁，长女嗣怀，次女嗣淑。徐五缘一生勤劳节俭，持家有方，教子甚严。

在谭嗣同的童年时代，母亲徐夫人对他的影响最大。徐氏深受传统礼教的熏陶，把服侍丈夫、抚养子女和管理家人作为自己的唯一责任，属于旧时典型的贤妻良母式的妇女。欧阳中鹄在为其所作的墓志铭中称："夫人恭俭诚朴，居尝阃内肃然，家人皆秩秩有法，以是心常敬之，窃谓其有古贤女之风。"徐氏虽然出身寒微，本身没有多少文化，但她热爱劳动，生活简朴，态度严肃，待人接物一丝不苟，教育子女极其严格，毫不姑息，以致谭嗣同有"父慈而母严"的感觉。徐夫人的言传身教对谭嗣同兄弟产生了良好的影响，使他们虽然出身官宦之家，贵为公子，却毫无一般纨绔子弟的习气。

二 接受湘学，以重振湘学为己任

谭嗣同虽然出生在京城，又因父亲异地做官而到处迁徙，并不经常居住在故乡湖南浏阳。但是，他从小就接受了湖湘文化的熏陶，在他的身上，浸染了深厚的湘学底色。

谭嗣同所接受的湖湘文化和湘学的影响主要来自两个方面：一

是湖南师友的影响,二是浏阳谭氏宗族忠烈事迹的影响。

谭嗣同5岁时,开始和二哥谭嗣襄一起,在自家私塾中从毕莼斋读书,第二年,谭继洵又聘请了一位云南的杨先生教他们兄弟读书,8岁时,谭嗣同又开始从塾师韩荪农先生读书。他们都是谭嗣同的启蒙先生。

在谭嗣同的求学生涯中,对他影响最大的是三位浏阳籍士人,这三人后来被他称为"浏阳三先生"。分别是欧阳中鹄、刘人熙和涂启先。

谭嗣同9岁那年,全家从宣武门外阑眠胡同迁居库堆胡同(今北半截胡同)浏阳会馆。第二年,父亲谭继洵给他请来了欧阳中鹄作为老师。欧阳中鹄,同治十二年(1873年)举人,同治十三年(1874年)又进京考授内阁中书。他是一位比较正直的学者,于学服膺王夫之、黄宗羲、刘继庄,尤其敬佩和推崇王夫之的学说和品行,以至把王夫之的号——"姜斋",取来作为自己的号——"瓣姜"(取瓣香姜斋之意)。受这位老师的影响,谭嗣同开始阅读明末清初大思想家王夫之的著作。

王夫之,字而农,又号船山,湖南衡阳人,是我国明清之际伟大的思想家,在明末清初动荡的社会局面中,表现出了坚贞不屈、艰苦卓绝的高尚节操和深沉的爱国热忱。王夫之为学主张经世致用,提倡身体力行,在晚清救亡图存的时代背景下,王夫之成为湘籍士人争相学习的先贤典范。

在欧阳中鹄的影响下,他对王夫之的思想发生了兴趣,受到了爱国主义的启蒙。他读书务求广博,好讲经世济民的学问,文章写得很有才华。他对传统的时文八股非常反感,在课本上写下"岂有此理"几个字。他仰慕那些锄强济弱的草莽英雄,曾和当时北京的一个"义侠"大刀王五结交,二人成为生死不渝的挚友。

1890年,谭嗣同25岁时,在北京认识了另一个浏阳老乡,他就是刘人熙。刘人熙,字艮生,号蔚庐。曾就读于长沙城南书院,同治六年(1867年)中举人第一名,三年后至道州书院任主讲,应聘纂修《平江县志》。光绪三年(1877年)中进士,任工部主事。光绪十年（1884 年）任会典馆纂修官、总校官。1889 年外调直隶州知州。后游历豫、赣、桂等省，官至广西道员。1907 年返湘，任中路师范监督，旋任湖南教育总会会长。领衔上书请愿开设民选议院。湖南光复后任都督府民政司长，电促广西宣布独立。1914 年创办船山学社，任社长。1915 年参与反袁驱汤斗争，与贝允昕创办《大公报》，抨击帝制，主张北伐。汤芗铭被逐后，出任湖南督军兼省长，后任大总统黎元洪顾问。1918 年与上海爱国人士组织"策进永久和平会"，任会长，致书南北，要求停战，与孙中山先生有过交往。1919 年去世，终年 75 岁。

刘人熙不仅对宋儒朱熹的学说素有研究，而且对《船山遗书》做过深入研究，很推崇船山学说，认为是"救时良方"。作为谭嗣同的第五位老师，他给谭嗣同讲解朱熹及程颐等宋代理学家关于对《四书》、《诗经》、《周易》、《尚书》、《礼记》的论述，并告诉谭嗣同，除应熟读朱熹的注释外，还应参阅王夫之的《四书训义》，因为这部书比较系统地阐述了朱熹的观点，其中与朱熹有分歧的地方，科举考试时虽不宜援引，但仍可扩充见识。此外，刘人熙还给谭嗣同介绍了张载的重"礼"和辨别"天地之性"与"气质之性"的学说。谭嗣同从张载、王夫之的学说中汲取精华，撰写了《张子正蒙参两篇补注》，对王夫之的学问愈加佩服，认为"五百年来，真通天人之故者，船山一人而已"。

涂启先（1834—1900），清末维新派。字舜臣，学者称"大围先生"。湖南浏阳人。廪生。年四十选优贡，授候选训导。旋考取八旗官学汉教习，未赴任。乡试屡不第，遂绝意科举。尝游历湘鄂督府幕。光绪八年（1882 年）起任浏阳上东团总共 18 年。于团内建围山书院，教授生徒。为学主明体达用，兼习中西。光绪三年（1877 年），谭继洵出任甘肃巩秦阶道道台，谭嗣同随父回到浏阳。第二年到兰州。不久，又返浏阳，跟随当地有名的学者涂启先学习儒家经典，钻研文字、训诂之学。

对谭嗣同思想影响最大的三位教师，欧阳中鹄、涂启先和刘人熙（字蔚庐），他们都在不同程度上、从不同方面影响着谭嗣同的人生观。第一位业师欧阳中鹄极为推崇王夫之的学术思想和气节，因王夫之号"姜斋"而自号"瓣姜"。在他的影响下，谭嗣同对王夫之思想也发生了兴趣，长期潜心研读《船山遗书》。欧阳师的治学方法提倡"经世致用"，又赞赏龚自珍、魏源的思想学识。这些都成为谭嗣同"经世之略"政治观点的重要来源。另一位教师涂启先，给谭嗣同讲授的是儒家的经典，但不受朱熹《四书集注》的局限，而好称引"今文经学"。这也使谭嗣同受到了这一派学风的熏陶，对其能接受康、梁的以今文经学为思维武器的"托古改制"思想，起了积极作用。再一位有影响的老师刘人熙，对张载、王船山思想深有研究，见嗣同"好学深思，辄以己所研求而得之者……告之"。这样，使谭嗣同在问学中对张、王的思想有了更深入的了解。后来谭谈及刘对他的教益时说："既而薄上京师，请业蔚庐，始识永嘉之浅中植弱，傲睨横渠之深思果力，闻衡阳王子精义之学。"

如果说，在谭嗣同的成长过程中，欧阳中鹄等老师将这位生于北京的浏阳人引入了博大精深的湘学，那么，近代以来，浏阳谭氏宗族的忠烈事迹则是激励其走上弘扬湘学、光大湘学的重要原因。

前文曾经述及，谭嗣同出自浏阳梅花巷谭氏，该族自福建迁来，族中曾出过不少武功显赫的名人。比如远祖辅佐明成祖战死，追封崇安侯。但是，对于谭嗣同来说，这些年代久远的显赫功业只是增加了他对先祖的敬仰和崇拜，真正触动了他的心灵，让他感到震撼的则是谭氏宗族在距其不远的咸丰、同治年间的功业。

咸丰、同治，特别是咸丰一朝，可说是清王朝统治的转折点。在这以前的嘉庆、道光时期，尽管已存在种种问题，但一贯以勤政著称的满洲统治者们尚能驾驭中华帝国这艘航船。而时至咸丰朝，随着内部太平天国起义和外部英法列强坚船利炮的东来，咸丰帝这位本就缺乏统治经验的苦命天子和他身后那些冲龄登基的小皇帝就再也没能将大清帝国带回到往日的荣光。

国家多难，大大激发了湖湘儿女的爱国热情。湖南位于中国大陆的南部腹地，在 19 世纪中叶西方列强的坚船利炮东来之时，并不是侵略者首当其冲的侵略对象。但是，秉承了依恋故土、热爱家园、心系桑梓的朴素情感和由此生发出来的中国传统士大夫"先天下之忧而忧，后天下之乐而乐"之忧国情怀的湖南人，却很快感受到了国家、民族面临的危机，所以当中国近代历史的大幕徐徐拉开之际，湖南人在强烈的家国情怀的驱使下"以一隅之力，支柱天下"。①

北京谭嗣同故居

居于湖南中部浏阳的谭氏宗族就是这些湖南人中的一分子。谭嗣同曾追记道："浏阳县于山谷间，耕植足以自存，民颇庞谨，不乐去其乡，更数世老死，不见干戈。故应募从军，视它县无十之一，而以能战博厚赀大官，亦鲜有闻焉。吾谭氏又衰族，丁男始得逾二百，尤惴惴不敢远出。然且死于四战十有二人。其它久戍不返，卒莫悉其死状，尚十数人，不在此列。……嗣同于诸人为无服之尊属，而齿特季，无由亲挹其风，及闻父子兄弟相勖于王事，酷者至骈殒锋镝，暴露莫收，未尝不壮而悲之。"②从这些文字中，我们不仅可以看到浏阳谭氏的爱国情怀，更可以读出谭嗣同本人对先人爱国情操的深深敬佩。

① （清）郭嵩焘：《郭嵩焘诗文集》卷十五《刘韫斋中丞八十寿序》，岳麓书社 1984 年版，第 280 页。
② 谭嗣同：《忠义家传》，载《寥天一阁文》卷二，谭嗣同撰，何执编《谭嗣同集》，岳麓书社 2012 年版，第 44—45 页。

　　和当时绝大多数湘籍学者生于湖南、长于湖南的经历不同，谭嗣同的湘学文化背景主要是通过和当时湖南士人的交往，特别是与"浏阳三先生"的从学过程中建立起来的。在这个过程中，其浏阳原籍宗族们咸、同年间的功业事迹也深深感染了他，强化了他对湖湘文化的认同感和归属感。也正是因为这种归属感和认同感，使得谭嗣同对湘学有了新的期待，"溯自三十年来，湘人以守旧闭化名天下，讫于前此三年犹弗瘳，此莫大之耻也。愚尝引为深痛，而思有以变之"①。而这，也是促成其迈出维新变法第一步的重要原因。

三　办浏阳算学馆，开新学先河

　　从 1882 年开始，谭嗣同先后六次参加科举考试，但都没有考中。就在他一边读书，一边参加科举考试的时候，书斋外的中国大地正在发生着深刻的变化。19 世纪中期，第二次鸦片战争后，清政府内部掀起了一个"师夷长技以制夷"的自强运动。这场运动，旨在通过学习西方列强先进的科学技术以富国强兵，进而达到摆脱落后挨打局面的目的。但是，这场由封建士大夫主导并推行的经济、科技层面的改革运动并没有从真正意义上令中国富强起来，相反，在中法战争、中日战争中，清朝政府依然不堪一击。于是，一批有识之士逐渐认识到，要彻底改变中国的落后面貌，不触及落后的封建政治制度是不行的。谭嗣同就是这些人中的一员。

　　1884 年，谭嗣同离家北上，先到新疆巡抚刘锦棠的幕府中任职，后来又离开新疆，开始了十余年的漫游生涯。这期间他穿越直隶、新疆、甘肃、陕西、河南、湖北、湖南、江苏、安徽、浙江、台湾各省，行程八万余里，广泛接触社会，观察民生之现状，对清朝的黑暗统治表示了不满，开始在迷茫中探索救国的途径。

---

　　① 谭嗣同：《与徐仁铸书》，载《秋雨年华之馆丛书》卷一，谭嗣同撰，何执编《谭嗣同集》，岳麓书社 2012 年版，第 290 页。

1894 年，中日甲午战争爆发，泱泱大国竟败给小国日本，第二年又签订了丧权辱国的《马关条约》，沉重的民族危机和尖锐的社会矛盾，激起了广大社会阶层的强烈愤怒和反抗。在这种历史背景下，谭嗣同思想发生了急剧变化。

在此之前，他虽对清政府的腐败表示不满，但并不主张变法。在此之后，他的思想为之一变，从而踏上变法维新的征途。

1895 年，谭嗣同进京访康有为，因康氏南归不遇。1896 年，屡试不第的谭嗣同承父亲之命捐为江苏候补知府。在南京候补期间，在上海结识梁启超，闻康氏之学，并经常在一起探讨维新变法理论，写了不少宣传变法的文章，于次年完成了他的主要著作——《仁学》，标志着他的政治思想已经成熟。

甲午战争爆发后，谭嗣同和正在武昌两湖书院学习的唐才常及刘淞芙商量，一致认为，维新的第一步应先从"兴学术"做起。认为这是他们当时马上就能做到的事，不必经政府批准就可实行。商定后，唐、刘两人就弃学归湘，准备将这个意见告诉正在浏阳的师友，没想到根本没人理睬。于是，谭嗣同亲自写了一份长信给他在浏阳的老师欧阳中鹄，痛陈时局之危及变法之必要和主张，最后提议先在浏阳一县"邀集绅士，讲明当今时势与救败之道。设立算学格致馆，召集聪颖子弟肄业其中"，达到"将来人才蔚起"之功效。

欧阳中鹄非常重视谭嗣同的意见，联络了在浏阳的一些赞同改革的同道，将谭嗣同的信稍加删节，连同谭嗣同后来寄来的《开创章程八条》、《经常章程五条》等，汇集刊刻，取名为《兴算学议》，还计划将县城原有的南台书院改为算学馆。

没想到，这样一件提倡数学、物理之类自然科学的事件，也立即引起当地顽固派的激烈反对。为此，谭嗣同专门从湖北赶到浏阳，约了几个人上书给当时的湖南学政江标。同时与欧阳中鹄、唐才常等人商议，为了减少阻力，暂时不设立浏阳算学格致馆，先招 16 个人立个"算学社"。

浏阳算学馆旧址

从表面上看，谭嗣同等人打算成立的是一个研究数学等自然科学的学术团体，其实，只要仔细读一读他的那篇《兴算学议》，就会发现，他们实际上是以浏阳为样本，进行政治制度的改革。

谭嗣同的《兴算学议》一文，是一篇革旧学创新学的宣言，全文贯穿了爱国主义和科技兴国的启蒙思想。他在《兴算学议》中痛斥了清廷的腐败行径后，围绕变法救国的方针，提出要"广兴学校，无一乡一村不有学校；大开议院，有一官一邑即有议院"。他主张改革科举和官制，澄清吏治，改订刑律，改革税制，要求"凡利必兴，凡害必除，西人之所有，吾无不能造，又无不能精"。于此，非"广育英才"不可。他相信经过维新变法之后，"以中国地宝之富，人民之多而聪慧，其为五大洲首出之国也必矣"。谭嗣同指出挽救国家危亡势必变法，而变法之关键必须"育贤才"，不能把变法寄托在"全无心肝"的守旧官僚身上。而许多深受儒家传统观念影响的士子，又迷溺于"考据"、"辞章"、"八股"旧学，不明中外大势，且轻蔑科学为"奇技淫巧"。他认为这种"狂妄"与"愚昧"之人是不能成大业的。因此，他"不惜首发大难"，主张"尽变西法"，将革旧学创新学活动"先小试于一县"。

在办学方针上，谭嗣同提出了以有用的"实学"和普及科学知识为主的教学原则。他提出算学格致馆的学生，应以学习中西方数学为主，兼授物理、化学等格致知识，鼓励学生阅读各种翻译的"西书"，阅读《申报》、《沪报》等，以扩大视野。

由此可见，谭嗣同创办浏阳算学格致馆，开了革旧学创新学之先河。特别是以科学知识培育"有用之材"，对为封建专制制度服务的科举教育是一场重大革命，具有开拓精神；用符合时代发展潮流的思想培育学生，为中国的维新变法准备人才，具有科技兴国的启蒙意义和现实意义。

由于守旧派官僚的阻碍，浏阳算学馆前后历经两年，到1897年才办了起来，谭嗣同由此越发感到推行变法之难，更相信取得"在上位之人"支持变法的重要。

四　维新运动中的改革先锋

1897年10月，谭嗣同应陈宝箴、黄遵宪之邀，从南京返湘，此时，正是时务学堂创办之际。随后，梁启超、韩文举、叶觉迈也风尘仆仆来长沙时务学堂任中文总教习、分教习，长沙一时荟萃了各路精英，开启了风风火火的湖南维新运动。

辅佐陈宝箴在湖南施行新政，是谭嗣同生命历程也是他维新变法实践中的重要阶段。

谭嗣同在湖南主要开展了三项维新事业。其一，创办时务学堂，该学堂虽然讲学，但实际上担负着地方议会职能，当时由熊希龄任校长，梁启超担任中文总教习，谭嗣同、唐才常等分任教习。其二，创办《湘报》，谭嗣同、唐才常为主笔。其三，成立南学会，由谭嗣同和皮锡瑞任学长。

1898年2月21日，谭嗣同在南学会成立大会上做了《论中国情形危急》的演讲，他指出中国已到了被帝国主义瓜分豆剖的局面，要摆脱"各肆侵凌"的命运，中国也只有和土耳其、暹罗等一样，通过变法以图自强。继而做了《论今日西学与中国古学》、《论学者不当骄人》、《论全体学》的演讲，号召"联合众力，官民上下，通为一气，相维相系，协心会谋"，则可御外治内。谭嗣同不满足于把"南学会"办成单纯的学术团体。他在南学会成立前一年，和熊希龄拟订了南学会要宣传维新思想以"开民智"，并把它扩展到全省各地，作为议院，由士人及开明乡绅商讨和决定湖南应兴应革的大事为宗旨。

当时的湖南人皮锡瑞曾这样评述"南学会"，说其"开化可谓勇矣"。此"勇"主要指南学会具有一般学会所不及的政治功能，也就是说，南学会是促使维新派和民众参政议政的一个组织，是取得政治权力的一个初级阶梯。在维新派的眼里，南学会在推进省内政治改革方面所起的作用比时务学堂、《湘报》等更重要，南学会更接近实质性的制度层面的改革。要了解南学会的政治功能，我们必须对维新派办学会的思想，尤其是南学会主要创办人谭嗣同的学会思想有所了解。

谭嗣同在《湘报》连载了《壮飞楼治事10篇》，即《释名》、《辨实》、《学会》、《通情》、《平权》、《仕学》、《法律》、《财用》、《群学》、《湘粤》10篇。10篇文章中大都谈到了办学会的作用、目的、意义等，集中体现了谭嗣同办南学会的思想。

谭嗣同将学会的权力设想得非常大，具体而言，其权力和功能主要有以下几个方面：

一是参政之权。谭嗣同在《通情》篇中指出，学会虽"无议院之名，而有议院之实"。何以如是呢？因为学会一个重要作用是"通情"，即通君与臣、官与绅、士与民等上上下下、方方面面之情。他认为中国"事之所以不治"，是因隔阻太多，如"君与臣隔，大臣与小臣隔，官与绅隔，绅与士隔，士与民隔"。而学会却可以通情，官、绅、士、民皆可入学会，他设想在省城设一总学会，在各州县设分学会。督抚、学政入总学会，地方官入分学会，学会可限制地方官滥用权力："官欲举某事，兴某学，先与学会议之，议定而后行。议不合，择其说多者从之。民欲举某事，兴某学，先上于分学会，分学会上总学会，总学会可则行之。官询察疾苦，是远弗闳也；民陈诉利病，虽微弗遏也；一以关捩于学会焉。有大事则上下一心，合群策群力以举之。"如此一来，则"大吏罔敢骄横，小吏罔敢欺诈，兴利除弊，罔不率此。官民上下，若师之于徒，兄之于弟，虽求其情之不能，不可得也。于是无议院之名，而有议院之实"。

二是议政之权。谭嗣同认为，中国政治一大弊病就是民众无议政之权，这都是因官僚体制独擅其权，"官之视民如驿卒，民之视官如路人"之故，这种民众无法限制官吏滥用权力的现象应当改变，改变的途径就是民众通过学会参与议政。谭嗣同在《平权》篇中提出："平其权于学会，使熟议其是非得失，晓然与众共之。官不至罔于措注，民不至壅于控诉。""且平权，平其议事之权而已。"议事之权当平于何处呢？谭嗣同设想的是"平之于学会"。他认为这种"平权"既是"平等"的象征，又是无形中限制官权膨胀的良法，故而他在开篇中便指出："平等亡，公理晦，而一切惨酷蒙蔽之祸，斯萌芽而浩瀚矣。"在篇末则指出"平权"是"无变官制之名，而有变官制之实"。

三是选官之权。谭嗣同将学会视为一个培养和选用官吏的场所。他在《仕学》篇中说："总学会为造就候补官之地矣。""总学会设仕学一科，使候补官就学，其不就学而惰者停其差委，就学者使诵习古今中外政教源流、措施大体，与现今所行之吏事，严为之格。岁时会众绅士而面课之，而公评之，其及格而才行为众绅所称者擢用之，否则置之，使众绅士预闻选官之典，以符国会之本义，且使官绅相习。""总学会之设也，正以使宫中之人才皆出于学。"如若"宫中之人才皆出于学"，于是就会"无变科举之名，而有变科举之实"。

四是定法之权。谭嗣同认为学会有一定的制定法律的权力。他在《法律》篇中说："今将悉取旧法而废之，又不可得，则莫如令总学会厘订一简要有定之法。"对于怎样定法，谭嗣同提了三点看法，他说，法有三："一曰章程"，"总、分学会皆当立章程学，专意讨论，乃可就理。""二曰表"，"总、分学会，皆当立表学，广为宣布，使习于用"。"三曰图"，"总、分学会，皆当立图学，慎办器象，储为故府"。"章程"、"表"、"图"三法毕备之后，就由"总学会颁其式于分学会"，而"分学会复上其成事于总学会"。如"有不便，可随时议改，务臻美善"。这样一来，就可以"通达刑律，以清狱讼，旁及公法，以育使才，于是无变法律之名，而有变法律之实"。

五是理财之权。谭嗣同在《财用》篇中所说的理财，即指废掉厘金局，"故言理财，必自废厘金始"，而"以学会及商会中人办理厘金之事"。因为厘金局只能使"商务日坏，民生日棘"。而学会"方理财，悉以养民为主义"。学会若有一定的理财权则可以"溥施善政，概振困究"，其利还有："学会自设警部，则省去公家之兵费，而足以靖地方矣。由学会公定祀典，则省去赛神之民财，而庙宇足变为会产矣。而且衣服宴乐，居处仪文，由学会定一简易易从之准则，由是凡可以资小民之生计而制其用者，无不可以进议之矣。于是无变制度之名，而有变制度之实。"

六是合群力变法。谭嗣同在首篇《释名》中即指出新政都是"中国应办之事"，但有人害怕新政之名，所以在实施新政中可不用新政之名，而用新政之实。因而第二篇《辨实》中便提出"今日之法，程其功，责其效"，主张以求实精神进行变法，做到"无变法之名，而有变法之实"。于是在第三篇《学会》中提出采取办总学会和分学会的方法，士、农、工、商共同讲求讨论，启发智慧，通力合作，群策群力进行变法。他说："士会于庠而士气扬，农会于疆而农业昌，工会于场而工事良，商会于四万而两利孔长。各以其学会而学，即互以其会而会。力小，会二三人；力大，会千万人。"如此而行，则"人人可以自致，处处可以见功"，则"会成而学成，近之中国，远之五洲"，"于是无变法之名，而有变法之实"。

由此可见谭嗣同企图把学会办成议院性质，建构起一种资产阶级的民主政治制度。与此同时，谭嗣同还与熊希龄、唐才常等创办了《湘报》。其办报宗旨，"专以开风气，拓见闻为主"。该报于1898年3月7日正式刊行。

《湘报》的诞生，为湖南的维新变法运动造成了一个大气候。施行新政的许多大事，都见之于《湘报》。谭嗣同亲任《湘报》主笔的目的，在于要把《湘报》作为宣传维新变法、建立资产阶级民主制度的据点。事实上，《湘报》发表了一些措辞相当激进的文章，如樊锥的《开诚篇》，遭到了王先谦、叶德辉等保守势力的反对，也就在所难免了，就连支持维新运动的开明巡抚陈宝箴也对张之洞的质查感到为难。这就从反面证明了谭嗣同的维新变法主张，完全反映了近代资产阶级民主革命的要求。

综言之，谭嗣同以建立学会作为政治改革的基础，他在《上陈右铭抚部书》中说得很清楚："湘省请立南学会，既蒙公优许矣，国会即于是植基，而议院亦且隐寓焉。"他也将学会作为保国、强种、保教的保障："国存而学足以强种，国亡而学亦足以保教，有学斯有会，会大而天下之权力归焉，复何为而不成乎？"另外，南学会何以名之"南学"呢？它有联合南部诸省自保自治之意："盖当时正德人侵夺胶州之时，列国分割中国之论大起，故湖南志士人人作亡后之图，思保湖南之独立。而独立之举，非可空言，必其人民习于政术，能有自治之实际然后可，故先为此会以讲习之，以为他日之基，且将因此而推诸南部各省，则他日虽遇分割，而南支那犹可以不亡，此会之所以名为南学也。"

在当时中国的政治改革设想中，谭嗣同、梁启超等在湖南采取的自下而上的地域改革方案，它构思了从基层教化入手推进改革的思维路向。谭嗣同、唐才常等在甲午战争后就将变革的眼光投向了基层，谭、唐等在浏阳县办算学馆就是先"小试于一县"推行变法，由一县而推及全省，由省而波及全国。梁启超毅然莅湘参加维新运动，也是他认为湖南"士气可用"，省府官员开明，是完成地方自治政体的最佳省份。1897年冬，他到湖南后曾向陈宝箴建议，如果西方瓜分浪潮迭起，国势危急，湖南可以宣布脱离中央政府而独立。梁启超认为，如果上层迟迟不能像日本一样推行变法，那么省内只有自行变法。他在湖南公开宣传湘省改革者应学习日本德川萨摩和长州的经验，在地方实现变革，然后推广到外省。①

五　有心杀贼，无力回天

1898 年 6 月 11 日，光绪皇帝在全国维新变法运动高涨的推动下，“诏定国是”，决定开展变法。6 月 13 日，侍读学士徐致靖保举谭嗣同参与新政，称谭“忠于爱国，勇于任事，不避艰险，不畏谤疑，内可以为论思之官，外可以备折冲之选”。8 月 21 日谭嗣同应诏到京，9 月 5 日，光绪帝赏谭嗣同、杨锐、林旭、刘光第四人四品卿衔，在军机章京上行走，参与新政，史称“军机四卿”。军机章京就是军机处的秘书，任务是阅览全国臣民的奏折、上书，拟出处理意见。光绪帝召见时叮嘱“所欲变者，皆可随时奏来”。

维新派的各项改革引起了保守派的警觉，他们利用一切手段对变法维新进行攻击，年轻的光绪皇帝也越来越感受到来自以慈禧太后为首的保守派的压力。1898 年 9 月 20 日，慈禧太后发动政变，囚禁光绪帝，康有为、梁启超逃亡海外。谭嗣同曾到日本公使馆劝梁启超赴日本避难，把其所著书及诗文稿数册、家书一箧交托梁启超。日本使馆曾派人与他联系，表示可以为他提供“保护”，他毅然回绝，并对来人说：“各国变法无不从流血而成，今日中国未闻有因变法而流血者，此国之所以不昌也。有之，请自嗣同始。”24 日，谭嗣同在浏阳会馆被捕。在狱中，意态从容，镇定自若，写下了这样一首诗：“望门投止思张俭，忍死须臾待杜根。我自横刀向天笑，去留肝胆两昆仑。”

① 丁平一：《湖湘文化传统与湖南维新运动》，湖南人民出版社 1998 年版。

谭嗣同在监狱中

9月28日，谭嗣同等六君子同时殉难。刑场上观看者上万人。他神色不变，临终时还大声说："有心杀贼，无力回天，死得其所，快哉！快哉！"充分表现了一位爱国志士舍身报国的英雄气概。由此可见，谭嗣同的献身精神，到了何等震撼人心的地步。

1899年，谭嗣同的遗骸运回原籍，葬在湖南浏阳城外石山下。墓前华表上挽联写道：

> 亘古不磨，片石苍茫立天地；
> 一峦挺秀，群山奔赴若波涛。

挽联展现了谭嗣同在维新变法中傲然屹立的伟岸形象，也揭示了继他之后，中国政治变革不可阻挡的潮流。

谭嗣同一生的追求，特别是他从事维新变法多方面的社会实践，始终是以爱国主义为旗帜。他的这种爱国主义，总体来说，具有资产阶级启蒙思想的特色，在某些方面还具有超前意识，因此在中国启蒙思想文化史上有特殊意义。他强烈反对帝国主义侵略，捍卫民族尊严与国家利益，无情地抨击封建名教，成为封建制度的掘墓人。他全心进行维新变法的实践，探索振兴国家的道路，对于推动历史前进和社会发展，有着不可磨灭的功绩。诚然，谭嗣同也有其历史的局限性，他一方面反对皇权，但另一方面又寄希望于光绪皇帝，他看到了封建制度的腐败，但他的维新变法运动又是在开明的封建官僚的支持下开展的；他主张暴力革命，但他希望的却是资产阶级议院式民主。尽管如此，我们不能离开历史时空去苛求古人。全面考察谭嗣同的一生，他仍不愧为一位杰出的改革家和思想家。

唐才常　武装推翻封建帝制的革命先驱

作为一位在旧学思想体系中成长起来的思想家，唐才常接受了"心忧天下，敢为人先"的湘学浸染。他参加了戊戌维新在湖南的主要活动，并在变法失败后走上了武装推翻封建帝制的道路，成为自立军起义的领导人。唐才常的奋斗轨迹，代表了当时先进的中国人在救亡道路上的曲折探索。作为武装推翻封建帝制的先驱者，唐才常在中国政治现代化的道路上有着不可磨灭的贡献。

　　唐才常，从浏阳山间的平凡农家走来，却成为 20 世纪初年那场革命浪潮中的著名先锋。他诵读着"四书五经"中忠君效忠的文字长大，却最终走上了武装推翻封建专制的革命道路。作为谭嗣同的同乡与知己，他历经改良到革命的思想变化，最终走上了武装推翻清政府统治的道路。他在为民族国家奋斗一生的同时，也深刻影响了近代中国的政治。

一　浏阳山乡小三元

同治六年四月初九（1867 年 5 月 12 日），湖南浏阳县城孝义里传来一声婴儿的啼哭，他就是后来在清末政治舞台上大名鼎鼎的唐才常。

唐才常出生于一个世代务农的家庭，其家族直到他祖父雁峰公那一辈才开始和书本打交道。在祖父的影响下，唐才常的父亲贤畴公开始对图书典籍有了一定的兴趣。和当时一般读书人热衷于科举考试，试图以此敲开通往上层社会大门的读书目的不同，唐才常的父亲"不乐仕进"，在教导乡里后辈读书时，也不教他们八股应试之文。据说，他常将本地的年轻读书人聚集在一起，向他们传播经书中的"微言大义"，启发他们注重对国计民生有实际益处的实学。

出生在这样一个家庭，自幼家学相承，使唐才常形成了扎实的国学功底，也深受先辈夷夏大防之类传统民族思想的濡染。光绪十二年（1886 年），唐才常 20 岁时，应童子试，在县、府、道三级考试中都考中了第一名，顺利取得了秀才的功名，时人称为"小三元"及第。20 岁以前的唐才常，按照他自己后来的回忆，是埋首钻研于"四书五经"之中，沾沾自足，基本上属于"两耳不闻窗外事，一心只读圣贤书"的状态。

由于家境贫寒，加之考虑到父亲贤畴公已经 50 多岁仍然以教书养活全家，唐才常决定谋一份差事。考中秀才的第二年，他应聘到本地刘春台家里教书，以薪水接济家用。

二　长沙城里习实学

如果唐才常和他的父亲一样，将教书作为自己一生的志业，那其后的历史一定会失色很多。或许是从小就接受了经世致用的家学熏陶，使得唐才常不能忘情于现实的世界，他的家庭教师的工作也因此没有持续多久，他就进入省城长沙著名的岳麓书院读书，同时在校经书院旁听。

岳麓书院是北宋开宝九年（976年）由潭州太守朱洞在僧人办学的基础上创立的，历经宋、元、明、清各代，是著名的"千年学府"，也是湘学谱系中具有标志意义的文化符号。两宋之交，岳麓书院遭战火洗劫，乾道元年（1165年）湖南安抚使知潭州刘珙重建岳麓书院，并聘请著名理学家张栻主教，重建后的岳麓书院很快就确立了经世致用的学风，培养出了一批如吴猎、赵方、游九言、陈琦等经世之才的优秀学生。绍熙五年（1194年），朱熹任湖南安抚使，重整岳麓书院，颁行《朱子书院教条》。经过他的整治，岳麓书院再次进入繁盛时期。重新进入繁盛时期的岳麓书院将经世致用的学风发扬光大，并且通过其在湖南书院的龙头地位将这种学风散布到全湘，深刻影响了其后的湘学，使得不尚空言、重视实用、强调经世等特点成为湘学的突出特征。

岳麓书院

进入清代以后，岳麓书院在湘学系统中的地位进一步被强化，康熙皇帝、乾隆皇帝先后赐给其御书匾额，到嘉庆、道光年间，经过罗典、欧阳厚均两位山长的主持，强调经世致用的学风成了以岳麓书院为代表的湘学的重要特点。曾国藩等一大批对中国近代历程产生过深远影响的湖南人才均出于此。可以这样说，正是以岳麓书院为代表的湘学系统塑造出了在近代历史舞台上纵横捭阖的这群湖南人。

唐才常所进入的就是这样一所与众不同的书院，在这里，他接受了湘学传统的熏陶，并学得十分刻苦。据说他"课卷文字，多名列前茅"，属于同辈中较为出色的学生，所获得的奖学金则悉数寄回浏阳老家，以减轻父亲的负担。从浏阳到长沙，唐才常的视野有所拓展，他摒弃八股辞章的腐朽，和同窗好友一起攻读经史，切磋经世致用之学。

光绪十七年（1891 年）冬，他应湖南老乡，时任四川学政瞿鸿禨的邀请，到他的衙门里担任阅卷兼校读的工作。瞿鸿禨对他十分倚重，曾经说："惟阁下所阅卷，我才放心。"①报酬也比较丰厚，大约是 240 两，绝大部分被汇回浏阳，补贴家用。唐才常在瞿鸿禨幕府中的日子虽然平和，却也十分平淡，在这一时期他写给父亲的家书中，曾多次提到自己于课余时"唯看书静坐"的情境。如"男在署中，未尝入街市游览，课读之暇，看书静坐而已"。②"男孤栖幕府，既无良朋谈笑之欢，又无世故纷华之接，孑然一身，极无聊赖。课读之余，唯赋诗、读书以及屏息静坐而已。"③

四川距湖南路途遥远，气候亦大不相同，年轻的唐才常孤身一

---

① 唐才常：《上父书（五）》，载湖南省哲学社会科学研究所编《唐才常集》，中华书局 1980 年版，第 207 页。

② 唐才常：《上父书（九）》，载湖南省哲学社会科学研究所编《唐才常集》，中华书局 1980 年版，第 214 页。

③ 唐才常：《上父书（八）》，载湖南省哲学社会科学研究所编《唐才常集》，中华书局 1980 年版，第 212 页。

人，常常在家书中流露出对家人的思念。光绪十八年（1892 年）五月，在离开故乡几个月后，唐才常返回浏阳，到本地欧阳中鹄家的私塾里教书。欧阳中鹄的孙子欧阳立表跟着他读书，这位立表小朋友，就是后来中国近代戏剧史上大名鼎鼎的欧阳予倩。

三　武昌城里忧天下

光绪二十年（1894 年），唐才常考入武昌两湖书院。这是一所由当时的湖广总督张之洞创办和经营的重点学堂，其办学的目的，在于贯彻"中学为体，西学为用"的原则，以巩固清王朝的专制统治。但是，自 1840 年以来 50 多年的西学东渐，各种新思潮、新学问的浪潮不断冲击着中国大地。武汉作为两湖地区政治、经济、文化的中心，自 1861 年开埠以来，帝国主义势力加紧渗透，不久之后，张之洞又在这里建厂矿、兴学校、练新军，大力开展洋务运动，因而风气渐开。西学的引进，使得学生们有机会接触到外国资本主义的文明，在两湖书院读书的唐才常，正是通过这一机缘，了解到一些资本主义的新知识。

两湖书院

就在这时，中日甲午战争开始了，正在武昌读书的唐才常也热心关注着战事的进展。他在写给父亲的信中说："辽阳消息，甚属不佳，奉天危若累卵，不知宋、吴诸帅可能支持否？"并对当时清政府的内外局势有着自己的一番见解："南洋数千里，长江亦在在空虚，略无准备，而督抚大臣中绝少长驾远驭之才，可以控制军民，甄拔寒俊者。"①

当清政府即将签订《马关条约》的消息传来，他在写给弟弟的信中说："和议一事，太觉不堪，大约十款，以割台湾、赔二万万两、管东南机器局、内地屯兵数者为最恶。""中倭和议已成，可耻万分。"②并斥责李鸿章赴日求和，是"奸臣卖国，古今所无"。这时他发愤研究各国政治、外交之得失，自号"湔摎子"，"表示除旧布新、变法图强的意愿"，并决心以天下为己任。他隐隐地觉察到，这场战争将给中国未来带来重要的变化，并预言"男静观天下之变，时文一道，将来必成废物"。③唐才常和当时中国千千万万的知识分子一样，在痛苦和愤恨中开始艰难地思考着国家与民族的未来。

在当时两湖书院的同窗中，唐才常和同为浏阳籍的谭嗣同、刘善涵志同道合，一起经历了甲午战败后的思想变化。谭嗣同的父亲谭继洵当时是湖北巡抚，谭嗣同随父亲住在武昌巡抚官署内，三人意气相投，过从最密，或讨论学术，或议论时政，均觉有益身心。是对国家和民族的爱国热忱和维新图变思想把他们紧紧联系在一起的。

就个人气质而言，唐才常是稳健而富于沉思的，具有经过苦心探索而确立自己意志的内秀。他从长期书斋生活中终于有了新思想的萌发，是来之不易的，一旦冲破了旧的思想牢笼，他再也不会回到老路上去。④

---

① 唐才常：《上父书（十五）》，载湖南省哲学社会科学研究所编《唐才常集》，中华书局1980年版，第221页。

② 唐才质：《唐才常烈士年谱》，载湖南省哲学社会科学研究所编《唐才常集》，中华书局1980年版，第269页。

③ 唐才常：《上父书（十五）》，载湖南省哲学社会科学研究所编《唐才常集》，中华书局1980年版，第222页。

④ 皮明庥：《唐才常和自立军》，湖南人民出版社1984年版，第5页。

四　浏阳家乡兴算学

本书前已述及，甲午战争爆发后，谭嗣同和正在武昌两湖书院学习的唐才常及刘淞芙商量，一致认为，维新的第一步应先从"兴学术"做起，认为这是他们当时马上就能做到的事，不必经政府批准就可实行。商定后，唐、刘两人就弃学归湘，准备将这个意见告诉在浏阳的师友，没想到根本无人理睬。于是，谭嗣同亲自写了一份长信给他在浏阳的老师欧阳中鹄，痛陈时局之危及变法之必要和主张，最后提议先在浏阳一县"邀集绅士，讲明当今时势与救败之道。设立算学格致馆，召集聪颖子弟肄业其中"，以达到"将来人才蔚起"之功效。

欧阳中鹄非常重视谭嗣同的意见，联络了在浏阳的一些赞同改革的同道，将谭嗣同的信稍加删节，连同谭嗣同后来寄来的《开创章程八条》、《经常章程五条》等，汇集刊刻，取名为《兴算学议》，还计划将县城原有的南台书院改为算学馆。没想到，即使是这样一件提倡数学、物理之类自然科学的事件，也立即引起当地顽固派的激烈反对。为此，谭嗣同专门从湖北赶到浏阳，约了几个人上书给当时的湖南学政江标。同时与欧阳中鹄、唐才常等人商议，为了减少阻力，暂时不设立浏阳算学格致馆，先招 16 个人成立个"算学社"。

表面上看，唐才常等打算成立的是一个研究数学等自然科学的学术团体，其实，只要仔细读一读谭嗣同的《兴算学议》，就会发现，他们实际是以浏阳为样本，进行政治制度的改革。

谭嗣同的《兴算学议》一文，是一篇革旧学创新学的宣言，全文贯穿了爱国主义和科技兴国的启蒙思想。他在《兴算学议》中痛斥了清廷的腐败行径后，围绕变法救国的方针，提出要"广兴学校，无一乡一村不有学校；大开议院，有一官一邑即有议院"。他主张改革科举和官制，澄清吏治，改订刑律，改革税制，要求"凡利必兴，凡害必除，西人之所有，吾无不能造，又无不能精"。于此，非"广育英才"不可。他相信经过维新变法之后，"以中国地宝之富，人民之多而聪慧，其为五大洲首出之国也必矣"。谭嗣同指出挽救国家危亡势必变法，而变法之关键必须"育贤才"，不能把变法寄托在"全无心肝"的守旧官僚身上，而许多深受儒家传统观念影响的士子，又迷溺于"考据"、"辞章"、"八股"旧学，不明中外大势，且轻蔑科学为"奇技淫巧"，他认为这种"狂妄"与"愚昧"之人是不能成大业的。因此，他"不惜首发大难"，主张"尽变西法"，将革旧学创新学活动"先小试于一县"。在办学方针上，他提出了以有用的"实学"和普及科学知识为主的教学原则。他提出算学格致馆的学生，应以学习中西方数学为主，兼授物理、化学等格致知识，鼓励学生阅读各种翻译的"西书"，阅读《申报》、《沪报》等，以扩大视野。由此可见，他们创办浏阳算学格致馆，开了革旧学创新学之先河。特别是以科学知识培育"有用之材"，对为封建专制制度服务的科举教育，是一场重大革命，具有开拓精神；用符合时代发展潮流的思想培育学生，为中国的维新变法准备人才，具有科技兴国的启蒙意义和现实意义。

唐才常的思路和谭嗣同非常接近，他把浏阳看作是实现自己改革思想的试验田。在他后来写成的《浏阳兴算记》这篇回忆性的文章里，他明确提出，浏阳之小，在整个地球上就好比人脸上的一颗黑痣一样，但只要振奋精神，集合海内豪杰之士，未尝不可以转移天下。他进一步提出："今吾四万万人，欲刷国耻，坚国权，伸国力，则其所应讲明而扩充者，政学万绪，调理万端，万其心，万其目，万其耳，弗能讲究耳。"他把湖南看作中国的萌芽，又把浏阳看作是湖南的萌芽："湘省直中国之萌芽，浏阳直湘省之萌芽，算学又萌芽之萌芽耳。"[1] 表达出以强烈地改革意识和要通过在浏阳的改革引领湖南乃至全国改革的气魄。

---

① 唐才常：《浏阳兴算记》，载湖南省哲学社会科学研究所编《唐才常集》，中华书局1980年版，第158—159页。

由于守旧派官僚的阻碍，浏阳算学馆前后历经两年，到 1897 年才办了起来，唐才常、谭嗣同等由此越发感到推行变法之难，更相信取得"在上位之人"支持变法的重要。

五 湖南新政的有力推手

光绪二十三年（1897 年），唐才常应试成为拔贡。这一科中，有杨毓麟、毕永年、樊锥等，皆为一时之选。而此时的湖南省城长沙，也在悄然发生着变化。当 1896 年初，康有为的维新在北京遭到保守派的诋毁而举步维艰之际，中国南方腹地湖南省这个曾经的"铁门之城"的改革却在最高长官陈宝箴的支持和直接参与下，进行得有声有色。

事实上，陈宝箴在来湖南之前，已经对于当时中国非改革不可的局面有了一定认识，他设想"营一隅为天下倡立富强根基"，认为"中国之大，非一时能悉改变，故欲先以湘省为全国之楷模"，湖南人又"果敢负气可用"，被派往湖南感到"窃喜自慰"。可以说，陈宝箴在来湖南之前，已经有了充分的思想准备和计划，所以一上任就开始了大刀阔斧的改革。在他的影响下，晚清改革派人士梁启超、黄遵宪、熊希龄、江标、徐仁铸、皮锡瑞、唐才常等一时间齐集湖南，整顿吏治、开辟利源、转变士习，创办《湘学报》和《湘报》，开办时务学堂，成立南学会，设立保卫局和课吏馆，又拟选派一批留学生赴日，湖南成为当时改革势力最能发挥的地方。

唐才常积极投身于湖南的维新运动，先后出任《湘学报》主笔、时务学堂中文分教习、南学会议事会友、《湘报》总撰述。

这一时期，他的变法主张大多见诸公开的文字宣传，其内容广泛：批判封建专制主义，主张建立君主立宪国家；反对国内民族压迫，对满洲贵族入主中原不满，却用谈史的方式曲意表达；反对帝国主义瓜分中国，但又幻想联合英、日以抗俄；主张发展民族工商业，确立关税壁垒，废除厘金制度，建立银行，扩大对外贸易，发展中国的资本主义经济；废除科举制度，革新文化，发展教育，广兴学校。

唐才常认为洋务运动失败的根本原因是"新其政不新其民，新其法不新其学"，因此，他主张多派留学生出国，广泛引进"西学"。国内学校除学习中国经史外，还要学习"西学"，"广立天文、算学、武备、舆地、格致诸科，以奔走天下士，民智乃能骤开，人才乃能崛起，国权乃能抵拒，而不蹈北洋前此有名无实之弊。"

为了开民智、育人才，唐才常积极参与维新的实际活动，并尽心为《湘学报》、《湘报》撰文，宣传变法，日夜勤奋工作，为推动湖南各项"新政"做出了贡献。

湖南的维新事业在光绪二十四年夏秋之间达到了高潮，1898年8月21日谭嗣同赴京时，曾托唐才常留湘主持各项事务，继续在本省推行变法，并嘱其速赴广州拜访孙中山，以学习孙中山的革命学说。唐才常积极执行，但当他月底抵穗时，孙中山已去海外，仅得以与孙中山的助手陈少白交谈，亦觉获益匪浅。

从穗返湘后，唐才常抽暇回到浏阳探亲，并就此机会邀请先辈刘人熙及乡间进步人士来家商议浏阳变法大计和响应新政事宜。在家小住三日，即返长沙。返长后便接到谭嗣同来电，催促他即刻进京助理新政。唐才常欣然承命，速速启程，由湘水出洞庭，但当他到达汉口时，却惊闻北京政变，谭嗣同被杀。

·唐才常为顿失挚友、新政夭折而捶胸顿足，痛哭不已。本想冒险继续北上，处理后事，却又闻罗英等已将嗣同骸骨南归，便折回长沙。他草草交代了报馆和学堂的公务后，便经香港东渡日本，决心联络海外志士和国际友人，寻求支持，以完成谭嗣同的未竟事业。

谭嗣同是唐才常的至交和故友，唐才常还在四川幕府中时，曾经听闻谭嗣同的父亲患病甚剧，后留心邸报，没有进一步的消息，于是在写给父亲的家书中询问浏阳有无相关新闻，[①] 表达出对朋友的关心。因此，谭嗣同的突然被害，对他打击很大，他在诗中写道："满朝旧党仇新党，几辈清流付浊流。千古非常奇变起，拔刀誓斩佞臣头。"借诗歌表达了自己除奸佞，复友仇，拯救国家民族的决心。此后，唐才常的思想由和平的变法图强迅速转向武装反抗，下决心"树大节，倡大难，行大改革"。

六　从正气会到自立会

为了避开清政府的迫害，从 1898 年冬至 1899 年秋，唐才常经上海，赴香港，辗转于南洋、日本，联络各地同志。他在日本会晤了康有为、梁启超等维新派人物，讨论过"筹款起兵勤王"事。后经毕永年介绍，在横滨会晤了孙中山，"商讨湘鄂及长江起兵计划，甚为周详，（孙）先生认为可行。"1899 年 11 月，唐才常与林圭、吴禄贞、傅慈祥等回国举事，孙中山、梁启超曾在日本红叶馆为其饯别。唐才常从日本归国后，即于光绪二十六年（1900 年）春在上海建立了"正气会"。

正气会的主持人为唐才常，沈荩、林圭、毕永年等共同创立。会址设在上海英租界新马路梅福里东文译社，因此，对外也托名为东文译社。为了躲避清政府的耳目，以日本人田野橘次挂名。该会的宗旨，在于集合爱国的仁人志士，发展武装，联络豪杰，以图大

---

① 唐才常：《上父书（七）》，载湖南省哲学社会科学研究所编《唐才常集》，中华书局 1980 年版，第 211 页。

举，包含了非常明确的政治意图。在正气会所制定的会章中，虽然仍然强调爱国忠君的意义，并提出"妄议君父者，请勿名列会籍"，但却也提出了通过武装起义推翻清朝统治的最初思想。

正气会存在的时间极为短暂，不久就改为自立会。并转而在长江中下游地区中的会党中迅速发展组织，吸收会员。经过和当时在海外的梁启超的联系，唐才常主张将会党纳入自己的掌握之中，并仿照会党组织办法建立山堂、发行票布，于是就有了富有山堂的建立和富有票的发行。在发行票布的过程中，自立会很自然地将自己的政治主张贯穿其中，而不动声色地将原来哥老会等组织所提出的"灭洋"的口号加以改变。

自立会所建立的富有山堂，体系庞大。许多省份的会党头目均名列其中。最上层是正龙头、副龙头，下有内八堂——总堂、坐堂、陪堂、监堂、礼堂、管车、值堂、刑堂，还有监证、香长；外八堂是心腹、圣贤、当家、红旗、光口、巡风、大满、么满。其中正龙头大爷均为会党首领，康有为、唐才常等本身并非会党中人，但鉴于其社会地位，经会党分子同意，列名为副龙头大爷，而梁启超、林圭、秦立山等又次之，为总堂大爷。

自立会的活动形式，带有浓厚的江湖色彩。会中设有香堂，开堂集会时有杀鸡和念词等仪式。由于联络下层会党，发展迅猛，当时，自立会东到江苏、安徽，北到河南、山西，西到四川，南到广西、广东，而尤其以两湖地区为其集中发展的地方。

1900年7月，唐才常见国是日非，人心浮动，想广为发动，迅速起事，但自立会名目过于激烈，不易为社会所赞助，于是以挽救时局、保种救国为辞，在上海张园召开国会。这个所谓的国会，其组成人员，为唐才常所邀请的一批社会名流，共有数百人，其中较著名的有章太炎、文廷式、严复、容闳等，其中多数是维新派人士，并选举容闳、严复为正、副议长，"欲俟起事成功，即暂以此会为议政之基础"。国会的总部设在上海，在汉口设有分部。不久，自立会和国会合并，自立军在形式上统属于国会之下。该国会的宗旨，为"保全中国自主"、"联外交"、"平内乱"等，并定名为"中国议会"，以变革中国政体，实行君主立宪为目标。在自立会通告各国侨民一文中曾说："我等定议，合今日上等才识，共议国家制度，使可为天下之表示。本会之宗旨，是使人民保有自主或议事之权。"这个国会的召开，对唐才常所憧憬的资产阶级性质的君主立宪制度来说，似乎是一种预演。唐才常曾说："上海国会或议会设立之意图，欲俟起事成功，即暂以此会为议政之基础。自立会同人，除争取民主权利与政治革新而外，制度如何树立，政府如何组织，均待选举程式确定，正是议会成立，合全国人民，五族俊义，协商处理，期于至善。"很明显，唐才常之所以召集国会，并不是一时的心血来潮，而是在为起事成功后立国建制做准备。

但是，上海国会与会人员之间存在着意见上的分歧，有的主张迎接光绪帝南下，有的想实行"排满"，意见之不同，如水火之不容，争得不可开交，本来力量就不够，政见又如此之不统一，失败就是自然的了。

七 武装推翻帝制的革命先驱

当唐才常活动于上海之际，林圭、傅慈祥等正着力在武汉经营，做军事发难的准备。林圭是自立会中的激进人物，其变革时政的决心比唐才常更坚强，其人才识干练，人以"豹子头"称之。孙中山曾把在汉口的兴中会员介绍给唐才常、林圭，并委派容星桥"专办湘、汉之事"，林圭欣然赞同，表示"甚善甚善"。1900 年 1 月 26 日，林圭写信给容星桥，催促孙中山与其早定起义计划。当时，在汉口从事起义发动工作的还有兴中会员傅慈祥。在他们的直接主持下，自立军组建工作秘密而又紧迫地进行着。当时，在汉口英租界建立了机关部，又相继建立了一些秘密会所，还详细制定了《自立军现在之布置及其将来兵事》，实际组建的结果，自立军成立了七军，即中、前、后、左、右五军；在五军之外，另置总会亲军、先锋营二军，共计七军。兵力为 2 万人，并联络会党成员十多万人作为后备和应援力量。

　　唐才常负责指挥的是自立会总会亲军、先锋营在武汉。按照自立军事先规定，亲军统领即为总统，负责节制各军。因此各军由唐才常全面节制，他同时担任自立军总粮台。1900 年 8 月初，八国联军攻陷北京，慈禧和光绪帝逃往西安，林圭力促唐才常兼程至汉口，想趁有利时机进行军事发动。唐才常于 8 月 9 日从江西到汉口，规划组织自立军起义。这次起义，事前约定以汉口为中心，湘、鄂、赣、皖等五路兵马同时响应。之所以以汉口为中心，主要是武汉为九省通衢，力量比较雄厚。一旦起事，可以号召天下。唐才常等人在周密地筹划起义部署的同时，又拟定了《安民告示》、《通告友邦书》以及《军令》等文件。《通告友邦书》明确宣布："鉴于载漪、荣禄、刚毅等之顽固守旧，煽动义和团以败国事也，决定不认满洲政府有统治中国之权。将欲更始以谋人民之乐利，因以伸张乐利于全世界，端在复起光绪帝，立二十世纪最文明之政治模范，以立宪自由之政治权与之人民。"军令八条除声明保护国民和外国人的生命财产外，还特别宣布："所有清国专制法律，建设文明政府后，一概废除。"由此可知，"自立军"起义的革命倾向是明显的，但文件中又声称起义宗旨是"讨贼勤王"、"请光绪帝复辟"，对义和团运动持势不两立的敌视态度。这种矛盾状况，正是唐才常接受康、梁和孙中山两方面的思想影响，由改良向革命转化过程中新旧思想交织的一种反映。

　　唐才常、林圭本决定 8 月 9 日（农历七月十五日）在两湖和安徽同时大举，但因康有为的海外筹款迟迟未到，起义只好延期。后来才知，康有为此时已将在华侨中筹募的大批款项全部私吞，对于唐才常的呼吁未加理会。起义时间一拖再拖。而当时在安徽大通的秦力山、吴禄贞等，因长江沿线戒严，没有得到延期通知，仍按预定时间举事，被安徽巡抚王之春调兵进袭，众寡悬殊，单兵无援，激战而溃。唐才常这时仍不知大通事故，见汇款迟迟不到，时间不宜再拖，最后决定在武昌、汉口、汉阳同时起义，不料又因叛徒招文廷式到汉口，向两湖总督张之洞告密。张之洞与唐才常原有师生关系，对唐组建自立军表面上未加干涉，这时便反动面目大露，速派兵包围了自立军机关，并将唐才常、林圭、田邦璇、袁炳众、向连升、王天曙、傅慈祥、黎科等 20 余人逮捕入狱。一场即将全面爆发的"自立军"起义，最终被清政府镇压。而与此同时，湖南巡抚俞廉三亦秉承张之洞旨意，对境内的自立军及起义者实行疯狂的屠杀。当大通、新堤的部分自立军退入湖南临湘一带时，俞廉三又遣岳州驻军进行围歼。同时，大肆整顿保甲，清团、清族，以防止自立军潜藏活动。对于在湖南各地招募自立军的人员更是严加缉拿，唐才中回浏阳后不久，亦不幸被捕，次日即被杀害于长沙浏阳门外。唐才常被捕后，张之洞特派郑孝胥去审问，唐才常说："此才常所为，勤王事，酬死友，今请速杀！"张之洞还曾亲至狱中对唐才常说："佛尘（唐才常字佛尘），我与你有师生感情，也认为你才华超群，近年来损失人才太多，于国不利，只要你立即解散国会和自立军，我决以自家性命保你出狱。你在社会上教书、办报，我都不干涉你，你意如何？"唐才常答道："你把我捕来，又保我出去，岂非自相矛盾，国会是全国名流志士所组成，自立军是人民的武装力量，我一个人能解散么？不知你对学生如何说起？!"张之洞听了，大失所望。唐才常自料必死，便手执秃笔，写下："新亭鬼哭月昏黄，我欲高歌学楚狂。莫谓秋风太肃杀，风吹枷锁满城香。""徒劳口舌难为我，剩好头颅付与谁？慷慨临刑真快事，英雄结束总为斯。"就义之时，唐才常神色不变，慷慨如平生，临绝大呼："天不成吾事者再！"

～～～～～～～～～～～～～～～～～～～～～～～～～～～

唐才常的一生，就如同在夜空中划过的流星一般，虽然转瞬即逝，却燃烧出了耀眼的光芒。作为一个在旧学思想体系中成长起来的思想家，唐才常接受了心忧天下，敢为人先的湘学浸染。他在就义前表示："因中国时事日坏，故效日本覆幕举动，以保皇上复权，今既败露，有死而已。"寥寥数语，集中展示了他政治思想的核心，就是要走日本明治维新之路，实现由光绪皇帝主政的君主立宪，并为此而采取武装起义的暴力行动。

但是，唐才常的救亡爱国热情，并不是建立在对帝国主义侵略本质的认识上，因此并没有发展成为一种坚定的反帝思想。在他看来，帝国主义"具有天良"，只要中国自己富强起来，帝国主义就不会欺凌中国。他的这种看法，具有很大的片面性。尽管如此，唐才常作为武装推翻封建帝制的先驱者，在近代历史上仍具有重要的地位。

黄兴　中国资产阶级民主革命的实干家

　　黄兴少年时代就有远大的政治抱负，后逐渐萌发推翻清朝专制的民主革命思想。他创建华兴会，并与孙中山共创同盟会，组织发动多次武装民主革命运动，创建和领导了中华民国。在袁世凯恢复帝制后，积极维护民主共和。"无公则无民国，有史必有斯人"。黄兴，是中国近代政治进程的重要推动者。

　　黄兴是中华民国的开国元勋，他一生都在为资产阶级民主革命而奋斗，被誉为"中国革命之拿破仑"。① 他是我国国内第一个有明确革命宗旨和策略的资产阶级民主革命团体——华兴会的缔造者和领导者，是我国第一个资产阶级民主革命政党——中国同盟会的主要缔造者和领导者之一，是辛亥革命武装反清斗争最主要的领导者和组织者。时人还将他与孙中山二人并称为"孙黄"，并认为在中国革命斗争中是"孙氏理想，黄氏实行"，② 黄兴是推动中国政治现代化的实干家。

---

① 薛君度：《黄兴与中国革命》，湖南人民出版社 1980 年版，第 141 页。
② 《黄兴集》，中华书局 1981 年版，第 399 页。

一　家世少年：一第岂能酬我志

　　黄兴（1874—1916），湖南善化县龙喜乡（今长沙县黄兴镇）凉塘人，1874 年 10 月 25 日出生，原名轸，字廑午，号竞武、庆午，后改名为兴，字克强。黄兴的父亲黄炳昆是一名秀才，在家乡教私塾，生活比较艰苦，后在长沙设馆授徒，家境渐渐宽裕。母亲罗氏，生有五个孩子，黄兴排行第五。光绪五年（1879 年），父亲黄炳昆按照传统教育方式，开始教已有 5 岁的黄兴读《论语》、《大学》、《中庸》、《孟子》，并学习唐诗、宋词等。8 岁时，黄兴进入浏阳河边的冯塞塘团屋私塾，老师是一位年轻的举人，教授他们礼乐射御书数，但黄兴却喜"听乡间老辈谈洪杨革命事迹"，[①] 对太平军攻长沙的故事十分向往。此后，黄兴外出求学数年，到 14 岁的时候，又回家自学。这期间，他严格要求自己，曾定有《自勉规则六条》：一是行动必须严守时刻；二是说话必须说到做到；三是读书须分主次，纵使事忙，主要者不得一日荒旷；四是处理重要事务及文书必须亲自动手，不得请托他人；五是对人必须真诚坦白，不得怨怒；六是游戏可以助长思虑，不应饮酒吸烟。[②] 对这些规矩，他严格遵守并终身奉行不渝。从这六条自勉规例可以看出他从小就养成了高尚的品格。自学期间，黄兴受湖南习武风气盛行的影响，还跟"浏阳李永球学乌家拳术，只手能举百钧"，[③] 练就了一身好武艺，两三人不能贴近他。这身武艺，在以后的革命生涯中，多次救过他的命。

　　黄兴在家乡接受传统教育时，中国正处于"变"与"不变"的交锋中。中国欲求自立于世界民族之林，跟上时代潮流与发展，必

---

　　① 毛注青：《黄兴年谱长编》，中华书局 1991 年版，第 13 页。

　　② 陈维纶：《黄兴》，载《民族英雄及革命先烈传记》下册，中正书局 1966 年版，第 109 页；李云汉：《黄克强先生年谱》，商务印书馆 1973 年版，第 18 页。

　　③ 刘揆一：《黄兴传记》，载饶怀民编《刘揆一集》，华中师范大学出版社 1991 年版，第 161 页。

须适时变革。这样的时代也为黄兴接触新思想、跟上时代步伐提供了条件。1893 年，黄兴进入长沙城南书院读书。3 年后，22 岁的黄兴参加县试，当年全县 1000 余名考生，按规定只取 34 名，黄兴被取中，入县学为诸生（通俗所称的秀才）。应试之前，他曾写诗曰："一第岂能酬我志，此行聊慰白头亲"，表达了他的远大志向。但在应试中未能如愿考取功名，他便转入武昌两湖书院追求新知。

两湖书院是湖广总督张之洞创办的一所著名的新式书院，学生从湖北、湖南两省优秀青年中选拔，由两省学政保荐，入学条件是非常严格的。两湖书院除了开设中国传统的经史文学外，还开设了天文、地理、数学、化学、体操等新学科，为青年学子打开了一扇学习西方科学知识的窗口。在这所书院任教的，如著名的维新志士杨锐，中国新闻业的前驱汪康年，著名地理学家邹代钧等，都是学贯中西的一代名流。黄兴进入两湖书院后，"除读书外，好习字吟诗，字迹秀丽，诗亦豪迈"，[①] 并 "时从院试经史中阐发时事，文似东坡，字工北魏，最为院长梁鼎芬所推许"。[②] 尽管他具有杰出的文学才华，但他决心弃文习武，立志挽救国家民族于危亡之中，且看这时他写的笔铭："朝作书，暮作书，雕虫篆刻胡为乎？投笔方为大丈夫！"[③]这组笔铭充分展示了他珍惜光阴，刻苦自励，同时又不甘困于书本的远大抱负。

当时，正值戊戌维新变法运动思潮鼓荡，国人奋起救亡图存之际，维新派所创办的《中外纪闻》、《时务报》、《国闻报》等报刊大量涌入书院，卢梭的《民约论》等西方政治社会学名著也随处可见。黄兴常沉醉于这些报刊书籍中，对于世界发展局势有了全新的认识，开始意识到专制政体是阻碍国家富强的最大障碍，中国要想救亡图存，必先通过革命手段，推翻君主专制统治。在两湖书院期间，可

---

① 《何成浚谈先烈黄兴》，载杜元载主编《黄克强先生纪念集》，近代中国出版社 1973 年版，第 122—123 页。

② 刘揆一：《黄兴传记》，载饶怀民编《刘揆一集》，华中师范大学出版社 1991 年版，第 161 页。

③ 黄兴：《笔墨铭》，载湖南省社会科学院编《黄兴集》，中华书局 1981 年版，第 1 页。

以说是黄兴革命民主思想的萌芽时期，他自己后来在回忆这段经历时说，两湖书院功课亦极平常，其宗旨纯系忠君。他通过读书读报，与朋友交流，"始知世界大势决非专制政体所能图强，亦非郁郁此间所能求学"。课余，黄兴购买西洋革命史及卢梭《民约论》诸书，朝夕盥诵。久而久之，于是逐渐萌发了革命思想。

1898年9月21日，慈禧太后发动政变，囚禁光绪皇帝，血腥镇压维新派。9月28日，曾在两湖书院任教的杨锐被杀害，同时被杀的还有谭嗣同、林旭、刘光第、杨深秀、康广仁（史称"戊戌六君子"），康有为、梁启超逃往海外，维新戊戌变法运动失败。这给黄兴思想上带来很大刺激。他开始意识到，要改变中国的命运，不能再靠和平的改革方式，而必须采取激烈的革命手段。他私下里对同窗白逾桓（后来成为革命党人）说："吾侪求学岂为满人效忠者也？盖将造成有用之才，以备他日为我汉人扬眉吐气耳"，由此萌发反清思想。

1900年是黄兴民主革命思想转变最关键的一年。此间，轰轰烈烈的义和团反帝爱国运动，由于清政府和帝国主义列强内外勾结，被残酷地镇压了。1900年2月，谭嗣同的密友唐才常决心为"戊戌六君子"报仇，在上海发起正气会，组织自立军，准备"勤王讨贼"，逼迫慈禧太后归政。然而起义失败，唐才常被杀。这些血淋淋的事实，都给"常存亡国亡种之心"的热血青年黄兴以很大刺激。在此之前，黄兴还是一个忠君爱国者，从他给黄绍箕信中提出的保护东南半壁的主张看，几乎和张之洞等策划的"东南互保"不谋而合。直到8月回国，黄兴与唐才常策划自立军起义的意见不合之后，他还打算回湖南举办团练，效法太平天国时期曾国藩、罗泽南等人的老办法，参与镇压人民群众自发的反抗斗争。

然而，唐才常等人被惨杀的事实，使他"痛恨满清之昏庸暴虐与痛心其同胞之受制于异族"，"益知专制恶毒，决非革命不可"，从而促使他的思想发生了根本转变，认为要救亡图存，必先推翻卖国的清政府。

这个转变，表面上看来有些突然，实际上，这是历史发展的必然结果。清政府的腐朽无能在帝国主义的疯狂侵略中彻底暴露，导致国家命运危在旦夕，才唤醒了早就积怨于心的爱国之士，使他们懂得：欲求国家免于灭亡，民族得到复兴，除用革命手段推翻卖国的清政府外，别无出路。从而促使千千万万的爱国志士纷纷走上了革命救亡的道路。在这支浩大的革命救亡队伍中，黄兴便是其中最为突出的一个。

1902 年春夏之交，29 岁的黄兴被派赴日本留学，开始了他革命的新征程。

二 缔造华兴会：中国第一个资产阶级革命团体

自从 1896 年清朝政府放下了"天朝大国"的架子，开始向"蕞尔小国"的日本派遣首批留学生后，中国留学海外的趋向从欧洲、美国，转向了日本，大批有志青年奔赴路程较近、学费较低廉的日本求学。在黄兴的一生中，曾经 10 次进出日本，在日本居留时间长达六七年。日本的政治、经济、军事与教育，对黄兴的思想产生了重大影响，日本东京也成了他策划革命活动的重要基地。

1902 年 6 月，黄兴抵达东京，进入弘文学院师范速成科学习。这是一所由日本著名教育家嘉纳治五郎专为中国留学生开设的学校，主要补习日语及普通知识，为在日本进一步深造打基础，同时培养师资人才。嘉纳治五郎亲任院长，教师都是日本人，而翻译则是原湖南时务学堂的学生范源濂。两湖书院当年派送弘文学院的学生共31 人，其中 30 人是湖北籍学生，另一个则是来自湖南的黄兴。

黄兴在弘文学院留学期间，民族危机进一步加深，《辛丑条约》签订，清政府完全沦为帝国主义统治的工具，国家濒临灭亡边缘，人们随时随地都能感觉到亡国灭种的威胁。在这民族生死存亡的紧急关头，爱国有志之士，无不萌发救国情思。特别是青年爱国知识分子，受了西方民主革命学说的影响，更加积极地探求救亡之策，全国救亡图存的爱国运动风起云涌。

　　黄兴到达日本后，留学生的爱国运动进一步高涨。当他看到日本明治维新以来，蒸蒸日上，反观祖国，则外患频仍，任人欺辱，由此革命意志更加坚定，积极支持爱国革命运动。由于他饱满的爱国热忱和实干的工作作风，很快就被推选为中国留日学生会馆评议员。这对黄兴来说，既表现了留学生对他的信任，也是对他的一种鞭策，促使他积极参与各种爱国活动。

　　在此前后，为了把欧美和日本先进的社会政治学说与科学知识介绍给国内人民，黄兴与湖南同乡蔡锷、杨笃生、樊锥、梁焕彝、熊野萃等联合创办了《游学译编》，"专以输入文明、增益民智为本"，①"所译以学术、教育、军事、理财、时事、历史、地理、外论为主；其余如中外近事，各国现今之风俗习尚，材技艺能，无论书报，择其尤者，由同人分译。"②参加编译的有杨度、黄兴、杨笃生、周家树等，黄兴负责教育方面的译述。

　　同年底，黄兴又与蔡锷、张孝准、杨毓麟等人发起组织湖南编译社，并担负起《游学编译》第二期以后的所有出版发行任务，大量翻译西方和日本的社会政治学说，进一步激发了国人的近代化思潮。

　　黄兴在弘文学院求学期间，正是留日学生思想最活跃的时期。各种出版刊物和宣传小册子如雨后春笋，蓬勃兴起。除《游学译编》、《湖北学生界》外，比较著名的还有浙江学生出版的《浙江潮》、江苏学生出版的《江苏》、直隶（今河北）学生出版的《直说》等；出版的小册子则有陈天华的《猛回头》、《警世钟》，邹容的《革命军》，杨笃生的《新湖南》以及各省留学生所办的宣传革命的其他各种小册子。这些书刊大量输入国内，对唤醒国人起了重要的作用。黄兴是这些宣传革命书刊的积极推销者。他回国时，曾带回大量书刊，沿途广为散发。

---

　　① 杨度：《游学译编》叙，载《游学译编》第1期，毛注青：《黄兴年谱长编》，中华书局1991年版，第43页。

　　② 《游学译编简章》，载《游学译编》第2期，毛注青：《黄兴年谱长编》，中华书局1991年版，第43页。

　　1903 年 4 月 28 日，东京的《朝日新闻》报道了沙俄拒不如期退出义和团运动时期强占中国东北的城镇和军事要塞，并向清政府提出新的七项无理要求，激起了中国人民的强烈愤慨。黄兴听到这个消息后，焦急万状，咯血斗余，他愤然说道："中国大举破坏已达极点，今而后惟有实行革命，始可挽救危亡于万一耳。"①国难当头，青年学生怎能再安心学业？"拒俄运动"首先在政治嗅觉敏锐而清政府又无法直接控制的留日学生中爆发，而黄兴则是站在"拒俄运动"最前列的"活跃分子和积极分子"。

　　1903 年 4 月 29 日，留日学界 500 余人在东京锦辉馆召开大会，同申对俄义愤，决定成立"拒俄义勇队"，并推举日本陆军士官学校学生蓝天蔚为队长，率队操练，准备投入北洋军队，参加对俄作战。会后，黄兴等 150 余人签名加入了"拒俄义勇队"。不久"拒俄义勇队"改称学生军，清政府闻知学生军成立，请求日本政府加以解散。"拒俄运动"本是一场反帝爱国运动，但是由于清政府的倒行逆施，迫使留日学生由爱国转向革命。5 月 11 日，学生军改称"军国民教育会"，对外宣称"养成尚武精神，实行爱国主义"，实则以带有反满色彩的"实行民族主义"为宗旨，黄兴担任了这个组织的"运动员"，主要负责筹集经费、联络同志，但实际上是回国策动革命。

　　5 月 31 日，黄兴受"军国民教育会"的派遣，负责在湖南、湖北以及南京等地策划起义。由此，也揭开了他后来以革命为职业的序幕，"乃被推为归国实行革命第一人焉"。②

　　1903 年 6 月，黄兴抵达上海，为方便革命，改名兴，字克强。随即乘邮轮溯长江而上，抵达武昌，在母校两湖书院等处发表演说，抨击清廷内政腐败、外交失策，倡导政治改革，因而遭到保守分子的围攻。黄兴与他们唇枪舌剑，辩论终日，全场听众为之叹服。当时正在武昌一所中学读书的宋教仁，听了黄兴的讲演，十分感动，找到黄兴与之结为莫逆，从此走上反清革命道路。黄兴在武昌的讲

---

　　① 《黄克强先生荣哀录》，1917 年长沙汇刊，第 26 页。

　　② 刘揆一：《黄兴传记》，载饶怀民编《刘揆一集》，华中师范大学出版社 1991 年版，第 161 页。

演，激怒了湖广总督张之洞，他责令武昌知府兼两湖书院院长梁鼎芬捉拿。但梁氏对黄兴这个学生十分欣赏，便对他网开一面，以"悬示驱逐出境"①了结此事。

黄兴在武昌无法立足，便回到了长沙，应当时明德学堂监督胡元倓之请，主持该校师范速成班的教务。在此期间，黄兴以教师职业掩护革命活动，他深知教育为民族振兴之本，在传授知识的同时，也把革命思想灌输其中，以此唤醒民族青年。

黄兴这些活动起到了非常重要的联系和宣传作用，当时国内的一些青年志士如湖北吴禄贞、浙江王正廷、河北张继以及湖南的陈天华、禹之谟等皆追随而至，聚集在他身边，为以后华兴会的成立打下了基础。

1903年10月下旬，刘揆一遵约从日本回到长沙，两人又就建立革命组织事宜进行了促膝交谈。11月4日（农历九月十六日），黄兴29岁生日，刘揆一和陈天华、柳继忠、翁巩等20多人聚集在长沙西区保甲局巷彭渊恂的家里，借为黄兴"做生日酒的名义，办了两桌酒菜，举行秘密会议"，②筹备成立华兴会。公举黄兴为会长，刘揆一、宋教仁为副会长。为避免清政府的注意，对外采用"华兴公司"的名义，以半公开的形式出现。并规定公司的任务是"兴办矿业"，集股100万元，作为"开矿资本"，实际上是以"矿业"二字代"革命"，"入股"代"入会"，股票即是会员证。当时还提出两句口号："同心扑满，当面算清"。这两句口号，骤然听起来，谈的像是生意经，实则含有"扑灭满清"的意思。③

1904年2月15日，华兴会召开正式成立大会，有100多人参加，选举黄兴为会长，刘揆一为副会长，以"驱逐鞑虏，恢复中华"为号召，以"根本推翻满清，光复中华，建立共和政体为以后革命

---

① 刘揆一：《黄兴传记》，载饶怀民编《刘揆一集》，华中师范大学出版社1991年版，第162页。

② 黄一欧：《回忆先君克强先生》，载田伏隆主编《忆黄兴》，岳麓书社1997年版，第55页。

③ 同上。

的奋斗目标"。从此，湖南的革命运动步入了有组织的发展阶段。

华兴会成立后不久，会员即发展到五六百人，其中绝大多数是从日本留学归来或在国内学堂肄业的进步知识分子，他们构成了华兴会的领导层。为了扩大革命势力，黄兴等还争取了湖南哥老会首领马福益的合作，并设立了同仇会和黄汉会，前者专门联络哥老会，是策动会党参加起义的机构，统领近十万秘密会党，构成了华兴会的基本队伍；后者专门运动军队，主要是运动新军参加起义的机构。同时还积极取得与湖北地区革命积极分子的联系，拓展革命力量。

1905 华兴会部分领导人在日本留学，前左一黄兴，左四为宋教仁

华兴会的首要任务是立即策动一次武装起义，振奋全国人民的反清斗志。黄兴和华兴会成员们确定了首先在湖南起义，争取各省响应的方略，并决定从联络军、学两界和会党入手，准备在慈禧太后 70 岁生辰时，乘机起义，是为长沙起义。但由于事情泄露，起义失败，黄兴等被迫流亡日本。

黄兴领导的华兴会，至 1905 年与同盟会合并，所存时间虽然比较短，但是其影响却十分深远。首先，华兴会是中国内地建立的第一个地域性的资产阶级革命团体，它的成立和革命运动，推动了两湖民主革命运动的蓬勃兴起，为内地其他革命团体的建立和发展起了很大的促进作用；其次，培养一大批革命人才，宣扬了民主革命思想，为全国统一的资产阶级革命政党同盟会的建立奠定了基础。

三　孙黄共创同盟会：中国第一个资产阶级革命政党

　　1905 年，国内革命形势急剧发展，各种革命团体相继建立，其中著名的有孙中山领导的兴中会，黄兴创办的华兴会以及蔡元培等领导的光复会。革命的迅速发展需要有统一的领导组织，革命力量需要联合起来。在这样的背景下，建立统一的资产阶级革命政党迫在眉睫。

　　1904 年 11 月底，黄兴从上海到达日本东京。同年 12 月，黄兴与湖南、云南、直隶、江苏、河南等省的留日学生共百余人，"组织革命同志会，从事民族革命"。①

　　1905 年春夏之交，黄兴眼见赞成革命的同志与日俱增，田桐、白逾桓等革命积极分子也聚集东京，感到建立革命组织的条件已经成熟，便与宋教仁等商议，"意欲设立会党，以为革命之中坚"。②之后因为得知孙中山要来日本，黄兴于是决定等孙中山到达后，再议建立联合革命组织。

　　同年 7 月 19 日，孙中山到达日本横滨后，在会见老友宫崎寅藏时，问他东京留学生中有无杰出人物。由于此前黄兴早已拜访过宫崎寅藏③，并在之后的多次交往中，彼此建立了深厚的友谊。宫崎非

　　① 程潜：《辛亥革命前后回忆片断》，载《辛亥革命回忆录》（一），文史资料出版社 1961 年版，第 70 页。
　　② 宋教仁：《程家柽革命大事略》，载陈旭麓编《宋教仁集》下册，中华书局 1981 年版，第 436 页。
　　③ 宫崎寅藏（1871—1922）。原名宫崎虎藏，别号白浪滔天，又呼宫崎滔天，日本熊本县人。1897 在横滨结识孙中山。毕生赞助中国革命，是孙中山、黄兴的国际好友。1922 年 12 月 6 日，病逝于日本东京。

常敬慕黄兴的人品，因此，当孙中山问他有无杰出人物时，宫崎即以黄兴推荐，并亲自带孙中山去会见黄兴。关于这次会晤的情形，宫崎寅藏在1911年10月的《日日新闻》上连载发表《清国革命军谈》中说：

> （明治）三十八年（1905年）夏，孙逸仙由欧洲回到日本后，来我家里访问。他问在日本的中国人中，有没有杰出的人物？我说："仅仅两三年间，留日学生猛增。有一个叫黄兴的，是个非常的人物。"孙说："那我们就去看看他"……于是，我们两人就一起到神乐坂附近黄兴的寓所访问……（黄兴等人）将我们带到中国餐馆凤乐园。寒暄过后，彼此不拘礼节，大有一见如故之感。他们很快就开始谈起国家大事来。我虽然不大懂中国话，不知他们讲些什么，但是，中国的革命荣杰在此欢聚一堂，畅所欲言，使我们感到非常高兴……大约有两小时。孙、黄两人专心商议国家大事，酒肴少沾。直到最后，他们才举杯庆贺![1]

在这两个小时的历史性会晤中，两位革命领袖分析了国内形势，各革命团体的现状，就革命大联合问题达成了一致意见，并决定联合各地革命团体，成立一个统一的革命政党，即后来的中国同盟会。

方针既定，两人便分头行动。孙中山在数日内，接连会见了湖北留学生李书城、耿文、田桐等，四川留学生邓家彦、康宝忠等，广东留学生何天炯、胡毅生、汪精卫，以及其他省份的留学生，反复宣传建立统一组织的必要性。留学生们大都拥护孙中山的意见。不过，孙中山在日本所接触的，大多是一些没有参加过革命团体的热血青年。在日本留学生中，各革命团体以华兴会的影响最大。因此，全国性的革命组织能否建立，华兴会的态度举足轻重。

---

① ［日］宫崎寅藏：《清国革命军谈》，载毛注青编著《黄兴年谱长编》，中华书局1991年版，第84页。

　　黄兴虽然以华兴会首领的身份同意联合，但华兴会重要骨干之间却意见分歧。陈天华同意联合，刘揆一不同意联合，宋教仁取折中态度，其他人众说纷纭，莫衷一是。这时，黄兴起到了关键的作用。当时两湖留日学生最多，革命意志最为坚定，而黄兴是湖南人，又曾在湖北求学，与两湖学生关系十分密切，而且他是留日学生的革命分子中最有威望的人物。黄兴提出"形式上入孙逸仙会，而精神上仍存吾团体"的主张，得到了华兴会成员的支持。华兴会的合作态度，保证了统一的革命团体的迅速建立。

　　1905年7月30日，由孙中山、黄兴联合发起，在东京赤坂区桧町三番黑龙会首领内田良平的住所召开同盟会筹备会议。参加这次重要会议的有兴中会、华兴会、光复会成员，留日学生中倾向革命分子，以及支持中国革命的日本志士宫崎寅藏、内田良平、末永节等，共70余人。孙中山做了关于中国革命前途和进行方略的演说，提议将分散的革命力量组织成一个大团体，共同推进反清革命，与会者一致赞成。黄兴讲述了革命后如何普及教育，如何振兴实业，如何整理内治，如何修睦外交，听者皆振奋不已。

黄兴与孙中山等人

8月20日（七月二十日）下午2时，中国同盟会在东京赤坂区灵南阪本金弥邸举行正式成立大会，到会者约200人。首先由黄兴宣读他和陈天华等8人起草的《中国同盟会章程》草案，经大家讨论，略加润色后通过。接着，经黄兴提议，选举孙中山为中国同盟会总理。中国同盟会是按照西方资产阶级三权分立的民主制度建立起来的革命政党，设执行部、评议部、司法部三个机构，其中，执行部是最重要的权力机关，黄兴任执行部庶务总干事，相当于副总理。

按照同盟会章程的规定，总理不在时，由庶务总干事代行总理职权，因此，黄兴在同盟会中，是仅次于孙中山的地位，多数时候由他主持同盟会的日常事务。同盟会以孙中山的民族、民权、民生三民主义为政治纲领。它的成立，促使全国的革命精英都集合在一个组织里，为了一个共同的革命目标去奋斗，揭开了中国旧民主主义革命的新篇章。

中国同盟会成立之后，黄兴作为同盟会的副总理，始终为同盟会的发展壮大尽忠尽职，可谓呕心沥血。1911年武昌起义之前，黄兴往来于日本和中国各地，把主要精力投入到积极领导和指挥各地武装起义的工作。

从同盟会的成立到清廷被推翻，不过 7 年。其间同盟会发动了 8 次军事行动，大多数都是黄兴指挥的，如长沙起义、平浏醴起义、镇南关起义等。特别是 1911 年 4 月，广州黄花岗起义中，黄兴身先士卒，率领起义队伍打攻两广总督衙门，在与清军激战的过程中，他右手负伤，断了两个手指。他还亲自参与和指挥了广东钦廉防城起义，镇南关（今友谊关）起义，钦廉上思起义，云南河口起义，广州新军起义等。

黄兴是孙、黄合作的发起人之一，孙、黄合作更是革命团结联合的象征。无论是同盟会的组建，革命大联合的实现，还是革命武装斗争，黄兴都是主要的组织者和领导者。1909 年，同盟会会员对孙中山表示不满，要将其开除时，黄兴以大局为重，坚决维护孙中山的领袖地位和声誉。宋教仁说，孙中山与黄兴"同为吾党泰斗"[①]；章士钊也说"无逸仙则无克强，反过来说，无克强则无逸仙"。[②] 这一期间，黄兴接受了孙中山提出的"三民主义"，宣扬并极力推行。

四　辛亥革命：此复神州第一功

同盟会成立之后，黄兴亲自参与和组织策划了多次武装起义，不怕失败，屡败屡战，再接再厉，直至推翻腐朽的清朝专制政府，结束了统治中国两千多年的封建帝制统治，建立中国历史上第一个资产阶级民主共和国。这是辛亥革命时期，黄兴所创下的巨大历史功勋。民国创立后，黄兴又为维护民主共和而努力，并为民主共和国的政治、经济等设计了近代化发展的方案。

1911 年 10 月 10 日，武昌起义后，黄兴从香港赶赴湖北，任革命军总司令督师汉口、汉阳，指挥对清军作战，从 10 月 28 日接任

---

① 陈旭麓主编：《宋教仁集》下册，中华书局 2011 年版，第 420 页。

② 章士钊生前对杨慎之语，［美］薛君度等编：《黄兴新论》，武汉大学出版社 1988 年版，第 28 页。

汉口总指挥起，到 11 月 27 日汉阳失守止，历时一月。这一个月可说是他生平带领千军万马、战斗最为紧张的一幕。尽管他为保卫武汉竭尽了全力，尽到了应尽的职责，终因势单力薄，武器不如敌人，致使败局无法挽回，以致成为终生的遗憾。汉口、汉阳之战虽然失败了，但是其历史功绩是不容置疑的。正是由于汉口、汉阳之战，牵制了清军的主力，吸引了清军的注意，相对来说，就迫使它放松了对全国的控制。这就为全国各地纷起独立，营造了一个非常有利的环境，为各省、各地起义的胜利创造了前提条件。

回顾汉口之战爆发时，还尚无一省起义响应，直到黄兴来武汉时，也还只湖南、陕西独立。而到汉阳战役结束，内地各省除直隶与河南、山东外，已全部宣布脱离清政府独立。过了 5 天，南京也被江浙联军攻下了。这在战略上是一个巨大胜利，黄兴在为全国赢得革命的胜利立下了不朽功勋。时人评价说："自黄克强坚守汉阳以后，各省得乘机大举，次第响应，使革命军声威日壮，基础日固，不可谓非克强之力也……故克强之功，不在守汉阳之孤城，而在其大无畏之精神……稳定起义之武昌，促使各省革命之崛起。"①

武昌起义之后，各省纷纷独立，刻不容缓的是建立中央政府，以便在军事、政治、外交、经济等方面进行统一领导，继续将革命向前推进。12 月 1 日，黄兴抵达上海，准备在此组织力量北伐，实现政治统一的目标。此时，上海及其邻省都已独立。陈其美兼任沪军都督，程德全任江苏都督，汤寿潜任浙江都督。他们一面组织江浙联军会攻南京，一面联合浙江、江苏等七个独立地区组成"各省都督府代表联合会"，以便商讨成立中央政权的事宜。

11 月 30 日，各省代表在汉口开会，通过了《临时政府组织大纲》。12 月 2 日，决定将临时政府设于南京。12 月 4 日选举黄兴为暂定大元帅，负责组织临时政府；选举黎元洪为暂定副元帅、兼任鄂军都督，留驻武昌。12 月 5 日，上海召开欢迎大典，请黄兴就任。

---

① 居正：《辛亥札记、梅川日记合刊》，载罗福惠、萧怡编《居正文集》，华中师范大学出版社 1989 年版，第 71 页。

黄兴一再推辞，让黎元洪担任大元帅，副元帅别选。他自己的志愿是"领兵北伐，誓捣黄龙，以还我大汉河山而后已。"并推举孙中山为大元帅。最后由于形势紧迫，黄兴同意暂时担任大元帅职，作为孙中山回国前的一种权宜之计。但由于在武汉的各省代表有反对之意，黄兴认为这样不利于对清廷作战，便再次提出辞职。12 月 17日，各省代表改选黎元洪为大元帅，暂驻武昌；黄兴为副元帅，代行大元帅职权。

12 月 25 日，孙中山结束他在海外长达 16 年的流亡生活，回到上海，组建临时政府。29 日，17 个省的代表在南京选举临时大总统，每省一票，孙中山以 16 票当选。1912 年 1 月 1 日，孙中山宣誓就职，宣布中华民国成立。1 月 3 日，组成南京临时政府，设立九个部，黄兴任陆军总长，兼参谋总长，集军政大权于一身。1912 年 2月 12 日，在全国各省独立和袁世凯逼宫的情况下，清朝皇帝宣布退位，中国封建专制制度从此结束，民主共和成为历史发展潮流。

领导辛亥革命、创立中华民国，是黄兴民主革命活动最为重要的历史功绩。从历史进程来看，黄兴作为中华民国的开国元勋，为实现民主共和创造了条件，极大地促进了中国政治近代化。在当时国家危难之际，要救国，必须改革腐朽的君主专制统治，建立人民当家作主的民主共和国。诚如黄兴说的："吾国非痛加改革，创建共和，伸全国人民共负责任，无以立于世界竞争之场。"①

民主共和制度是当时世界上先进的政治制度，有利于激发全国人民的积极性，共同承担起建国的重任。黄兴主张用民主共和代替君主专制，缔造中华民国，有利于国家振兴。从此民主共和观念深入人心，民主思想成为时代发展潮流。

出于客观军事形势及其他考虑，临时大总统孙中山于 2 月 15 日宣布让位于袁世凯，革命胜利果实被袁世凯窃取。3 月，黄兴任南京留守，在过渡期间，统率南方各军。后来因为经费饷款困难，且为中国统一大局着想，于 6 月辞职。1913 年 1 月，黄兴任汉粤川铁路

---

① 黄兴：《致袁世凯电》，载《黄兴集》，中华书局 1981 年版，第 257 页。

督办，从事实业开矿、社会建设，为中华民国的现代化建设而努力。

在这期间，黄兴主要的贡献在于设计了实现资本主义近代化方案。黄兴的一生，主要精力用在策划武装反清和反袁斗争，对国家经济建设还无力作很多研究，只是在袁世凯窃国后的约一年时间里，他避"政界而趋实业界"，积极宣传"民生主义"，侧重于振兴实业：一是提出发展实业的全面纲领。黄兴认为实业是强国之本，他说："今者共和成立，欲纾民困，厚国力，舍实业莫由"①，提出了一整套振兴实业的规划。他主张"先以铁道为救亡之策，急起直追，以步先进诸国后尘"，竭尽全力，开发全国矿业资源；二是主张兴办实业，要以矿业为第一。他说："民生政策所包甚广，果以何者为前提，自必先从实业着手。实业又当从工业着手，工业当从矿务着手，矿务当从煤、铁二者着手。因二十世纪将成为煤铁世界，以煤铁之多寡代表其国力之强弱。"②

同时，黄兴也认为民国建立以后，"中国前途全赖工商业之发达，而工商业必以农林为前茅"。③ 因此，要发展实业必须三者兼顾，农、工、商共同发展。

然而，发展资本主义，实现工业化，是近代中国所面临的艰巨难题，必须以民族、国家完全独立为前提。再加上由于民初的政局动荡不安，变化层出，黄兴等革命党人又忽视了政治问题对实业建设的极端重要性，缺乏必须具备的国内条件，致使其实业建国的美好理想落空。他为振兴实业所设想的具体方案和进行的一些活动，也随着政治的失败而破灭。

尽管如此，黄兴的实业建国思想与其积极进行的振兴实业活动，仍有较为深远的影响和作用。一是促进了辛亥革命后全国性的振兴实业热潮的兴起，从而成为中国资本主义经济发展出现高

---

① 黄兴：《铁道杂志》序，载《黄兴集》，中华书局1981年版，第252页。
② 黄兴：《在安源煤矿公司及各团体欢迎会上的演说》，载《近代史资料》总64号，中国社会科学出版社1987年版，第36页。
③ 黄兴：《在天津十八团体欢迎会上的演说》，载毛注青《黄兴年谱长编》，中华书局1991年版，第328—329页。

潮的一个重要因素；二是在一系列宣传和组织工作推动下，广泛
全面地传播和贯彻了实业建国思想，唤醒并鼓舞了人民的振兴实
业之心，并为越来越多的人所接受，从而为后来中国的实业发展
奠定了思想和舆论基础。三是，在大力宣传振兴实业的同时，黄
兴还把教育看成立国之本，提出"振兴教育"的主张。他指出：
"国家之富强在于民智，民智之增进在于教育……是立国之基本，
以振兴教育为急务。"①基于这种认识，他提出了普及国民教育，
发展实业教育、妇幼教育、军事教育、留学教育、社会教育与青
年教育等主张。

五　创造共和：有史必有斯人

袁世凯窃国后，为了反对袁世凯独裁，保卫民主革命成果，维
护《临时约法》与国会的神圣尊严，实行真正的民主共和，黄兴提
出了如何掌握政权的设想，即通过实行政党政治、责任内阁制，来
实现国民党控制政权之目的。黄兴认为实行政党政治，首先要建立
一个强大的政党，"中华民国今日尚未完全成立，尤当有极大之政党
以维持之。"②

事实上，民国成立的政治要素极为复杂，而黄兴认为，最首要
的是"端赖政党"。他把政党与民主共和、政治近代化联系在一起，
"在今日之民国，所以不可不有政党者，因为欲产出真正之共和政
治，必待政党对于政治为专门之研究。"在他看来，政党既是政治近
代化的重要标志，又是它必然的产物，政党的产生与发展，是推动
政治近代化产生，进而向纵深发展的一个重要手段。同时，他认为，
政党起步，有利于政治近代化的开创，所以，才有之前华兴会、同
盟会的创建。民国的成立，绝不是政治近代化的终结，而仅只是它

---

① 《黄兴集》，中华书局1981年版，第382页。
② 黄兴：《在北京国民党欢迎大会上的演讲》，载《黄兴集》，中华书局1981年版，
第261页。

有序的开始，政党是推行政治近代化不可或缺的工具。后来，为了限制袁世凯，政党又成为维护民主共和的政治手段。

欲实现政党政治，关键在于实现责任内阁制。黄兴认为政党政治在于"使内阁得一大政党之扶助，与国会多数议员成一统系，其平日所持政见大略相同，一旦发表，国会乃容易通过，不致迭起纷争，动摇内阁，陷国家于危险。故对于内阁可令负完全责任，对于总统可永远维持尊荣，而大政之计划始能贯彻"。①

黄兴还提倡法制，反对人治，主张依法治国，保障民权。他指出："人民被治于法治国之下，得享受法律之自由；人民被治于专制政府之下，生杀由一人之喜怒，无所谓法律，人民之生命财产，无法律正当之保护，民权亦从此泯绝。故共和立宪政体，以保障民权为前提。"②并强调"全国人民皆得受治于法律之下"，"虽职官亦与平民同科。"③从法制史角度来说，这是一个很大的突破，它标志着人治时代的终结，法治时代的开始。黄兴视宪法为立国之根本。他说："建设共和国家之第一著，首在制定宪法。宪法者，人民之保障、国家强弱之所系焉也。宪法而良，国家日臻于强盛；宪法不良，国家日即于危弱。吾党负建设之责任至繁至巨，首先注意宪法，以固国家之基础。"④对于政党政治、责任内阁制、法治的提倡，是黄兴政治近代化思想的又一升华。

1912 年 8 月 25 日，革命党为与袁世凯相抗衡，实现政党政治、组织委任内阁的目标，经过黄兴、孙中山、宋教仁的多方努力，同盟会组建国民党，使共和党、国民共进会、国民公党合而为一。孙中山、黄兴、宋教仁等九人当选为国民党理事，孙中山当选为理事长。由于黄兴的推辞，宋教仁代理理事长并主持党务，国民党迅速成为国会第一大党。

---

① 黄兴：《复杨度电》，载《黄兴集》，中华书局 1981 年版，第 300—301 页。
② 黄兴：《在屋仑华侨欢迎会上的演讲》，载《黄兴集》，中华书局 1981 年版，第 381 页。
③ 黄兴：《致袁世凯电》，载《黄兴集》，中华书局 1981 年版，第 251 页。
④ 黄兴：《在国民党上海交通部欢迎会上的演说》，载《黄兴集》，中华书局 1981 年版，第 309 页。

　　但是，历史和客观的政治环境，并不容许革命党人去实现他们的革命理想，建立一个效法西方资产阶级式的民主共和政体。袁世凯要大权独揽，不受政党政治的限制，致使主张政党政治活动最激烈的宋教仁于1913年3月被刺杀。宋教仁被刺的枪声，惊醒了革命党。袁世凯主使暗杀宋教仁，是他一意推行独裁统治，矢志与革命党人决裂的一个重大步骤。宋教仁被杀后，人们普遍认为宋教仁秉性和平，他的被杀绝非私仇引发，而是一起重大的政治谋杀案，主谋者不是别人，正是时任临时大总统袁世凯及国务院总理赵秉钧。这起政治谋杀大案，"乃破坏共和之先声"，标志着袁世凯对民主共和的摧残进入到了公开化的阶段。在袁世凯咄咄逼人的形势下，如何应对这一局面，当时在革命党内部实际上也未能统一意见。由此可见，革命党人试图以政党政治来限制袁世凯的独裁是行不通的。

　　1913年4月，孙中山主张立即兴师讨袁。而黄兴鉴于袁氏杀害宋教仁，采用的是暗杀手段，最初主张"以其制人之道，还制其人之身"。①并认为暗杀的办法最简便易行，"省事免牺牲"。但后来，他认为应该通过法律程序解决。可是，在当时，这种法律程序是不太可能有结果的，因而孙中山与黄兴就此事产生了分歧。实际上，黄兴的法律程序更体现出现代政治的特征，当然，他也并不是单纯寄望于法律解决，而是作了多种考虑与准备。黄兴一生，有丰富的战争实践经验，平时又十分务实。他与宋教仁是多年的患难之交，宋教仁被杀，无疑使他悲切万分，对杀害宋教仁的凶手，他更是恨之入骨。为了替宋教仁报仇，为了维护民主共和，他反对袁世凯专制独裁是坚定不移的。黄兴深知南方革命兵力不可恃，不能轻言用武，如当时湘粤两都督对孙、黄用兵讨袁的电令就"皆反复陈其不可"。

　　但黄兴并没有放弃以武力解决的准备和部署。7月，李烈钧在赣省首先发难，黄乃奋起出任江苏讨袁军总司令。东南各省和四川相

---

　　① 黄兴：《复孙中山书》，载《湖南文史资料选辑》第10辑，1978年印行，第153页。

继响应，宣布独立，掀起了"二次革命"。由于各种原因，前后不及两月，革命宣告失败。袁世凯下令缉拿黄兴和其他革命党人，宣布"不论生擒、击毙，一律重赏"。8月4日，黄兴不得不前往日本，再次开始了他的流亡生活。

1914年夏，孙中山在东京坚决改组国民党，成立中华革命党。规定党员要"服从孙先生一人"，在誓约上打手指模，并以党员入党先后而享有不同权利。黄兴不同意这种"徒以人为治"和"以权利相号召"的做法，便离日赴美进行反袁活动，并受到旅美华侨热烈欢迎，但他并没有另立门户，妨碍中华革命党的工作。相反在美国各地，他做了多场演说，内容都是揭露袁世凯的罪行，极力宣扬三民主义，维护革命团结，号召华侨支持孙中山正在进行的反袁活动，呼吁美国政府支持中国革命。

1915年1月18日，日本当局向袁世凯提出意在灭亡中国的"二十一条"。5月9日，袁世凯接受修正案，面对此种情况，黄兴等17人通电全国，公开与袁宣战，改变缓进主张。同年9月，蔡锷在黄兴旧属张孝准的帮助下秘密离开北京，辗转日本后进入云南，发动护国战争。当时，黄兴虽然人在美国，但一直与国内反袁的军事领袖、政界人士和社会名流保持密切的联系。

1916年，黄兴返回上海，与孙中山相见，往来如故。黄兴为了革命，为了共和，呕心沥血，奔波了大半生，积劳成疾，患有胃出血症，此次回到上海之后，许多国家大事都要操心。由于操劳过度，黄兴于10月10日，旧病复发，吐血不止，昏厥过去。虽然极力医治，有所好转，但后来黄兴病情加剧，卧床不起，在生命的最后时刻，黄兴仍然心系国家前途，民族振兴。10月31日凌晨2时，黄兴胃血管再次破裂，弥留之际，黄兴对身边的人说："吾死汝勿泣，须留此一副眼泪为他苍生哭，则吾有子矣！"一代伟人黄兴，就这样抱着"为苍生哭"的心愿与世长辞了，年仅42岁。

黄兴为了救国救民，英勇奋斗了一生，多次身陷绝境，都能死里逃生。但此次却未能战胜病魔，以致英年早逝，噩耗传出，举国哀悼，悲痛万分。

谭延闿把黄兴的去世，视为国家最大的损失，"当世失斯人，几疑天欲亡中国"。

蔡锷更是悲恸欲绝，亲自撰写《祭黄兴文》，撰写挽联两副：

　　方期公挽我，不期我悼公，国事回思惟一哭；未以病为忧，竟以忧成病，此心谁与寄同情。

　　以勇健开国，更宁静持身，贯彻实行，始能造作一生者；曾送我沪上，忽哭公天涯，惊起挥泪，难为卧病九州人。

黄兴去世仅8天后，蔡锷也与世长辞。

于右任评价黄兴："谤满天下，泪满天下；创造共和，再造共和。"如悲如泣，表达了深深的哀悼之情。

孙中山对这位与他共同缔造民国的战友的早逝而"为国为友，悼伤百端"，并亲自为黄兴主持丧葬事宜，国葬于岳麓山。

黄兴的早逝，对国家，对民族，都是极大的损失。在中国建立一个独立、自由的资产阶级民主共和国，是黄兴毕生的理想，也是他政治思想的主体。辛亥革命前，黄兴为了建立一个民主共和国而奔波不已；缔造民国之后，又为维护民主共和的成果浴血斗争，直至他生命的终结。他为民国所做的贡献，诚如章太炎所作的挽联说"无公则无民国，有史必有斯人"。

〰〰〰〰〰〰〰〰〰〰〰〰〰〰〰〰〰〰〰〰〰〰〰〰〰〰〰〰

黄兴是在中国面临亡国灭种的严重危机下，接受了西方民主政治思想，步入了反清革命斗争道路。救亡图存的爱国主义和资产阶级民主主义紧密结合，成为黄兴一生坚持革命斗争、维护民主共和的主线。终其一生，黄兴以振兴中华民族为天职，将毕生的精力献给了中国革命和建设事业，为革命、民主共和抛洒热血。

在当时救亡图存的历史背景下，黄兴放弃改良道路而进行推翻清朝的资产阶级民主革命活动，是符合历史发展潮流的，对历史近代化进程有深远影响。一是，黄兴所处的年代，时值中华民族惨遭帝国主义列强疯狂侵略，濒临亡国灭种之时。百日维新的失败，从实践上证明了改良主义在中国行不通，迫使千千万万的爱国志士不再幻想于政治改良，纷纷走上了革命救亡的道路。在这支浩大的革命救亡爱国队伍中，黄兴便是其中最为突出的一位，并且成为资产阶级民主革命的领袖之一，从华兴会、同盟会的创建者，到中华民国的缔造者，民主共和的守护者，黄兴都引领着当时民主革命的时代潮流。二是，黄兴一生所追求的是推翻清朝统治，结束封建帝制，建立一个独立、自由的资产阶级民主共和国，实现资本主义近代化。他本着"难可自我发，功不必自我成，名不必自我立，其次亦功成不居"①的信念和高尚品格，从不居功自傲，时刻维护革命党内的团结。他领导和组织多次武装斗争，为共和国的建立而呕心沥血，是资产阶级民主革命的实干家。中华民国的建立，结束了统治中国两千多年的封建帝制，从此民主共和观念深入人心。

---

① 黄兴：《复汪精卫电》，载《黄兴集》，中华书局 1981 年版，第 94 页。

宋教仁　近代中国民主共和国方案的最早设计师

宋教仁是辛亥革命时期最富政治远见的领导人之一。他还在流亡日本期间，就热切致力于政治法律的学习，并辛勤翻译了许多西方政治制度和宪法著作，为他日后绘制中国民主共和国蓝图打下了良好的理论学识基础。广州起义前夕，他草拟出起义胜利后颁行的"约法"。武昌首义胜利后，为湖北军政府制定了《鄂州约法》。民国成立初，他提出了《中华民国临时组织法草案》，成为参议院制定《临时约法》的基础；他为新国家设计出包括人民主权、选举国会、制定宪法、责任内阁制、政党政治、分权制衡、国家统一、地方自治等在内的完整的民主共和国方案，并以全力付诸实施，直至献出宝贵生命。在当时的历史条件下，宋教仁所设计的资产阶级民主共和国方案和争取实施的活动，顺应历史潮流，符合国家和社会的需要，中国走向民主共和的潮流从此不可阻挡。

　　宋教仁是近代中国炽烈的爱国者，辛亥革命时期杰出的民主革命家、宣传家，民国初年叱咤风云的政治活动家、民主共和国方案的最早设计师，在近代中国民族民主革命史和政治现代化发展史上有着重要的地位和影响。

一　家世与少年时代

宋教仁（1882—1913），字得尊，号遯初（也作钝初），流亡日本时曾改名宋鍊，别号渔父，笔名有犇、犇斋、公明、桃源渔父等，湖南桃源县人。桃源县地处湘西山区与洞庭湖平原的过渡地带，地形地貌多样，高山、丘陵、平原兼备，河流纵横，自然风光旖旎，闻名于世的"桃花流水、福地洞天"桃花源风景名胜区就坐落在县境东南部，全县经济文化也较为发达。

1882 年 4 月 5 日（清光绪八年二月十八日），宋教仁出生于县东南境仙瑞乡上坊村香冲（今桃源漳江镇渔父村）。香冲是一个小山冲，距桃源县城 15 公里，距常德府城（今常德市区）约 50 公里，距桃花源约 5 公里。据《宋氏族谱》记载：桃源宋氏原系明末从江西丰城县迁来，至宋教仁这一辈已历十五代。始迁祖以下七世原居县南甘潭，八世至十二世移居蔡家冲，至十三世即宋教仁的祖父辈时始迁于香冲。一个移民家族，历代辛勤经营、繁衍生息，逐渐成为桃源望族，一度出现过"衣冠振起，栋宇联辉，居然甲于境内"的盛况。[①] 后由于时局动荡，几经兵燹，渐趋中落。至宋教仁父亲时，其家已是仅有"祖遗田亩百余"[②]了。

桃源宋家系过往农村较为常见的"耕读之家"，稍为有异的是，这个家族更注重于"习儒"，世代"耕绩之外，比户弦诵"，"诵读为主，农商次之"。故《宋氏族谱》中专门立有《书香统系》卷，记载族中历代读书有成和取得功名者，并训示："凡我子孙，须继继承承，将取荣名，丕光先业，罔替书香。"[③]宋家可谓农村书香门第。

---

① 《宋氏族谱》，清光绪二十二年刊，转引自李元灿、李育民、迟云飞《宋教仁传》，国际展望出版社 1992 年版，第 2 页。

② 黄振亚：《宋教仁先生家世及安葬地址考》，（台北）《革命文献》第 42、43 辑合辑（1968 年刊），第 313 页。

③ 《宋氏族谱》，转引自李元灿、李育民、迟云飞《宋教仁传》，国际展望出版社 1992 年版，第 5 页。

据查考，宋教仁的先世中，高祖开聪、曾祖儒元，均为例贡生，祖父业宏，增生；父亲宗泮，竟至"以龀学故致疾"[1]。值得注意的是，宋教仁的先世虽然读书人不少，做官的却十分罕见，倒是出了一位富有传统民族意识的七世伯祖宋起龙。此人字云友，生于明末，稍长考取秀才；入清后，"避乱山居"，著有诗集《腹笥草》等。他"以故明诸生，不肯作为满清顺民，局影穷乡，以著述自娱。故所言多追念先朝，讥讽当世"。[2] 这些，都对宋教仁的少时成长和往后事业发展产生了深刻的影响。

宋教仁6岁入宋氏家塾。10岁时父亲早逝，由母亲抚养成人。1899年（光绪二十五年），17岁的宋教仁入县城漳江书院学习。时值戊戌维新运动失败之后，清政府倒行逆施，民族危机日益严重。他在书院学习期间，考取秀才，但不愿继续走封建科举的老路，曾向一老师表示："学生不恋功名，喜读振兴中华，挽救民族危亡之书。"[3]他贪婪地学习新知识，并常与同学谈论国势衰弱和政治改革等问题。一次，他与同学文骏等登上城东漳江阁，纵论湖广形势，大发感慨地说：

> 今日之武昌，雄踞长江及南北水陆交通枢纽，无论以全国言，以东南言，以湖广言，形势都在武昌。如一旦有英雄起事于东南，首先宜夺取武昌为根据，西因粮于蜀，南接援于湘，系湖广总督之头于肘后，北出武胜关，断黄河铁桥，然后成立政府，徐图北伐，定可得志于天下。[4]

可见，这时他的反清革命思想已开始萌芽。

---

① 罗润章：《宋母万太夫人七秩寿序》，《民立报》1913年4月21日。
② 张钟端：《蝶梦园诗话》，《河南》第6期（1906年刊）。
③ 满大启：《宋教仁在常德活动琐记》，载桃源县政协编《宋教仁纪念专辑》，1987年印行。
④ 文思：《宋教仁先生二三事》，《桃源文史资料》第一辑，1985年刊。

二 参与创立华兴会

1903 年（光绪二十九年）春，21 岁的宋教仁进入湖北武昌文普通学堂学习。这一年正是全国学界爱国、革命思潮极为活跃的一年，而文普通学堂又是一所新式学校。他在校除努力学习新知识外，常与同学田桐、吴崑、白逾桓等议论时政，关注国势发展。同年夏，黄兴从日本回国运动革命，来到武昌。宋教仁对黄兴十分敬慕，又同是湖南人，立即前往拜访。二人一见志同道合，结成莫逆之交。黄兴被驱逐回湖南后，他也因在校言谈激烈，引起当局注意，学监示意他赶快离校，随后他亦返回桃源。秋冬间，黄兴在长沙创建革命团体华兴会时，他赴长沙参加了筹备会议和成立大会，被推举为副会长，从此走上了反清革命道路。

1904 年（光绪三十年）春，华兴会计划以长沙为中心发动武装起义。宋教仁根据华兴会的部署，返湖北活动，以为策应。他与胡瑛等在武昌建立华兴会湖北支部，又与吕大森等组织科学补习所，二者互通声气。入夏后，起义的各项准备加紧进行。9 月，他回桃源变卖家产，却一时无法脱手，心急如焚。11 月 5 日（九月二十八日），宋教仁急忙赶至长沙，才知道起义已因事机泄露失败，黄兴逃离长沙，官方正四处悬赏搜捕革命党。在曹亚伯和黄吉亭牧师等的帮助下，他搭乘一艘运煤船前往武汉。11 月 10 日（十月初四）经过湖北螺山时，他面对滔滔江水，百感交集，口占长歌一首，歌词云：

嘻吁嘻！朕沅水流域之一汉人兮，愧手腕之不灵。谋自由独立于湖湘之一隅兮，事竟败于垂成。虏骑遍于道路兮，购吾头以千金。效古人欲杀身以成仁兮，恐徒死之无益，且虑继起之乏人。负衣徒步而走兮，遂去此生斯长斯歌斯哭斯之国门。嗟神州之久沦兮，尽天荆与地棘。展支那图以大索兮，无一寸完全干净汉族自由之土地。披发长啸而回顾兮，怅怅乎如何逝？则欲完我神圣之主义兮，亦惟有重振乎天戈。①

　　歌词清晰地反映了宋教仁在起义失败后逃亡期间的思想状况。他主张起义的宗旨（主义）是"谋自由独立"，尽管文中仍宣传满汉民族矛盾，但"自由独立"的时髦用语，表明已带有民主色彩，与传统民族主义有所不同。面对"虏骑遍于道路"、神州大地"尽天荆与地棘"的险恶形势，宋教仁认识到要完成反清革命的目标，只有"重振乎天戈"，继续开展武装斗争。他保留至今的日记，系从这年旧历九月二十二日（10月30日）写起，已经不用清帝王纪年，而用"开国纪元四千六百零二年"；至次年起，连月日也改用公历。"开国纪元"是指黄帝纪元。这种不承认清朝"正朔"的行为，明确地表达了他反清革命的意向。

　　11月16日（十月初十），宋教仁到达武昌。这一天正值清慈禧太后70寿辰，也是华兴会原定起义的日子，街头布满四处梭巡的营兵。同时，宋教仁又获知黄兴已前往上海。他不敢久留，第三天便搭乘日本"瑞和号"客轮顺江而下，于11月21日抵达上海。不料，又值发生万福华刺杀王之春案，革命机关遭到破坏。宋教仁知道在上海也无法立足，于是在友人的资助下，于12月5日（十月二十九日）浮槎东渡日本，12月11日（十一月初五）至长崎，13日抵神户码头，登陆后换车到达东京。

三　流亡日本期间的爱国革命活动

　　宋教仁流亡日本后，总结华兴会起义失败的教训，第一个行动就是筹办一份杂志，以宣传革命，唤起广大民众。1905年1月3日

---

①　湖南省哲学社会科学研究所古代近代史研究室校注：《宋教仁日记》，湖南人民出版社1980年版，第7页。

（光绪三十年十一月二十八日），宋教仁与田桐、陈天华等发起成立二十世纪之支那社，并以此作为杂志的名称，确定杂志的宗旨为"提倡国民精神，输入文明学说"。他被推为总庶务兼撰述员，担负杂志的组织、联络和主要撰稿工作。经过近半年的紧张奔波后，1905 年 6 月（光绪三十一年五月），《二十世纪之支那》杂志第一期在东京出版发行。杂志首页刊黄帝肖像，又用黄帝纪年，内容分社论、学说、政治、军事、实业、丛录、文苑、杂俎、时事、时评以及来稿等栏目，宋教仁所写的文章几乎占了 1/4 的篇幅。该杂志刊行后，在留学界产生了很大影响，日、美报刊均曾予以报道。稍后同盟会成立时，经黄兴提议，即一致通过以该杂志为同盟会机关报。正当准备交接的时候，适逢该杂志第二期印就，因刊有《日本政客之经营中国谈》一文，触及了日本侵略中国的隐情，被日方以"妨害治安"的罪名强行没收。于是，同盟会决定将其改名《民报》继续出版发行，仍由宋教仁担任庶务兼撰述员，主持杂志社日常事务。

中国民族民主革命第一个政党同盟会正式成立于 1905 年 8 月 20日（光绪三十一年七月二十日）。在孙中山与黄兴携手创建同盟会的过程中，宋教仁也发挥了重要作用。孙中山于该年 7 月 24 日（六月二十二日）到达东京后，当天经日本友人宫崎寅藏介绍，与黄兴相会于凤乐园；紧接着，便于 7 月 28 日通过程家柽，特约宋教仁会晤于《二十世纪之支那》杂志社，主旨均为联合各地革命团体组建统一的革命政党问题。

此后，宋教仁便参加了同盟会创建的全过程：7 月 29 日参加了在黄兴寓所召集的华兴会会员是否参与联合建党的协商会；30 日参加了在日本黑龙会内田良平宅召开的同盟会筹备会；8 月 13 日（七月十三日）参加并主持了在富士见楼举行的中国留日学生欢迎孙中山大会；8 月 20 日参加了在日人阪本金弥宅举行的同盟会正式成立大会。在成立会上，宋教仁被推举为司法部检事长。次年黄兴去东南亚后，宋教仁还一度代理同盟会庶务，主持东京本部工作。

1907 年 2 月（光绪三十三年正月），为运动东北"马侠"，以与南方起义相呼应，宋教仁决定赴东北一行。3 月下旬，他与白逾桓及曾在"马侠"中任过头目的日本退职军曹古川清一道，乘船离开日本。他们先到奉天安东（今辽宁丹东），致信大孤山"马侠"首领李蓬春等，表示"欲与公等通好，南北交攻，共图大举"①。李等将他们邀至山上，表示赞成同盟会的宗旨。宋教仁便在丹东设立同盟会辽东支部，作为领导东北地区革命的机关。不久因起义计划遭到破坏，白逾桓被捕。宋教仁逃奔大连，不甘就此罢休，后又潜入啸聚吉林延边夹皮沟一带的韩登举处，继续开展活动，希图运动韩部起义，但一时难有结果。

宋教仁此次辽东之行虽未完全达到预期目的，但却获得了另一项重大收获：他在韩登举处获知日本帝国主义成立长白山会等组织，制造所谓"间岛问题"，谎称中国吉林省延边地区的延吉、汪清、和龙、珲春四县近 4 万平方公里土地均属中朝未定界的"间岛"，妄图侵占这大片土地。

宋教仁十分震惊，便装扮成日本人，化名贞村，打入长白山会内部，将其所制造的大量伪证全部拍摄下来，带回日本。然后又去东京帝国大学、上野等图书馆查阅到大量真实的历史、地理资料（主要是日本、朝鲜人所著图籍）。在此基础上，再根据自己熟知的国际政治法律知识，费数月之功，于光绪三十四年（1908 年）夏写成《间岛问题》一书。全书约 6 万字，卷首有《序》与《例言》，正文分七章，依次为：《间岛问题之起源》、《间岛问题之争议》、《间岛之国际法的观察》（附录：朝鲜古山子《大东舆地图》）、《间岛问题学理的评释》（附录：《驳豆满江、鸭绿江北为局外中立说》、《驳日本九洲〈实业新闻·间岛问题论〉》）、《间岛地志》（附录：《韩边外志略》）、《间岛与东亚政局的关系》、《间岛问题之解决》。从历史、地理、政治、法律、学理等各个方面论证了这一地区历来

---

① 郭汉民编：《宋教仁集》，湖南人民出版社 2008 年版，第 951 页。以下凡引该集而述明篇名者不另加注。

就是中国的领土，并指出弄清这一问题的重要性和解决办法。《间岛问题》于同年秋在上海出版。

宋教仁在《间岛问题》《序》中指出："是书援引韩国公私图籍，运用国际公法学理，以证明土门即图门，则土门江北之间岛，无论从何方面立论，皆应为我领地，盖不惟历史事实——有利于我，并早经对手人确认故耳。彼自诩文明强国之第三者（指日本），纵令怀抱野心，视眈欲遂，亦岂能向壁凿空，以推翻此不可移动之铁案也耶？"又说："窃意是书一出，舆论必由之而唤起，于是政府之远猷，国民之舆论，相与有成，俾我东西四百里、南北四百七十里，大小略等台岛之间岛，竟能完璧以归，以保障我朝长白山发祥重地。此则吾侪刊布之微意，并愿我朝野爱国诸彦采及刍荛者尔。"

在正文末尾，宋教仁历数晚清失地的历史，然后写道："凡此者，何莫非原于外交上失败，而资人以窥伺中原之前导也？呜呼！失地之影响，茫茫禹域，几成为釜中鱼、俎上肉者屡矣！迄今思之，其能无噬脐之悔也？呜呼！前车岂远乎哉？清廷今日外交当局者，其尚一回首焉，勿再贻白山黑水之羞，而使鄂多里城边之鬼不安于地下也！"

宋教仁写作《间岛问题》时，正值日本政府向清政府提出所谓"间岛问题"交涉之际。日本政府曾企图以重金收买此书稿，宋教仁断然予以拒绝。他辗转将书稿送给了清驻日公使李家驹。稍后在《致李、胡二星使书》[①]中，他写道：

　　某愚不幸，素持与政府立于不两立之主义。曩者，"间岛"问题之起，某以公等政府诸人昏聩无知，将坐使日人攫取我十数万方里之地。政府固所反对，然国家领土，国民人人当宝爱之。吾人今日既未能获与外国交涉之权，则不得不暂倚政府。又，我所悉该问题情事既较多于公等政府诸人，则尤不宜袖手含（缄）默。故费数月之功，编著《间岛问题》一书，发明该

---

①　胡，指胡惟德，继李家驹任驻日公使。

地确为中领之证据，欲以为政府外交援助。

书中既鲜明地表明了与清政府"不两立"的革命立场，又表达并实践了"国家领土，国民人人当宝爱之"的炽烈的爱国思想。清政府在他的帮助下，终于取得了对日谈判的胜利，保全了这一片领土。为此，特付给他酬金 2000 元，并授予四品京堂官衔，要他归国任职。宋教仁拒绝了官职，而将所得酬金分散给经济困难的留日学生。他曾对人说："吾著此书，为中国一块土，非为个人之赚几文钱也。"①

四 醉心学习政治法律与译述西方政法著作

在革命宣传、组织工作不断取得进展的同时，宋教仁逐步将留日学习的任务提上了重要日程。他先是于 1905 年 2 月（光绪三十一年一月）入东京顺天中学校学习日语和英语，又间常去体育会接受徒手操及兵式操训练。6 月，报名入法政大学，从此开始重点学习政治和法律。至 1906 年 2 月（光绪三十二年一月），又进入早稻田大学留学生预科学习，半年后毕业。他本想继续读本科或上帝国大学，因要代理同盟会庶务，主持同盟会本部日常工作，只好打消这个念头。

宋教仁是一个志向宏远、富有远见卓识而又求知欲极强的人。他好读书，并勤于购书、藏书。争分抢秒、不知疲倦地读书、购书、藏书，并勤于思考、著（译）述，成为他日常生活中的重要特点。为此，宋教仁患下了严重的神经衰弱症，有时不得不住医院治疗。但仍"乐此不稍停"。他在 1906 年 10 月 10 日的日记中记载：住院时，同乡好友吴绍先来探望他，劝他"静心养之"，并劝告他："前日见一书中有一语：'凡人欲望不可太大，大则心多用而乱，则神经

① 骚心（于右任）述意，东方笔录：《宋先生遗事》，载徐血儿等编《宋渔父》第一集后编，《民立报》社 1913 年印。

病起矣！'"对此，宋教仁在日记中发表感慨："余闻之爽然！此语实中我之病根也。余一身所欲为之事、所欲求之学，不知凡几。今而后，当删去其不主要者方可也。"

那么，他所追求的主要方向是什么呢？就是以革命胜利后的建设人才自期，为此选择学习政治法律，不断充实自己的政治学养。他常对同志说：干革命，"慓忽敢死者易得，条理缜密之士盖寡，非先植其基，虽满洲倾覆，犹足为忧！"又说："满清脆弱，终易破坏，而言治者今犹无闻，吾党不得辞其责。"①于此可见他的政治远见和抱负。

在法政大学和早稻田大学的一年多时间里，宋教仁仍担负《民报》杂志的管理和撰稿工作，并兼理同盟会会务，但他以主要精力并以极大毅力投入了政治法律的学习和相关著作的翻译。

除完成学校功课外，宋教仁还读了大量课外政治法律著作。仅据他1905年至1907年春的日记所载，我们发现他在日本，陆续购读和订阅过不少政法书籍和报刊，如《法律上之结婚》、《人类之大权》、《历代职官表》、《法律经济辞典》、《法政丛编》、《社会主义研究》、《中国约章纂》、《新约章分类辑要》、《法政粹编》、《法政讲义》、《宪法讲义》，以及下列已译述的十余种著作。

据查考，从1906年1月至1907年1月，宋教仁在短短一年的时间内，先后辛勤译述了《日本宪法》、《一千九百〇五年露（俄）国之革命》、《英国制度要览》、《万国社会党大会略史》、《各国警察制度》、《国际私法讲义》、《俄国制度要览》、《澳（奥）地利匈牙利制度要览》、《美国制度要览概要》、《澳（奥）匈国财政制度》、《德国官制》、《普鲁士王国官制》、《日本地方渔政法规要览》等，累计不下60万字。以后还翻译了《比较财政学》一书。这就为他日后绘制中国民主共和国蓝图，打下了良好的理论学识基础。

---

① 康宝忠：《怀念宋渔父先生》，载徐血儿等编《宋渔父》第一集后编，《民立报》社1913年印。

五　"革命三策"与同盟会中部总会的成立

1910 年（宣统二年）春广州新军起义失败后，宋教仁鉴于南方边区多次起义连遭失败，建议将革命中心转移到长江流域，获得了谭人凤等多人的赞同。谭人凤便出面召集在东京的 11 省区同盟会分会长开会，讨论革命进行方略。宋教仁在会上提出了著名的革命三策。据他后来在 1913 年 1 月 9 日《国民党湘支部欢迎会演说辞》中的回忆，三策略为：

> 一为中央革命运动，推倒政府，使全国瓦解，此为上策，然同志都在南方，北京无从着手，此非可易言者；一在长江流域同时大举，隔断南北，使两方交通断绝，制政府命脉，此为中策，然此等大举，布置不易；一在边省起事，徐图中原，然前此用之失败，斯为下策。三策之中，将谁适从？则新军如可为用，财政有人接济，中策自属可行。①

众议认为上策太不容易，下策已行之而败，唯中策较为适宜。会议决定采纳中策，并依据《同盟会总章》在各省设立分会，于中、东、西、南、北中心城市设立支部的规定，议决仿行香港同盟会南部分会的办法，在上海设立同盟会中部总会，作为策动机构。不久由于孙中山、黄兴正集中主要精力筹备广州起义，中部总会的筹设工作便暂时搁置下来。

1911 年 1 月（宣统二年十二月）初，宋教仁回到上海，应于右任邀请，担任《民立报》主笔。在此后不到一年的时间，他以饱满的激情，丰厚的学养，犀利的文笔，在该报上连续发表了上百篇时

---

① 宋教仁的"革命三策"，《邹永成革命回忆录》中亦有记述，内容相同，而文字略异，参见《近代史资料》1956 年第 3 期。

论和文章，深刻揭露帝国主义侵略中国的野心，猛烈抨击清政府的
反动统治和预备立宪骗局，大力宣传民族民主革命，促进了辛亥革
命高潮的迅速到来。

　　1911 年 4 月（宣统三年三月）中旬，广州起义各项筹备工作紧
锣密鼓地进行，宋教仁在谭人凤等的催促下赶赴香港，接替陈炯明
担任编制课课长。他抓紧时间草拟了各项起义文告，并拟定了约法、
中央与地方制度方案等文件，准备在起义胜利后颁布实施。4 月 27
日（三月二十九日）晚，他离开香港前往广州，准备投入战斗。但
是当他次日凌晨到达广州时，却获知起义已不幸失败，只好折回香
港。不久，重返上海。

　　7 月 31 日（闰六月初六），酝酿已久的同盟会中部总会在上海
湖州会馆召开正式成立大会，宋教仁草拟了总会、总务会、分会的
各项章程，并当选为 5 位总务干事之一①，分掌文事部，担负参谋、
立案、编辑等工作。中部总会依据宋教仁先年提出的革命方略（"革
命三策"中的中策），决定以两湖地区为重点，在武昌首先发动起
义，然后组织各省立即响应。随着两湖、四川保路运动的迅速发展，
革命时机逐渐成熟。

六　描绘共和国蓝图的早期实践

　　关于推翻清王朝后建立何种政体的国家，孙中山早在 1895 年香
港兴中会总部成立时，就在会员秘密入会誓词中提出"创立合众政
府"的纲领。1903 年邹容著《革命军》，主张建立"中华共和国"。

---

　　① 据谭人凤所撰《中国同盟会中部总会成立宣言》，"定名同盟会中部总会者，奉东
京本部为主体，认南部分会为友邦，而以中部别之，名义上自可无冲突也。总机关设于上
海，取交通便利，可以联络各省，统筹办法也。各省设分部，收揽人才，分担责任，庶无
顾此失彼之虑也。机关制取合议，救偏毗，防专制也。总理暂虚不设，留以待贤豪，收物
望……"同盟会中部总会成立会所举的 5 位总务干事为：谭人凤为总务会议长兼交通部干
事，宋教仁为文事部干事，陈其美为庶务部干事，潘祖彝为财务部干事，杨谱笙为会计部
干事。

1904 年至 1905 年间陈天华著小说《狮子吼》，在"楔子"中以梦的形式述说至"共和国图书馆"，看到《共和国年鉴》一书，又在正文中描绘了一个"民权村"，堪称真正的"共和梦"；他还写有《论中国宜改创民主政体》的专文，鲜明地提出："迩来民族主义日昌，苟革彼腥秽残恶旧政府之命，而求乎最美最宜之政体，亦宜莫共和若。"1905 年 8 月同盟会成立时，宣示的政纲中明确规定要"创立民国"。而这些，都是作为政治纲领或理想提出来的，是前瞻性的目标，而非实施方案。真正为此美好目标切切实实作准备，并着手制定实施方案的，宋教仁当数第一位。

如前所述，1911 年 4 月中下旬，宋教仁留居香港期间，就为广州起义准备了各项文件、布告，其中包括草拟了准备在起义胜利后颁布实施的关于新国家制度建设方面的文件。后来由于种种原因，这些珍贵文件未能保存下来；事后有关人员的回忆，则不仅语焉不详，彼此间记载也不完全一致。这就妨碍我们对这些文件的名称、内容等进行深入细致的研究。如当时与宋教仁关系最密切、最知情的两个人——同在《民立报》社的于右任和徐血儿（名天复），他们的回忆记载就有所不同。

于右任回忆称："一日，记者（于自称）见先生（指宋）方理董箱，中有手写之巨册三，噫！凡文告、约法，及中央制度、地方政治机关之设施，纲举目张，累累备载。盖先生于广州之役事前所手草者……先生十数年潜心建设事业，其所主张者，悉在此三巨册中。"

徐血儿在所作《宋渔父传略》中，则写道："是役（指广州起义）布告、文令，皆一出于先生之手。在港时，且与同事诸子草定《民国宪法草案》焉。则先生于破坏时代，固无时不为建设谋也。"①

一个说是草拟了"约法，及中央制度、地方政治机关之设施"，另一个则称"与同事诸子草定《民国宪法草案》焉"。名称究竟称

---

① 于右任的《宋先生遗事》和徐血儿撰《宋渔父传略》，均收入徐血儿编《宋渔父》前编第一集，《民立报》社 1913 年印。

"约法"还是"宪法"？

从宋教仁后来在《鄂州约法》中所说："中华民国完全成立后，此《约法》即取消，一从《中华民国宪法》之规定。"则宪法属中华民国完全成立以后的事情，于说"约法"当较准确；至于其内容，二说均只有大要，而无条文细则，读者也只能从宋教仁本人以后的实施中去做些探索了。

同年7月末，宋教仁在同盟会中部总会成立会期间，手订了《中国同盟会中部总会章程》。该《章程》明确规定："本会以推覆清政府，建设民主的立宪政体为主义。"此外还规定"会员皆一律平等"、"会员得于法律范围内，保持身体、财产、职业、居住、信仰之自由"、"会员得依法律陈请保护利益，及陈诉冤抑"、"会员依法律有选举、被选举之权"等。这些，均具有鲜明的民主和法治的色彩，虽属会（党）章规定，但也反映出宋教仁的治国理念。

紧接着，10月10日（八月十九日）武昌起义爆发。10月24日（九月初三），宋教仁随同黄兴前往战火纷飞的武汉。在途中，他即开始着眼于筹组临时政府。他为主与黄兴谋划，至武汉后，"根据革命党既定方略，先行树立军政府，而即以黄兴主其事"①。但由于武昌新军起义后，仓促间拥立原协统黎元洪为湖北军政府都督，他们到武汉后，原议由黄兴主政的谋划未能实现。

宋教仁在留武汉期间，协助胡瑛办理外交事务，仍特别留意于新政府的建立和完善，为之起草了《中华民国鄂州约法及官制草案》凡八篇。其中《临时约法草案》（《鄂州约法》）计7章60条，各章题依次为总纲、人民、都督、政务委员、议会、法司（司法机关）、补则。《草案》规定"鄂州政府以都督及其任命之政务委员与议会、法司构成之"，都督、政务委员、议会、法司各行其职，分权制约；宣布"人民一律平等"，享有言论、著作刊行、集会结社、通讯、信教、居住迁徙、保有财产、营业、人身等自由，以及诉讼、

---

① 雷鸣：《中日同盟史》，转引自章开沅、林增平主编《辛亥革命史》下册，人民出版社1981年版，第288页。

陈情、选举与被选举、纳税、当兵等权利和义务等，体现了自由、平等的民主精神，三权分立的政体原则。虽尚局限于一个省区的范围，却不失为一个带有宪法性质的文件，首次较明确地体现了宋教仁关于民主共和国建设的基本构想。

11月13日（九月二十三日），宋教仁乘轮东下，进一步策划待长江下游地区光复后，成立一个由革命党人直接控制的中央政权。11月19日（九月二十九日）回到上海。11月30日（十月初十）起，他以湖南都督府代表身份参加了各省都督府代表联合会。他在12月1日《致各省谘议局电》中强调："目下大局安危，不在一时一地之胜负，实在统一机关之成否。"12月2日（十月十二日）江浙联军攻克南京后，代表联合会决定将中央临时政府设在南京，并推黄兴去南京筹组临时政府。但恰巧孙中山即将归国的消息传来，黄兴便留在上海等待孙中山的到来。宋教仁此时已前往南京，担任江苏都督府政务厅长。

12月25日（十一月初六），孙中山归抵上海。26日晚，同盟会主要领导人齐集孙中山寓所讨论组织临时政府问题，宋教仁赶往参加了这次会议。大家一致同意推举孙中山为临时大总统。但在政体问题上，究竟是实行总统制还是内阁制，宋教仁与孙中山发生了严重分歧：孙中山主张实行美国式的总统制，宋教仁则坚持要实行法国式的内阁制，形成僵持状态。次日，由黄兴与宋教仁同赴南京，将两种意见提交各省都督府代表会议议决，结果多数票通过采纳总统制。在此情况下，宋教仁不再坚持内阁制主张，表示服从会议决定。这次代表会议并决定废止清帝王纪年，改为中华民国纪年，并改用阳历。

七　设计并践行共和国方案的"民国政治家"

1912年1月1日（农历十一月十三日），孙中山在南京就任临时大总统，中华民国宣告成立。在组建临时政府，确定各部人选时，宋教仁主张"初组政府，须全用革命党，不用旧官僚"①。但在当时条件下，要完全排斥旧官僚和立宪党人已不可能。宋教仁锋芒太露，反而招致不少人的忌刻。孙中山原提名宋教仁为内务总长，遭到多数代表的反对。最后，南京临时政府只能采取"部长取名，次长取实"的妥协办法，次长全用革命党，在全部9个部长中，革命党人只占3席，而宋教仁则仅在总统府中，由孙中山于1月15日任命为法制院总裁（也称院长或法制局局长）。

其时，清帝尚未退位，拥有强大武力的袁世凯集团尚未承认共和，"南北议和"正在艰难地进行。以孙中山为首的南京临时政府抵挡不住国内外敌人的联合压力，很快同旧势力的代表袁世凯妥协。就在任命宋教仁为法制院总裁的同一天，孙中山致电南方议和代表伍廷芳，宣告如清帝退位、宣布共和，则辞临时大总统职，将政权让与袁世凯。于是在南京临时政府内，就出现了两件意义重大的事情：一件是1月16日，各省代表开会通过《临时政府组织大纲修正案》，因时制宜地将总统制改为责任内阁制，即回到宋教仁原先提出的主张；另一件就是宋教仁就任法制院总裁后，立即着手拟定《中华民国临时政府组织法》，以便将袁世凯掌权后的行为约束在民主和法制的轨道之内。该《组织法》拟成后，即交1月27日《民立报》全文公布；后因考虑到尚未经参议院议决，次日又致函报社，请更正为《中华民国临时组织法草案》。1月30日，孙中山将该草案咨送参议院，"以资参叙"②。

《中华民国临时组织法草案》共7章55条，各章题依次为：总纲、人民、临时大总统副总统、内阁、参议院、法司、补则。除机构设置、职官名称具有全国性外，这个《草案》，可以说与三个月前草拟的《鄂州约法》一脉相承，从结构到内容都大同小异，其中第二章《人民》更几乎是照抄《鄂州约法》。

值得注意的是，《草案》规定：临时大总统对"参议院所议定

---

① 居正：《辛亥札记》，载罗福惠、萧怡编《居正文集》，华中师范大学出版社1989年版，第73页。

② 《南京临时政府公报》，第3号。

之法律……有不以为然时，得以内阁全体之署名说明理由，付议院再议"；发布同法律之教令，"须提出参议院经其议定"；"任命内阁员，须得参议院之同意"。又规定："内阁员执行法律、处理政务、发布命令、负担责任"；"内阁员得提出法律案于参议院，并得出席发言"；"内阁员于临时大总统公布法律及有关政务之教令时，须亲签名"。这些都说明，总统的权力受到内阁的制约，内阁拥有较大实权，这个《草案》已是明确采用内阁制政体的宪法性文件了。

宋教仁拟定的《中华民国临时组织法草案》虽由孙中山咨送临时参议院，但参议院认为："宪法提案权应属国会特权，而在国会召集前，本院为唯一立法机关。因此，该法当由本院制定。现在法制局预为编订该草案，是为越权；所谓'以资参叙'，亦非本院必需。"因而第二天，临时参议院即将该《草案》退回了法制院。① 尽管这样，这个《组织法草案》，仍对稍后临时参议院制定近代中国第一部民主共和国宪法《中华民国临时约法》产生了重大影响。

有学者考订后认为：第一，"制定约法，不但有参议院起草、审议这公开的一条线，还有革命党人私下讨论这幕后的一条线，后一条线对制定约法也有着举足轻重的影响"。2 月上中旬间，宋教仁曾与孙中山、胡汉民、居正等以及革命党参议员一道，进行了关于制定《约法》的讨论。第二，从《临时约法》的结构、内容与条文表述来看，也明显反映出宋教仁的《组织法草案》（以及《鄂州约法》）对制定《约法》的影响。如改总统制为内阁制；国务员于总统提出法律、公布法律时有副署权；《约法》结构与宋《草案》基本一致；而第二章"人民"，不仅章题相同，且其末一条几乎照搬了宋《草案》的文字；等等。故而"宋教仁虽然没有参加《临时约法》的起草工作，但他对《临时约法》的影响仍是相当大的"。②

1912 年 2 月 12 日，清帝宣布退位；次日，袁世凯宣言赞成共和，随之孙中山就向南京参议院提出辞职，而荐袁世凯接任临时大

---

① 参见张亦工《〈中华民国临时约法〉起草人辨正》，《历史研究》1983 年第 3 期。
② 迟云飞：《宋教仁与中国民主宪政》，湖南师范大学出版社 1997 年版，第 118—121 页。

总统，同时提出定都南京、新总统必须到南京就职和遵守《临时约法》三个条件。2 月 15 日，临时参议院选举袁世凯为临时大总统。于是 2 月 18 日，孙中山特派教育总长蔡元培为专使，宋教仁、汪精卫等为欢迎员，前赴北京迎袁世凯南下就职。狡猾的袁世凯制造兵变，以此为借口，拒绝南下。革命党人被迫再次作出妥协，同意以北京作为中央政府所在地。3 月 10 日，袁世凯在北京就应临时大总统。3 月 11 日，孙中山颁布《中华民国临时约法》。4 月 1 日，孙中山正式宣告辞去临时大总统职务；4 月 2 日，临时参议院议决迁都北京。至此，南京临时政府不复存在。

继之，袁世凯命唐绍仪组成北京临时政府第一届内阁，宋教仁被任命为农林总长。4 月 27 日，宋教仁就任农林总长职。尽管农林非其所长，接受此职亦"非中心所愿"，"然犹以为既列阁员之群，亦参赞大政方针之一人，则主持所信之政见，以期见诸实行，或亦易事，故姑且承乏其间，以图展布有日"①。但是，在袁世凯的专制独裁下，唐绍仪内阁存在了不足三个月时间。6 月 23 日，宋教仁提出辞职，迅速获得批准。严酷的现实使他意识到，仅仅组成责任内阁还不能保证政府内部意见的一致。因而在 6 月 28 日同盟会本部开会讨论组织内阁问题时，他进一步提出了组织纯粹政党责任内阁的主张。

此后，宋教仁便以在野的身份，大力从事其纯粹政党责任内阁的宣传和组织活动。7 月 21 日，同盟会本部召开夏季大会，他发表演说称："本党对于统一临时政府内阁，已决定如不能达政党内阁，宁甘退让；如可改组政党内阁，虽他党出为总理，亦赞助之。"在这次大会上，他当选为总务部主任干事，成为同盟会的实际主持人。为了实现其政党内阁主张，他首先致力于组织一个大党，以对抗拥袁的势力日张的共和党，并求在国会选举中获得多数党的地位。

8 月 10 日，他主持召开了同盟会本部全体职员大会，讨论同盟会改组问题，决议同意联络宗旨接近的其他政党，组成大党，并注

① 郭汉民编：《宋教仁集》，湖南人民出版社 2008 年版，第 481 页。

意国会选举，争取在国会中占多数席位。在征得孙中山和黄兴等的同意后，他便以同盟会为基础，联合统一共和党、国民公党、国民共进会、共和实进会，合并改组为国民党。

在 8 月 25 日国民党成立大会上，宋教仁被举为理事，不久又被孙中山委任为代理理事长，主持党务。他踌躇满志，在为合并组党事发出的《通告海外书》中写道："自斯而后，民国政党，唯我独大，共和党虽横，其能与我争乎？"

在国民党成立前后，袁世凯曾企图笼络宋教仁，甚至放出风声说，可能要宋出任总理组阁，条件是放弃政党内阁主张。宋教仁未予理睬。当获知宋将回湖南探亲时，袁又送去 50 万元交通银行支票。宋亦不为所动，将支票原物退回。袁世凯知宋教仁非高官厚禄所能收买，益视为大敌，于是暗萌杀机。

10 月 18 日，宋教仁离开北京，沿京汉铁路南下，11 月上旬到武汉，稍作停留，曾往湖北都督府会见黎元洪，谈了对外借款、省官制、划分中央和地方税收等问题。随后沿粤汉铁路到岳阳，乘船过洞庭湖经常德回到桃源，探望阔别 8 年的老母和妻子。在回乡的过程中，他一反传统"衣锦还乡"的惯例，不事张扬，不惊动地方官府，也不让记者跟踪采访报道。他在桃源住了一个多月，主要是侍亲、享受天伦之乐、访友，未见参与重大政治活动。我们仅从他的同学好友彭泽尊在后来刊行宋日记《我之历史》时所写的跋语中，看到有如下记载：

> 宋君辞官归里，访故友文君榆荫（即文骏）于东岳庙之自由党（部），适部长戴时翔、朱林开成立会。宋君呼乐部以贺，演《盗旗马》出（折子戏）。酒酣，纵谈侬智高之地形、兵谋，了如指掌。文君讶之，曰："钝初十年前读书尚记忆耶？"①

---

① 宋教仁：《我之历史》，庚申（1920 年）桃源三育乙种农校印行。

　　尽管如此，僻处山乡、行事低调的宋教仁仍通过各种渠道，关注国内政治形势的发展。当得知派到贵州组织国民党支部的于德坤被杀害时，他即致电北京，"望政府维持"①。其时各地的国会议员初选和复选正逐步展开。为调和湖南西路的选举，他于 12 月 27 日离开家乡，先前往常德，停留了几天。

　　1913 年 1 月 8 日，宋教仁自常德到达长沙。他在长沙停留了 20 天，参加了一系列的欢迎活动，多次发表演说，宣传国民党党纲，特别是政党内阁和民生主义主张。其时适逢外蒙古在沙俄策动下宣布独立，湖南成立筹蒙会，他即应允担任名誉会长。

　　1 月 30 日，宋教仁到达武汉。他在武汉停留了约半个月。值得注意的是，他在此开始把宣传的重点放在正如荼如火展开的国会选举运动上，并公开、猛烈地批评、攻击袁世凯。

　　宋教仁认为：要使袁世凯担任一个没有实权的总统是不可能的，只有选举较为懦弱的黎元洪为总统，才能充分发挥政党责任内阁的作用。据说他去武昌会见黎元洪时，曾对黎说过："我们不能使袁世凯做我们听话的工具。我要我党党员选你当总统。"②由此，他在国民党鄂支部欢迎会演说辞中说："我们要停止一切运动，来专注于选举运动……我们要在国会里头，获得过半数以上的议席。进而在朝，就可以组成一党的责任内阁；退而在野，也可以严密的监督政府，使它有所惮而不敢妄为，应该为的，也使它有所惮而不敢不为。"又说："现在接得各地的报告，我们的选举运动是极其顺利的。袁世凯看此情形，一定忌克得很，一定要钩心斗角，设法来破坏我们，陷害我们。我们要警惕，但是我们也不必惧怯。他不久的将来，容或有撕毁《约法》、背叛民国的时候。我认为那个时候，正是他自掘坟墓，自取灭亡的时候。到了那个地步，我们再起来革命不迟。"

　　宋教仁还与田桐等去黄州促选并发表演说，参加国民党鄂省交通部欢迎会并发表演说，词意均甚激烈。

---

①　见《民立报》1912 年 12 月 14 日，《国民党消息》。
②　刘基胜：《为民主而斗争：宋教仁与辛亥革命》，美国加利福尼亚大学出版社 1971 年英文版。

宋教仁在武汉的活动和言论，引起袁世凯的高度关注和不满。据记载，袁阅了报载宋教仁的演说后，曾对人说："其口锋何必如此尖刻！"①

2月12日晚，宋教仁乘江新轮离开武汉沿江东下。途中曾在九江稍作停留，出席国民党九江交通部的欢迎会，发表演说。2月15日，到达上海。此后一个月内，他以上海为基地，旋风般地奔波于江、浙各地，到处发表演说，与友人谈话，答记者问，驳政敌非难。

其时国会选举结果已经揭晓，在众、参两院870个议席中，国民党独得392席，共和、民主、统一三党总计只得223席，其余255席为超然派、跨党者所得。国民党取得了压倒性多数的胜利。宋教仁踌躇满志，更加放言无忌。综观他的演说和谈话的内容，主要有三个方面：一是猛烈抨击袁世凯政府的腐败无能和专制独裁；二是继续宣传政党责任内阁的政治主张；三是开始鼓吹由国会制定国家根本大法——宪法。如在2月19日国民党上海交通部欢迎会上的演说中，他说：

> 国民为国家政治之主体，运用政治之作用，此共和之真谛也……天赋人权，无可避也。今革命虽告成功，然亦只可指种族主义而言，而政治革命之目的尚未达到也。推翻专制政体，为政治革命着手之第一步，而尤要在建设共和政体……
>
> 夫政府分三部，司法可不必言，行政则为国务院及各省官厅，而国会初开，第一件事，则为宪法。宪法者，共和政体之保障也。中国为共和政体与否，当视诸将来之宪法而定……此吾党所最宜注意，而不能放弃其责任者也。讨论宪法，行政、立法、司法三权应如何分配，中央与地方之关系及权限应如何规定，是皆当依法理，据事实，以极细密心思研究者。若关于总统及国务院制度，有主张总统制者，有主张内阁制者。而吾

① 张国淦：《孙中山与袁世凯的斗争》，载《北洋军阀史料选辑》（上），中国社会科学出版社1981年版，第154页。

人则主张内阁制，以期造成议院政治者也。盖内阁不善，而可以更迭之；总统不善，则无术变易之，如必欲变易之，必致摇动国本。此吾人所以不取总统制，而取内阁制也。欲取内阁制，则舍建立政党内阁无他途。故吾人第一主张，则在内阁制也。

在3月9日国民党南京支部欢迎会上的演说中，宋教仁对袁世凯政府进行了尖锐的抨击，他说："民国建设以来，已有二载。其进步与否，以良心上判断，必曰：'不然！'……现在政府之内政、外交，果能如民意乎？果能较之前清有进步乎？吾愿为诸君决断曰：不如民意之政府，退步之政府！"

稍后，宋教仁还起草了一份《代草国民党之大政见》，准备提交北京国民党本部议决后公布实施。《大政见》中提出"对政体的主张"5项，依次为："单一国制"（国家统一）、"责任内阁制"、"省行政长官由民选制以进于委任制"、"省为自治团体，有列举立法权"、"国务总理由众议院推出"；"对于政策之主张"10项，依次为："整理军政"、"划分中央、地方之行政"、"整理财政"、"整理行政"、"开发产业"、"振兴民政"、"兴办国有交通业"、"振兴教育"、"统一司法"、"运用外交"。内容全面，而又提纲挈领、简洁明白，堪称一部治国大法。

其时，袁世凯集团不断有人发表文章，制造种种流言蜚语，恶毒攻击诬蔑宋教仁，其中一条是说宋坚持责任内阁制是有野心，自己想当总理。宋教仁于3月12日、15日《民立报》上接连发表了《驳某当局者》、《答匿名氏驳词》两文，义正词严地作了公开回答，掷地有声地说：

世人诬吾运动总理，由来已久。吾虽无其事，实不欲辨，且因以自励，盖已久矣。夫人立志为总理，岂恶事哉？而乃非笑之如是，吾实不解。国家既为共和政治，则国民人人皆应负责任。有人焉自信有能力，愿为国家负最大之责任，此国家所

应欢迎者……人苟可以自信，则不妨当仁不让；世之人亦只问
其有此能力与否，不宜谓其不宜有此志。吾人惟自愧无此能力，
固不欲当此大任；吾人之志则不讳言，实深愿将来能当此责任
者也，且希望人人有此希望者也，惟枉道以得之，则不可耳。

既义正词严，又心平气和，表现了一个杰出政治家的坦荡胸怀
和非凡气魄。

以"建设民主的立宪政体为主义"，以人民主权、责任内阁制、
政党政治、分权制衡、国会、宪法、国家统一、地方自治等为基本
框架，这些就是宋教仁所设计的民主共和国方案的主要内容，是他
历尽千辛万苦寻找救国真理的有益探索和实践。宋教仁的思想与活
动，以及他雷厉风行的实干作风，使他成为当时政坛最为活跃的风
云人物，被时人誉之为"民国政治家"①。

八　"为宪法流血"的"第一人"

宋教仁的政治活动和思想言论，使他在党内和国内进步人士中
享有极高的声誉和威望，却引起袁世凯集团的极大恐慌，杀害宋教
仁之心益坚，行动也大大加快。

袁世凯先是与其亲信国务院总理赵秉钧密谋，然后由赵委派
内务部秘书洪述祖、程克二人组织实施。洪、程便赶往上海，收
买帮会头子应桂馨，由其物色到暗杀凶手武士英，待命下手。

1913年2月1日，洪述祖密电应桂馨："大题目总以做一篇激烈
文章，乃有价值。"次日，又给应一封密函，中说："紧要文章已略
露一句，说必有激烈举动。弟（指应）须于题前径电老赵（赵秉
钧），索一数目。"所谓"紧要文章"、"激烈举动"，显然即指暗杀

① 宋教仁殉难后，《大自由报》1913年3月25日刊有评论《民国政治家第一牺牲者宋钝初论》，见徐血儿等编《宋渔父》第一辑后编，《民立报》社1913年印。

宋教仁。

3月14日，应桂馨致电赵、洪转呈袁世凯："梁山匪魁（借指宋教仁）四处扰乱，危险实甚。已发紧急命令设法剿捕之。转呈。候示。"3月18日，袁即复电："寒（即14日）电应即照办。"①正式下达了暗杀宋教仁的指令。

此时，全国政治形势已是极度紧张，不少友人多次提醒并劝告宋教仁加强戒备。宋教仁先是不以为然，后则表示："无妨。吾此行统一全局，调和南北，正正堂堂，何足畏惧？国家之事，虽有危害，仍当并力赴之。"②

3月20日晚上，宋教仁准备乘火车离上海赴北京。送行的有黄兴、廖仲恺、于右任等。约22时45分，宋教仁在黄兴等陪伴下走向车站检票处时，忽听到一声枪响，接着又是第二响、第三响。只见宋教仁摇晃了一下，倒在旁边一张椅子上。于右任等赶紧将他送往附近铁路医院抢救。到医院后，宋教仁自知难久人世，嘱意黄兴代笔，给袁世凯拍了一封电报，电报全文如下：

北京袁大总统鉴：

　　仁本日乘沪宁车赴京，敬谒钧座。十时四十五分，在车站突被奸人自背后施枪，弹由腰上部入腹下部，势必至死。窃思仁自受教以来，即束身自爱，虽寡过之未获，从未结怨于人。清政不良，起任改革，亦重人道、守公理，不敢有一毫权利之见存。今国基未固，民福不增，遽尔撒手，死有余恨。伏冀大总统开诚心、布公道，竭力保障民权，俾国会得确定不拔之宪法，则虽死之日，犹生之年。临死哀言，尚乞鉴纳。

宋教仁　贺。

---

① 以上均见李剑农《戊戌以后三十年中国政治史》，中华书局1980年版，第171—173页。

② 见徐血儿等编《宋渔父》第一集后编，《痛言》，《民立报》社1913年印。

宋教仁被暗杀后摄影

他此时尚未警觉到将自己置于死地的元凶大憝，竟然就是大总统袁世凯，临终前还把保障民权、确定宪法的希望寄托在袁身上，真是历史的悲剧！

因伤重难治，延至3月22日凌晨，宋教仁的心脏停止了跳动，年仅32岁。

宋教仁死后，国民党和各界人士举行了隆重的悼念活动。

孙中山致诔词说："作民权保障，谁非后死者；为宪法流血，公真第一人。"①

---

① 参见刘望龄辑注《孙中山题词遗墨汇编》，华中师范大学出版社2000年版，第25页。

　　黄兴作挽联云："前年杀吴禄贞，去年杀张振武，今年又杀宋教仁；你说是应桂馨，他说是洪述祖，我说确是袁世凯！"①

　　谭人凤主持治丧事宜，于上海闸北买了一块地，辟为"宋公园"（今闸北公园），将宋教仁遗体安葬在园内。

　　与治丧活动几乎同时，警方也抓紧了对宋案的侦破工作。3 月 23 日和 24 日，凶犯应桂馨、武士英先后被捕。随后，在应桂馨家里搜获大量证据，再详查上海电报局应桂馨往来密电存底，发现应与内务部秘书洪述祖、国务院总理赵秉钧往来函电多件，直接牵涉总统袁世凯。

　　至此宋案真相大白于天下，举国哗然。由此，孙中山发动武力讨袁，开始了"二次革命"。

〰〰〰〰〰〰〰〰〰〰〰〰〰〰〰〰〰〰〰〰〰〰〰〰〰〰〰〰〰〰

　　宋教仁所处的时代，大而言之，在清末民初，也就是我们今天所说的旧民主主义革命时期。在这个时期，马克思主义尚未传入中国，中国工人阶级尚未登上政治舞台，中国共产党尚未诞生，世界上也不存在社会主义国家，而中国资产阶级则处于上升时期，先进的中国人还只能向西方国家寻找救国真理，从西方资产阶级革命时代的武器库中学来了资产阶级民主主义（进化论、天赋人权论等）和资产阶级共和国的方案。这种学习，是近代先进的中国人寻找救国真理的早期阶段，也是一个必经阶段。小而言之，宋教仁从事建设和维护民主共和国的活动，则是在民国初期。其时清王朝推翻了，帝制结束了，而民主共和体制刚刚建立，尚未完善和巩固，封建专制势力的代表袁世凯已通过军事压力和"南北议和"，巧取豪夺而又名正言顺地攫取了国家政权，革命成果面临丧失的危险。宋教仁就是那个时期向西方国家寻找救国真理的中国先进人士中的一位佼佼者，并且在民国初年承担着建设民主共和、巩固共和民国的重任。

————————

　　①　参见刘泱泱编《黄兴集》，湖南人民出版社 2008 年版，第 625 页。

正是在这种历史条件下，宋教仁所设计的民主共和国方案和争取实施的活动，无疑是顺应当时历史潮流的，是符合当时国家社会需要的，并且也的确在当时和以后产生了积极的历史作用和影响。因为，第一，他所设计并大力推行的民主共和体制，相对于封建君主专制政体来说，具有明显的优越性和进步意义，即以民主代替专制，以法治代替人治。第二，他所从事的组建大党、推行议会选举和制定宪法等活动，明显地有着限制袁世凯专制独裁和向袁分权的斗争意义，并在实际上团结了相当一部分爱国民主力量，较之当时许多革命党人一味妥协退让、消极无为的状况，无疑是一种积极的进取。第三，他的上述思想主张与活动，实际上也已取得了诸多历史成果和影响，如产生了中国历史上第一部带宪法性的、旨在建立和维护民主共和制度的《中华民国临时约法》（系临时参议院参照宋教仁手订的《鄂州约法草案》和《中华民国临时组织法草案》而制定的），制定并着手实施了中国历史上第一个共和国方案，大力宣传了民主共和思想，创建了当时国内第一大党国民党，取得了第一届国会选举中的胜利，以宪法为核心的民主政治从此日益深入人心，并不同程度地影响了之后的历代当政者，等等。

虽然宋教仁奋斗的目标没有在生时最终实现，并且悲壮献身，留下了深刻的历史教训，即在一个封建传统浓重、专制独裁强势的国度里，走向共和、争取民主之路艰难坎坷，它的完全实现有待于民主革命的彻底胜利；但是，宋教仁的鲜血没有白流，他对建设民主共和国所作的艰苦探索、诸多成果和沉痛教训，都成为后来者的宝贵财富，中国走向民主共和的潮流从此不可阻挡。随着历史条件的变化，中国人寻找救国真理的道路发生转向。马克思主义传入中国，中国工人阶级登上历史舞台，中国共产党诞生后，中国革命便由旧民主主义时代进入新民主主义时代，"资产阶级的民主主义让位给工人阶级领导的人民民主主义，资产阶级共和国让位给人民共和国"，并"经过人民共和国到达社会主义和共产主义"（毛泽东语）。

谭延闿　从清末翰林到
国民政府主席

　　有"翰林将军"之称的谭延闿是中国近代史上一位颇受争议的人物，他身为晚清翰林学士，但希望用宪政改造国家，在湖南首倡"制宪自治"，在相当大的程度上传播了宪政理念和民主意识。由于时代条件和自身主观因素的原因，谭延闿并未能真正推动中国宪政时代的到来。此后，谭延闿追随孙中山，坚定地支持三民主义，参与国民大革命、维护国共合作，为国民政府实现形式上的统一做出了重大的贡献。

　　谭延闿是中国近现代史上很有影响的人物之一，他的活动跨越了两个历史时代。从清末翰林到国民政府主席，从立宪派首要到国民党元老，从孙中山的革命助手到蒋介石的"伴食宰相"，谭延闿的一生是这一时期中国历史错综复杂、风云变幻的缩影，也在中国民族民主革命和政治现代化发展史上产生了重要的影响。

一　少年奇才：中国历史上最后一位会元

　　谭延闿，字祖庵（组庵）、祖安，号无畏、切斋。湖南省茶陵人，光绪五年（1879 年）生于浙江杭州，早年有一段时间生活在湖南茶陵。茶陵的经济虽不发达，但文化源远流长，出了不少饱学之士和显赫之官，如明代的李东阳官至礼部尚书、盖华殿大学士，"立朝 50 年，清节不渝"①；清代的彭维新历康熙、雍正、乾隆三朝，官至刑、户两部尚书等。自清中后期始，这里办起了不少著名的书院，哺育了不少"英毅之才"，谭延闿青少年时期曾在此度过一段终生难忘的生活，也受到当地社会风俗和文化传统的直接影响。加之他从小便受业于当地名师，其中有些还是湖湘文化名人，对他日后的为学做人及进德立业均有密切关系。谭延闿出身官宦之家，其父谭钟麟为进士，后授翰林，曾官至闽浙和两广总督等职，家学渊源深厚。谭钟麟本身就"为人正直，不少假让"，②对谭延闿也是督课特勤、管教有加，曾规定谭延闿三天写一篇文章，五天写一首诗。他后来回忆说"丁亥先公方以目疾乞假，每上灯。独坐签押房，使人读公事文牍毕，呼余及亡姊亡弟共坐室隅，各作破题一，试帖二句，间日互易，皆先公口授。……有时不知书写，先兄从旁代书之。复诵无讹，则各与钱十文，乃起就睡。"③

　　谭延闿 5 岁时跟随父亲学启蒙文字，他自幼聪颖好学，加之其父的精心辅导，打下了坚实的文学基础。至 11 岁学制义文学，写得一手好文章，并习得一手好字。当时，其父与光绪帝的老师翁同龢乃至交。1891 年，谭钟麟被任命为吏部侍郎后，常在京城与翁氏叙旧，并将谭延闿所写习作传阅于翁同龢等好友，翁同龢看后，称他

---

　　① 张廷玉：《明史·李东阳传》，中华书局 1974 年版，第 4825 页。
　　② 成晓军：《谭延闿评传》，岳麓书社 1993 年版，第 2 页。
　　③ 《茶陵谭公年谱》，载沈云龙主编《近代中国史料丛刊》第 68 辑，文海出版社 1983 年版，第 9—10 页。

为"奇才"①，并对谭钟麟说："三令郎伟器也，笔力殆可扛鼎。"谭延闿自己也说："此数文最为先公所赏，常示友朋。翁文恭、徐颂师皆尝来索看，吾亦常拜翁丈于厅。"②

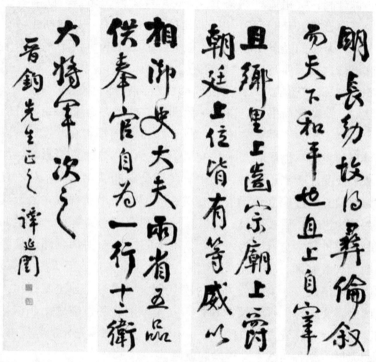

谭延闿书法作品

1892 年，谭延闿到长沙参加童子试，考中秀才，入府学为附生。1896 年从广州回湖南参加科考，位列一等。翌年，回湘应优贡士，正取第二名。1902 年参加乡试时，又中湖南第九十九名举人。1904 年，谭延闿参加清末最后一次科举考试，赴开封应会试，榜列第一

① 成晓军：《谭延闿评传》，岳麓书社 1993 年版，第 8 页。
② 《茶陵谭公年谱》，载沈云龙主编《近代中国史料丛刊》第 68 辑，文海出版社 1983 年版，第 15 页。

名贡士，即会元，由于其父也是会元，故父子同荣学苑，在当时也成为一段科场佳话。至此，湖南在清代 200 余年间没有会元的空白被谭延闿填补，而他也成为中国历史上最后一位会元。同年 5 月，他参加殿试，以二等第三十五名赐进士出身，又于朝考取第一名，以翰林院庶吉士任用。当时，谭延闿与早已闻名的湖南陈三立、谭嗣同并称"湖湘三公子"，声名远扬。

甲午以后，维新派主张改革科举，兴办新学。至 20 世纪初，清廷的一些重臣如张之洞、袁世凯也力促废除科举，开办近代新式学堂，以适应世界潮流。于是，各地革新学校制度、改革旧式教育成一时之风。1902 年，湖南开始推行新式教育，谭延闿便在这新式教育蔚然成风的酝酿之中，积极参与兴学。1904 年，入翰林院之后，因其父于翌年去世，谭延闿乃请假南归守制，受湖南新式教育发展的影响，他在长沙积极兴办新式学堂，发展湖南教育，先后担任长沙中路师范学堂监督（相当于后来的校长）和明德学堂总理，不仅与龙绂瑞倡办湖南图书馆，还捐办了简易师范学堂。当时，湖南巡抚甚至以"湖南教育不可一日无谭延闿主持"为由，奏请清廷准许他留湖南办学，而清政府"旋以办学劳绩，免考散馆，以编修留馆，仍办湘学"[1]。兴办新式教育可以说是谭延闿与时俱进的重要表现，这对一个在严格的封建传统教育下成长起来的科举翰林而言，确实是难能可贵的。

他之所以能走向这条革新之路，与其家世渊源和社会经历有关，他的父亲思想较为开明而且"关注民情"、"痛恶列强入侵"、"维护民族权利"，[2] 他所接触的老师又大都具有革新的思想，对他青少年时期的影响颇深。更重要的是，他少年时代随其父走遍大江南北，了解和接触到社会实情，逐渐认识到民族危机日趋严重，激发了他"天下兴亡，匹夫有责"的救亡意识。可以说，正是这样一个中西文化相互冲突、交融，中国社会政治、经济和思想文化等方面历经千

_____

① 《茶陵谭公年谱》，载沈云龙主编《近代中国史料丛刊》第 68 辑，文海出版社 1983 年版，第 63 页。

② 成晓军：《谭延闿评传》，岳麓书社 1993 年版，第 18 页。

年未有变局的时代，为谭延闿走向革新之路提供了条件，而他的个人转变又对促进中国的近代化产生了重要的影响。

二 请愿与组党：推进清末宪政运动

庚子事变以后，清政府沦为洋人的朝廷，民族危机进一步加深，民主革命运动在全国风起云涌。为了维护统治、抵制民主革命，清政府自 1901 年起先后颁布新政，并于 1906 年正式宣布"预备立宪"。在当时的情况下，赞成立宪的占有大多数，而"立宪"也是改良派梦寐以求的政治理想。因此，当清政府宣布立宪，筹设中央资政院和各省咨议局后，江苏、浙江、福建等省便联合组建"预备立宪公会"，响应立宪号召。

1907 年，谭延闿在长沙组织"湖南宪政公会"，积极推行立宪，成为湖南立宪派首领。当时，清政府虽然预备立宪，但主要是由保守派操控，推进速度既缓，民众参与又极少。考虑到实行预备立宪必须先设民选议院，谭延闿遂联合刘人熙、龙璋等 30 余人联名递呈《湖南全体人民民选议院请愿书》，要求清政府速设民选议院、召开国会。

谭延闿在请愿书中表示"明诏颁布以后，迄今一载有余。虽旧制略有变更，而根本大计尚未议及"，这是因为中国法律简略，无以示信而昭统一，且当前一些立法的人都是王公大臣，不能代表人民意愿。因此，"惟有利用代议制度，使人民与国家发生关系，以培养其国家观念，而唤起其政治思想。俾上下一心，君臣一德，然后宪政之基础确立，富强之功效可期"①。而且，由于当时国民的觉悟程度较低，更应该通过民选议院由民众选出议员，真正代表民众意愿，"则事有专司，庶不致人人干预，以紊秩序而挠和平"。同时，议院

---

① 《湖南全体人民民选议院请愿书》，载中国第一历史档案馆《赵尔巽全宗卷》第 219 卷。

作为民众利益的代表，又是国家的监督部门，国家"政令之布施亦不至大逆乎民志，后又可为政府之保证"。只有这样才能伸公道、息流言、张纲纪。如果政府不顺应世界潮流，设民选议院、召开国会、广开言路，使"人民忧时爱国之心既可藉公望而见诸事实，则暴房肆悠之气自无而发生"，势必导致"以长其暴实之气而促其崩溃之患"，"压力愈甚，抵力愈大"①，革命的爆发就无法遏制。因此，谭延闿指出，只有开设民选议院，使人民觉悟程度渐趋增高，召开国会，以"速达民情"于朝廷，才能最终使"人民程度因之增长，国家根本因之巩固"，革命流血之事将可避免。

尽管当时有不少省份组织"预备立宪公会"，但尚未强烈要求清政府速设民选议院、召开国会，以全面推进宪政改革。而谭延闿却敢为人先，以湖南全省人民请愿书的方式，阐述宪政改革的紧迫性与必然性，要求清廷应时势、顺民心，全国为之震动。各地纷纷以谭氏请愿书为榜样，函电朝廷速开国会，各地立宪舆论及活动也如雨后春笋。

在这种情况下，清政府被迫于1907年9月20日宣布在京筹设资政院，"以立议院基础"，并于3日后颁布上谕，"着各省督抚均在省设咨议局"，以为"采取舆论之所……并为资政院预备议员之阶"②。也就是说，清政府关于立宪改革的措施终于有了实质性的进展。至1908年7月，清政府又颁布了《咨议局章程》和《议员选举章程》，全国各地便依据上述两个章程相继成立各省咨议局。

1908年12月，湖南巡抚岑春萱在湖南设咨议办，并成立选举调查研究所，为筹备湖南省咨议局做准备。随后，各厅州县设立选举调查事务所，具体掌握选举调查事宜。1909年6月18日，湖南各地选举议员的投票工作正式展开，据统计，当时共有十万余人参加投票。经过初选和复选两轮投票，谭延闿等82人正式当选议员。由于谭延闿是湖南宪政公会的主要组织者，发起开设议院的请愿书，且

① 《湖南全体人民民选议院清愿书》，载中国第一历史档案馆《赵尔巽全宗卷》第219卷。

② 《清德宗实录》第579卷。

在当时湖南政商学各界均有极高声望，又是翰林出身，遂于 10 月的预备会议上，被选为湖南咨议局议长。在咨议局成立大会上，谭延闿在致辞中表现出一种全新的姿态："咨议局所宜注重之事：一在和衷共济；二在化除畛域；三在言行相顾，而归结于官民合力、去从前上下相隔之弊。"认为"惟公可以去私，惟公可以医隔"。自此，谭延闿也由一个传统的科举翰林，逐渐成为"资产阶级上层——立宪派的首领"。①

在清廷颁布"预备立宪"以后，以谭延闿为代表的各省立宪人士纷纷上书速开国会，然而清政府在 1908 年颁布的《签订宪法大纲》，不仅从多方面确保皇权至高无上，而且预定要用 9 年的时间完成"预备立宪"，充分暴露了清政府假立宪的面目，舆论为之哗然。就在《签订宪法大纲》颁布不久，慈禧和光绪皇帝相继去世，载沣等清朝亲贵专权的倾向日趋加紧，这不仅使得立宪派越来越失望，也加速了各地革命风潮的到来。至 1909 年冬天，各地咨议局"因有联合请愿之举"②。首先是江苏咨议局议长张謇倡议各省组织"国会请愿同志会"，恳请清廷"速开国会，组织责任内阁"，并相继发动三次请愿会，但均告失败。而政府在拒绝了三次请愿之后，竟于 1911 年 5 月成立一个完全违背立宪主旨的"皇族内阁"。于是，一个以要求撤销皇族内阁为主题的请愿运动迅速兴起。

5 月中旬，谭延闿赶到北京，参加立宪派在北京召开的咨议局联合会第二次会议，商讨如何请愿撤销皇族内阁的问题，并被各省咨议局议长推选为大会执行主席。6 月 10 日，由谭延闿主持各省咨议局联合会向都察院呈递《亲贵不宜充内阁总理，请实行内阁官制章程，另简大员组织》的奏折，力陈皇族亲贵不能组织内阁。

谭延闿在奏折中指出"立宪国家，重内阁之组织，尤重总理大臣之任命。其最要之公理，在不令组织内阁之总理归于亲贵尊严之皇族"，"皇族内阁与君主立宪政体有不能相容之性质"，如果皇族

---

① 成晓军：《谭延闿评传》，岳麓书社 1993 年版，第 23 页。
② 《东方杂志》第 6 卷，第 13 号《记载》一，《宪政篇》，第 446 页。

亲贵执掌内阁，一旦被推倒，必"使臣民之心理，忘皇族之尊严。君主之神圣，必有不能永保之虑"①。

然而，想要牢牢控制内阁的清皇族根本没有理会这一奏折。于是，谭延闿再次上书，明确指出"君主不担负责任，皇族不组织内阁为君主立宪国唯一之原则"。但清政府却严斥他们"议论渐趋嚣张"，责令他们"禀遵《签订宪法大纲》，不得率行干请"②。这一上谕使得立宪派群情激愤，谭延闿随后即以各省咨议局联合会的名义发表《宣告全国书》和《通告各团体书》，直指清贵族"名为内阁，实则军机；名为立宪，实则专制"③。并号召海内外的团体派人来京"伏质帝阍，竭力呼吁"④。

1911年6月，谭延闿与各省咨议局决定一个统一的组织——宪友会，设总部于北京，各省设支部。并由江西代表黄为基、江苏代表雷奋、湖北代表张国溶等人草拟章程和政纲，其中政纲的第一条便是"尊重君主立宪政体"，体现了资产阶级君主立宪政体的基本精神。1911年7月，湖南宪友会成立，谭延闿当选为干事，从此，以谭延闿为代表的立宪派宣告他们与清廷的矛盾走向公开化，并最终走向民主革命的道路。

谭延闿把咨议局这一现代政治机构作为实现自己改良政治的一个重要阵地，以咨议局这一民意机关与政府当局据理力争，在许多方面尽力揭露、抵制和反对清廷的反动措施，并期望通过推动清政府的自我改革使中国走向宪政之路。但清政府的腐败和残暴却使得他逐渐走向民主革命的道路，并"转化成为一个资产阶级成分较为浓厚的民族资产阶级上层代表人物，推动着中国民主政治的到来，这是时代环境和客观条件的促使，也是谭延闿本人导求民主政治的结果"⑤。事实上，自晚清提出立宪以来，谭延闿便极力推动，也正

---

① 《东方杂志》第8年，第5号，《中国大事记》，第7—8页。
② 《宣统政纪》第55卷，第12页。
③ 《国风报》第2年，第14期，《文牍》，第73页。
④ 《国风报》第2年，第16期，《文牍》，第80页。
⑤ 成晓军：《谭延闿评传》，岳麓书社1993年版，第36页。

是谭延闿的上书和主持，促使全国范围内立宪派人士及其团体逐渐走向公开化、组织化的立宪运动，并最终为迎合民主革命的到来做了准备。

三　走向革命：坚持反清共和政治路线

立宪派的数次请愿活动遭到清政府的严词拒绝以后，谭延闿等人对清政府假立宪、真专制逐渐反感，开始走向与封建专制相反的道路，表现出赞助革命的倾向。而对于谭延闿来说，其内心早已"对于时势有一种紧急自卫之意"①。

谭延闿像

1911 年 10 月 10 日，辛亥革命爆发，10 月 22 日，湖南起义，长沙光复。当晚，参加起义的各界代表齐集于湖南咨议局举行会议，选举新的政府领导人。谭延闿在会上表示"满清政府腐败，贿赂公行，非亡不可"，"今日民穷财尽，危机四伏，我们若不再革命……中华有亡国之惨"②。表明了他革命反清的思想。会上，革命党人焦达峰、陈作新被推为湖南军政府正、副都督，主持湖南政务。但立宪派认为"民国成立，应当提倡民治"，遂举

---

① 《时报》宣统三年四月十六日。
② 粟戡时：《湖南反正追记》，湖南人民出版社 1981 年版，第 14 页。

谭延闿为参议院院长兼民政部长，并试图以此牵制都督。10 月 26 日，同盟会领导人之一的谭人凤到湖南，主张取消立宪派把持的参议院和民政部，权力集中于都督，谭延闿被迫辞职。于是两派矛盾产生，并最终致使湖南都督焦达峰、陈作新二人被杀。为了维护湖南的革命成果，在湖南政商学界人士和革命党人支持下，谭延闿被推选为湖南都督，开始了他第一次督湘的生涯。

谭延闿当选湖南都督之后，基本上维持了焦、陈政权现状，并未在人事安排方面做牵动全局的变动，一些重要的革命党人也被委以军政要职，从而迅速稳定了当时湖南的局势，对支援武汉的艰难战局起到了重要作用。

与此同时，为确保武昌首义之区的胜利果实，彻底推翻清政府，谭延闿一方面直接支援武汉的革命战争，一方面又通过自己的各种关系策动其他各省响应起义。首先是 10 月 28 日，谭延闿自香港经上海到达武汉，亲自坐镇指挥武汉保卫战。继而在 11 月下旬武汉形势危急的情况下，先后派出三批湘军增援，并派梅馨部与广西军队组成湘桂联军，积极支援湖北，且"以新募之兵留守省垣"，而将训练有素的精锐悉数北上，"以便早歼清兵。勘定大局"。当时有人说，"阳夏之战，将及月余，民军中之援鄂者，以湘军最得力。九月初旬，非湘军冒死力御，汉阳即已不守"。① 谭延闿还筹备大量军需物资、钱款和粮油运往武昌，支持黄兴的革命军队。其中"子弹数十万发"，"机关炮、机关枪"一批，米 1.3 万石、面粉 500 袋、油 380 篓，② 他还号召湘省绅、商等各界踊跃捐运钱物，以应燃眉之急，并极力赞同在上海设立筹饷机关，"所冀各省各界热心救国协力助响，不先限认多寡，但求胜军速达北伐圆快之目的"③。

在竭力支持武汉革命战争的同时，谭延闿还多方动用关系，策动其他各省独立。如利用刘人熙与广西藩司王芝祥妻弟的师生关系，

① 郭孝成：《湖南光复纪事》，载《中国革命纪事本末》，商务印书馆 2011 年版，第 2 编。

② 曹亚伯：《武昌革命真史》下册，上海书店 1982 年版，第 481 页。

③ 《民立报》1911 年 12 月 6 日。

促成广西独立；利用福建新军统制孙道仁的湘籍身份，促成福建独立；另有甘肃、广东、安徽等省独立均与谭延闿的去电去函不无关系。谭延闿积极支持辛亥革命，在武汉保卫战中所做出的贡献，对巩固武昌革命基地，推动全国革命形势发展起了较大作用。

然而，就在革命胶着之时，清廷起用袁世凯镇压革命。但袁世凯一方面逼迫清政府给予他更大的权力，一方面又与革命派且打且谈，玩弄和谈的阴谋，企图"招抚"革命派。对此，谭延闿明确表示，"倘袁使不承认颠覆满清政府，建立共和民国，即请毋庸开议。盖民国不成，第二次革命即当继起。"①从这里可以看出，谭延闿至少在推翻清政府的专制统治、建立现代民主政府上是坚决彻底的。

1912 年 1 月 1 日，中华民国成立，孙中山就任临时大总统，并表示要"尽扫专制之流毒，确定共和，以达革命之宗旨"。由于当时革命派的势力不足以完全抗衡袁世凯，加上帝国主义从中干涉，"南北和谈"遂为各方所接受。但袁世凯此前并未明确承认民主共和，为维护革命的成果，谭延闿乃致电孙中山和黄兴，主张限期停战和谈，其间必须解决"君主民主"问题，以"免自弃全功"②。

由于袁世凯逼迫清帝退让，并宣布赞成共和，达到了辛亥革命的目的。加之长久以来的战争使得人民生活在水深火热之中，不断的内耗也不利于国家强大，抵御外侮。因此，谭延闿开始转向支持袁世凯，全力同心建设"统一共和新国家"。至此，我们可以看出，谭延闿自立宪主张为清政府彻底拒绝之后，就始终坚持"反清共和"的路线。他在武昌首义之后全力支持革命，促使全国革命高潮的到来；为维护革命胜利果实，坚持要袁世凯以承认颠覆满清政府，建立共和民国作为和谈的前提。其所作所为，为结束两千多年的封建君主专制制度，推进中国现代民主政治做出了重要贡献，基本顺应了资产阶级民主潮流，符合时代前进的步伐。

---

① 《民立报》1911 年 12 月 19 日。
② 《民立报》1912 年 1 月 14 日。

民国建立以后，谭延闿认为既已建立民主政体，就当举全国之人力物力，同心建设国家。为此，他开始在湖南实施资产阶级民主政治，进行一系列改革。但在袁世凯假共和、真专制的面目迅速暴露后，谭延闿随即投入维护共和的斗争中去。

1913 年 3 月 20 日，想要北上组织内阁以防止袁世凯专权的宋教仁在上海被刺身亡。"宋案"的发生，彻底揭露了袁世凯的独裁面目，"全国人心鼎沸，国贼国贼之声，震于寰宇"①，武力讨袁遂成为主流舆论。随后，孙中山和黄兴等人举起"二次革命"的大旗，发动武力倒袁的斗争。为了维护自己的统治，袁世凯一面加紧军事部署，一面又以各种借口诋毁国民党，罢免由国民党掌握军政大权的各省都督，如江西都督李烈钧、湖北都督胡汉民、安徽都督柏文蔚等，想要彻底消除国民党的军事力量。1913 年 7 月 12 日，孙中山命李烈钧自上海回江西召集旧部，成立讨袁军总司令部，二次革命正式拉开序幕。随即江西、江苏、安徽、上海、广东、福建等省宣布独立，由于湖南的地理位置十分重要，孙中山、黄兴等人乃多次电促谭延闿参加革命。然而，谭延闿在这种革命形势下，并没有马上宣布湖南独立，而是以调停者的身份"伏望大总统开诚布公，与民休息"②。遭到了革命派及当时社会舆论的质疑，在"二次革命"中扮演了不光彩的角色。③

然而，正如上面所分析的，谭延闿的出发点在于尽量维护国家的统一和社会的安定，民国刚立，民主政治稍有起色，他"为顾全大局，不忍再睹兵祸"，因而多方周旋，冀图袁世凯能开诚布公，而国民党人也能以得之不易的民主共和大局为重，用政党政治和法律来解决问题。但最终袁世凯独裁专制的面目暴露于世，谭延闿遂宣布"与袁贼断绝关系"。7 月 25 日，谭延闿宣布湖南独立，并发表《湖南讨袁之宣言》，历数袁世凯"违背国法，复帝制"的 20 条罪状，随即举兵讨袁。事实上，当谭延闿确定要讨伐袁世凯以后，

① 石芳勤编：《谭人凤集》，湖南人民出版社 1985 年版，第 414 页。
② 易国干等：《黎副总统政书》，（台湾）文星书店 1962 年版。
③ 成晓军：《谭延闿评传》，岳麓书社 1993 年版，第 108 页。

其军事行动并未稍逊于其他各省，不仅召集多路军队四处进兵，而且联络其他各省"联翩奋起，慷慨同仇"。

"二次革命"最终因革命力量尚不足以抗衡北洋军队而告失败，然而对于谭延闿来说，其内心本是希望各派妥协、同心建设我们这个用鲜血换来的民主政权，造就一个富强的国家。这本无可厚非，对于多灾多难的百姓而言乃是幸事。但袁世凯的虚伪和革命形势的发展却是谭延闿所不曾意料，最后不得不顺应革命潮流，讨伐袁世凯，维护民主共和。"二次革命"失败后，谭延闿被电令"入京待罪"，幸得黎元洪从中调和，方才逃过一劫。此后，谭延闿往返于青岛和上海之间，过着颠沛流离的"寓公"生活，但他并没有因此消极，而是一边研读孙中山的"三民主义"学说与《建国方略》，一边关注国家政局变化，寻找施展自己抱负的机会。

镇压"二次革命"以后，袁世凯便加紧了复辟帝制的步伐，先后解散国会，撕毁《临时约法》，并在北京筹安会的鼓吹之下于1916年元旦正式复辟帝制，改年号为"洪宪"。袁世凯的倒行逆施激起全国人民的反对，在孙中山等的策划下，蔡锷首先在云南竖起护国运动的大旗，随后贵州、广西、四川等省宣布独立、讨袁护国。在全国一片反对声中，袁世凯众叛亲离，不得不于3月22日结束了他的黄粱美梦，最后在全国人民的唾骂中死去。这期间，谭延闿则积极支持护国运动，反对复辟帝制，并在湖南组织"湖南护国军第一军"，将袁世凯在湖南的走狗汤芗铭驱逐出湘。

袁世凯死后，北洋政府内争不断，1917年3月，黎元洪与段祺瑞发生"府院之争"，之后黎元洪便邀张勋北上"调停"。谁知张勋拥戴溥仪，于7月1日发动复辟丑剧，遭到全国人民的反对。翌日，谭延闿即发表电文称张勋是"大盗卖国，殊堪愤恨"，"破坏共和，颠覆民国，举诸先烈艰难缔造之山河，四百兆休戚与共之生灵，沦为私产，视同奴隶"。因此，他愿"谋率三湘军民，秣马厉兵，以为前驱"[①]。明确表示他维护民主共和，坚决反对帝制复辟。在他的组

---

① 湖南《大公报》1917年7月4日。

织下，长沙发起拥护共和万人大会，声讨张勋复辟。紧接着，谭延闿又向各省军政要人发出通电，称"国体既采共和，三权莫先立法，稍知政治，莫不谓然"。因此，"欲肃纲纪，欲灭横暴，不能去此恶瘤，终将贻毒全国"。①

与此同时，他首倡全国北伐讨逆之举，一面通电全省戒严，一面发布出师讨逆令，并联合宁、赣、粤、桂、滇、黔、蜀各省一致出师。张勋复辟的闹剧很快在全国人民讨伐声中破灭，谭延闿在这次反对张勋复辟中可以说是旗帜鲜明、态度坚决，充分反映了他维护民主共和的决心。

在粉碎张勋复辟之后，谭延闿为使民主共和长久计，还提出三点意见，即内阁组织不得参用帝制余孽；用人行政须化除党派畛域之见；取消清室优待条件及宣统帝号并退出宫禁，以除后患。②

四　三次督湘：首倡制宪自治

自1912年7月执政湘省以来，谭延闿除了以行动积极维护民主共和政治外，也对湖南的政治、经济、文化教育等各个领域进行了一系列改革，对湖南社会经济产生了很大的影响。同时，他在湖南践行的资产阶级民主政治也很有代表性。

1912年7月，谭延闿被北京政府正式任命为湖南都督，后又兼任湖南省民政长，这是谭延闿第一次执政湘省。这期间，谭延闿还加入同盟会，并在同盟会改组为国民党之后，被选为参议，并任国民党湖南支部长。由于民国建立，革命的目标初步实现，如何在民主制度的框架内建设国家便成为谭延闿思考的首要问题。为此，他进行了一系列改革。

首先是建立起立法、司法、行政三权分立的资产阶级政权模式。

---

① 上海《中华新报》1917年7月5日。
② 湖南《大公报》1917年7月24日。

从 1912 年 9 月开始，谭延闿便主导湖南省、县议会和国会议员的选举工作，至 1913 年 2 月，全省各级选举工作圆满完成，产生了省、县议会和国会议员，建立起较为健全的立法机构——省议会和县议会。同时，建立起专门化的司法机构，设立地方检察、审判两厅，并颁布《律师章程》，成立长沙律师协会，从而初步形成了由检察、审判、辩护三个环节有机组成的近代司法制度。

其次是支持创办各类报纸杂志，允许言论自由。辛亥革命前，湖南仅有《长沙日报》等少数几家报纸，谭延闿继任都督后，积极支助创办各类报纸杂志，相继有《国民日报》、《大汉民报》等 10 多种报纸杂志创办，这些报纸杂志在抨击封建主义残余，揭露袁世凯专制独裁方面起了积极作用，为民国初年湖南的政治、经济和文化教育等方面的改革大造舆论。

第三是改革财政，一是通过举办国民捐，解决财政困难，避免举借外债。二是颁布《湖南田赋新章》，改良田赋征收办法。三是改革食盐引销成例，杜绝奸商从中渔利，增加政府财税。四是积极主张开办中央银行，借以整顿财政金融，振兴实业。他认为"国民生计日艰，国家财政日窘"，究其原因，就在于"我国金融机关未能整理"，必须通过设立中央银行，利用推行币制之机，吸收现资，使财政统一、实业振兴，才能使中国"与列强之财政经济取同一之趋势"。① 此外，谭延闿倡办实业，积极创办工矿企业，对商品经济采取保护政策，鼓励资本主义经济的发展，使湖南在民国初年呈现出工矿业和商品经济的空前活跃景象。谭延闿在湖南积极推行资产阶级民主政治，在政治、经济、文化教育等各方面都取得了诸多成绩，后来有美国人评价说"在 1912 年的环境里，谭延闿的政权代表了在中国的开明进步道路。湖南，作为新的国民党（它由同盟会和一系列较少的改良主义政党所组成）的一个据点，使劲地反对袁世凯集中官僚权力和财政经济。都督主动地鼓励资产阶级工业化，在教育、

---

① 湖南省社会科学院：《黄兴集》，中华书局 1981 年版，第 303 页。

司法改革和禁止鸦片方面作出了重大努力"①。

1916年，袁世凯在孙中山、蔡锷等人的护国运动中死去，民主共和得以维护。谭延闿因积极支持护国运动、反对袁世凯封建复辟帝制，而被任命为湖南省长兼督军，再度执掌湘政。为了继续实施他在第一次督湘期间的政治、军事、经济和文化教育等诸多改革方案，谭延闿又进行了内部改革。其内容主要包括军事上裁减和改编湘军，稳定湘省政局和社会秩序。文化教育方面尽力恢复、调整和新建中等教育，并从经费上大力支助各地教育事业，同时设立各县劝学所、鼓励兴办新式学校和出国留学。工矿实业方面，制订发展矿业计划，并改组矿务隶属性质、整顿矿业管理方法。另外还整顿和改革财政税收及严禁鸦片等。由于这一时期南北战争激烈，谭延闿采取南北依违的策略，以有利于自己在湖南的改革，其主要目的还是维护自己的统治，但另一方面也反映了他希望在一个民主统一的环境里进行全方位的改革，实施资产阶级民主政治的想法。

张勋复辟破产以后，段祺瑞就任北洋政府国务总理，企图取消国会，废除民元约法，曾公开宣称："一不要约法，二不要国会，三不要旧总统。"②1917年9月1日孙中山掀起"护法运动"。11月初，谭延闿宣布支持孙中山。1918年7月，护法军政府任命谭延闿为湖南督军，在湖南发起反对张敬尧的"驱张运动"。1920年，谭延闿就任湖南督军、省长兼湘军总司令之职，第三次掌政湖南。

由于连年战争，湖南人民希望休养生息，恢复民气，因此赞成当时全国流行的"民治"、"省治"主张。如毛泽东等人就提出："今后要义，消极方面，莫如废督裁兵；积极方面，莫如建设民治。"③ 希望谭延闿"能遵守民治主义，自认为平民之一，干净洗脱其丘八气、官僚气、绅士气，往后举措，一以三千万平民之公意为

① ［美］周锡瑞：《改良与革命》，江苏人民出版社2007年版，第291页。
② 《民国大新闻报》1917年7月22日。
③ 《毛泽东早期文稿》，湖南出版社1995年版，第488页。

从违"。①舆论界也极力主张"湘事湘人自决",希望谭延闿等人"废督裁兵,钱不浪用,教育力图普及,三千万人都有言论、出版之自由"。②

考虑到民意与维护自己统治的实际需要,谭延闿乃于7月22日通电全国,表示:"民国之实际,纯在民治之实行。民治之实际,尤在各省人民组织地方政府,施行地方自治,而后权分事举,和平进步,治安乃有可期……爰本湘民公意,决定参合国会讨论之地方制度,采用民选省长及参事制,分别制定暂行条例,公布实行。"③

8月22日谭延闿再次通电,主张实行联邦制,民选省长,成为联省自治运动的先声。9月13日,谭延闿邀请湘省官绅召开自治会议,开始制宪工作,后决定由省议会制定"宪法会议组织法",然后再召集"制宪会议"。10月4日,湖南省各界联合会召开会议,正式商请谭延闿召开湖南人民宪法会议。次日,湖南各界代表龙兼公、毛泽东、何叔衡等370余人联名在长沙《大公报》上发表《由"湖南革命政府"召集"湖南人民宪法会议"制定"湖南宪法"以建设新湖南之建议》,主张由以谭延闿为首的湖南省政府联合各团体召集"人民宪法会议",制定湖南宪法。10月12日,谭延闿召集各学校校长,各团体代表及报馆经理、请愿代表等60多人召开联席会议,讨论湖南自治问题,表示同意召集人民宪法会议,由各公团各举代表共同起草湖南宪法会议组织法。

由于谭延闿害怕由各团体来起草宪法会对己不利,因而利用"自治期成会"等一些御用团体以公团名义联合建议的方式,建议省政府准请省议会负责起草《湖南人民宪法会议组章程》,遭到了湖南各界的反对,谭延闿也陷入舆论的被动,赵恒惕乘机掀起"倒谭"活动,谭延闿被迫辞职,扫兴离湘。

尽管谭延闿在湖南的制宪自治运动因维护自身的利益而演变为

① 《毛泽东早期文稿》,湖南出版社1995年版,第491页。
② 《湖南近百年大事记述》,载《湖南省志》第1卷,湖南人民出版社1959年版,第412页。
③ 湖南《大公报》1920年8月18日。

"官办制宪"，遭到湖南各界的反对，加上当时政治、经济等条件不允许，谭延闿在湖南的"制宪自治运动"最终流产。但他首倡制宪自治，使湖南成为民初"联省自治"运动的实践发端，时人认为"湖南省宪，开中国联省自治之先河，将媲美于欧美"①。而谭延闿所倡导的制宪自治在客观上促进了各种公民社团为公民制宪的实现奔走呼号，在宪政精英的率领下，开展起轰轰烈烈的公民制宪运动。因而，湖南制宪自治运动在相当大的程度上传播了宪政理念和民主意识，培养和锻造了一大批具有初步宪政理念和民主自治能力的知识分子，为推动中国现代宪政的发展奠定了群众基础和人才条件。②

五　追随孙中山：推动国民大革命的完成

　　早在二次革命失败后，谭延闿便曾研读过孙中山的"三民主义"学说与《建国方略》，并认为革命领袖非孙公莫属。在护法运动时期，孙中山亦表示希望谭延闿"时锡南针，共定国是"，明确主义，忠心支持他的革命事业。③ 因此，第三次督湘失败后，谭延闿开始追随孙中山，并在孙中山逝世后，为完成国民大革命，实现国民政府形式上的统一做出了重要贡献。

　　1922 年 6 月 15 日，广东军阀陈炯明发动政变，炮轰总统府，8 月孙中山被迫离开广州到上海，当时正在上海的谭延闿即赶紧到码头迎接，并连续数周前往孙中山的公寓晤谈，彼此间的了解日益加深。11 月 15 日，谭延闿在上海孙中山住宅内加入国民党，表示要追随孙中山救中国。从此，他积极支持孙中山的国民革命，不惜将他在 1921 年变卖家产"所得价五万元，悉以捐献总理作为军精之

---

① 李云杭：《湖南省宪实施之保障》，长沙《大公报》1922 年 1 月 7 日。
② 丁德昌：《民初湖南省宪自治研究》，博士学位论文，华东政法大学，第 284 页。
③ 中国社科院近代史所：《孙中山全集》第 5 卷，中华书局 1990 年版，第 427 页。

助"。①此外，谭延闿一方面拒绝北洋军阀所任命的内务总长之职，一方面又通电断绝与西南军阀的关系，并召集湘军万余人，讨伐陈炯明，得到孙中山的器重。

1923 年 2 月 15 日，谭延闿随孙中山一起乘军舰到广州，21 日孙中山在广州成立大元帅府，组织广州大本营，并任命谭延闿为内政部长。5 月 7 日，又改任他为广州大本营建设部长兼秘书长，政治地位日渐提高。当时，主政湖南的赵恒惕暗中勾结陈炯明破坏孙中山的北伐大业，并企图在稳定湖南之后，全力进扰广东革命根据地。于是，孙中山乃于 1923 年 7 月 16 日，任命谭延闿为湖南省长兼北伐讨贼联军总司令，北上讨伐赵恒惕。8 月中旬在衡阳召开的全省 22 公团欢迎大会上，谭延闿做了以孙中山的三民主义为旗帜，号召各方人士迅速行动起来，参加讨赵斗争的演说，指出"中山的三民主义、五权宪法，是医治中国的良药"。得到不少存有观望心态湘军将领的支持，赵恒惕自知大事不妙，悄悄离开长沙。于是，谭延闿不战而得长沙。至 11 月，陈炯明侵犯广州大本营，形势危急，谭延闿奉电后，"星夜赴援"，指挥其所率领的湘军全力保住广东革命根据地。也因此，在 1924 年 1 月 20 日于广州举行的第一次国民党代表大会上，谭延闿当选为中央执行委员会委员，任建国湘军总司令，成为国民党主要领导人之一。

1923 年，孙中山已经确定了"联俄、联共、扶助农工"的三大政策，并准备改组国民党，而此时革命形势也蓬勃发展。但陈炯明妄图在直系军阀的支持下推翻孙中山在广东建立的革命政权。为了彻底肃清陈炯明的叛军，1924 年元月，孙中山命谭延闿再次东征陈炯明。2 月 13 日，谭延闿正式召集湘军将领誓师出发，湘军连战告捷。后因江浙战争爆发，孙中山认为北伐的最佳时机到来，乃于 9 月 4 日在大本营召开会议，决定湘军全部参加北伐，并任命谭延闿为北伐军总司令，出师北伐。10 月 23 日，冯玉祥发动北京政变，并

---

① 《茶陵谭公年谱》，载沈云龙主编《近代中国史料丛刊》第 68 辑，文海出版社 1983 年版，第 113 页。

电请孙中山北上主持大计，11 月 4 日孙中山应邀北上"共筹统一建设之方略"。并规定"所有大本营关于北伐事宜，着由建国军北伐总司令谭延闿全权办理。北伐各军概归节制调遣"。由此，可以看出孙中山对谭延闿这个在革命斗争最艰难时期始终追随自己，充当军事和政治助手的特别信任及谭氏在孙中山的政治阵营中所占有的地位。

　　1925 年 3 月 12 日，孙中山先生在北京病逝，噩耗传来，谭延闿不胜悲恸，他在祭文中称赞孙中山生"为东方民族而生"，死"为东方民族而死"，"先生之志，牺牲愈大，即民族之辉放愈可期"。并表示"湘军将士谨遵遗训从事努力奋斗，誓必扫除一切国际帝国主义、一切国内军阀及剿灭叛逆之陈炯明，以慰在天之灵而后已"①。为了表示继承孙中山遗志，谭延闿与胡汉民等人于 3 月 21 日通电全国，表示要"秉承孙中山主义及遗嘱，继续努力，在合法政府未成立前，仍赓续成规，以完成国民革命之工作"。同时，胡汉民、谭延闿在广东维护革命根据地，坚持孙中山制定的"三大政策"。

　　自 1923 年追随孙中山以后，谭延闿可谓言听计从，忠心耿耿，为开创广东革命根据地、巩固和发展孙中山苦心经营的国共合作而形成的革命形势做出了贡献，也奠定了谭延闿在国民党乃至后来国民政府中的地位，1925 年 7 月 1 日，广东革命政府改组为国民政府，谭延闿被选为国民政府常务委员及国民政府军事委员会委员。1926 年 1 月 4 日，中国国民党第二次代表大会在广州召开，谭延闿被选为军事委员会常务委员、中央执行委员、中央执行委员会常委。后来汪精卫离职出国，国民党政治委员会决定由谭延闿代理国民政府主席。4 月 16 日，国民党中央党部及国民政府召开联席会议，推选谭延闿为政治委员会主席，蒋介石任军事委员会主席。1928 年 2 月，国民党召开第二届中央执行委员会第四次全体会议，谭延闿被选为中央执行委员会常委、国民政府常委、军事委员会常委，并任国民政府主席。8 月 8 日国民党第二届中央执行委员会第五次

---

　　① 孙中山先生葬事筹备处编：《哀思录》（一），民国铅印本，第 143、144 页。

全体大会在南京正式开会，谭延闿被推为政治会议委员。10 月 3
日，被选为五院组织法起草委员之一。10 月 8 日，中央政治会议
通过国民政府组织法，推蒋介石为国民政府主席，谭延闿为首任
国民政府行政院院长。

　　孙中山逝世后，谭延闿继续坚持既定方针，以维持国共两党合
作的现状为己任，"以亲俄为政治手段"。当时，杨希闵、刘震寰等
企图叛乱，谭延闿与廖仲恺为首的国民党中央确定了平叛方针，并
亲自参与实施平叛的具体战略计划，最终为平定杨、刘叛乱，维护
国共合作，扭转广东革命根据地危殆局势起到了关键作用。1925 年
3 月，陈炯明第二次侵犯广州革命政府，为了保护革命的"策源
地"，谭延闿根据孙中山生前制定的统一两广方针，积极与桂系的李
宗仁、黄绍竑商议两广统一问题。最终促使广西接受国民政府的命
令，实现两广统一，为后来的北伐奠定了坚实的基础。随着北伐的
胜利进军，国民党内部的右派分子开始破坏国共合作，企图将共产
党清除出去。首先是 1925 年底西山会议派公开进行分裂活动，要
"解决共产派"。对此，谭延闿等决定召开国民党一届四中全会，指
出西山会议"于党于法皆不合，于国尤不利"。① 这次会议修改了国
民党党纲，并通过了《中国国民党第二次全国代表大会宣言》，明确
表示其政策、政纲均仍秉承先总理孙中山遗教，重申了反帝反封建
的革命纲领。此后的国民党二届二中全会上，谭延闿参加了《整理
党务第一决议案》和《整理党务第三决议案》的提出。该提案指
出：要将国民革命进行到底，求得势力之集中和将革命圆满完成，
就必须"与国内各阶级革命分子联合"，并且承认"中国共产党为
革命集团"。这些都说明，谭延闿始终坚持并贯彻孙中山的主张，坚
持孙中山的既定方针，维护国共合作的成果。

　　1926 年 7 月，北伐开始以后，谭延闿起草《为国民革命军出师
北伐宣言》，指出："中国人民一切困苦之总原因在帝国主义侵略及
其工具卖国军阀之暴虐，中国人民之唯一的需要去建设一人民的统

一的政府……本党为实现中国人民之唯一的需要——统一政府之建
设——为巩固国民革命根据地，不能不出师以剿除卖国军阀之势
力。"① 随后，谭延闿就任第二军军长，亲自参与轰轰烈烈的北伐战
争。直至国民政府迁都武汉期间，谭延闿一直持左派立场，遇事常
与共产党商议，维护国共合作，推动了国民大革命的顺利进行，为
国民政府最终实现全国统一做出了重要贡献。但 1927 年"马日事
变"以后，谭延闿逐渐向右转，并在促成宁、汉合流，支助蒋介石
重掌国民党军政实权的问题上起了不可低估的作用。

　　1930 年 2 月 22 日，谭延闿因脑溢血不治身亡，终年 50 岁，国
民政府明令褒扬，全国下半旗三日，停止娱乐宴会。9 月 25 日，国
民党中央政治会议决定为谭延闿举行国葬。1931 年 9 月 4 日，举行
国葬时，蒋介石特意从武汉赶回南京主祭，遗体安葬在南京紫金山
中山陵旁边，并发行纪念邮票。1933 年 1 月 9 日，南京钟山举行谭
延闿纪念堂落成典礼。

〰〰〰〰〰〰〰〰〰〰〰〰〰〰〰〰〰〰〰〰〰〰〰〰〰〰〰

　　谭延闿是一个在严格的封建传统教育中成长起来的科举翰林，他本可
以在仕途中安度一生，但是他所处的时代和他的教育经历及个人性格交相
融会，使他在中国历经最剧烈变化的一段时期里，不断地跟着时代改变自
己的思想。国家民族的危机，唤醒了他"治国平天下"的士大夫情节，他
从此为民族危亡而奔走于政坛，成为资产阶级的上层代言人，成为资产阶
级立宪派的主要人物。这一时期，在革命条件尚不完全成熟的情况下，他
所表现出来的反对封建专制、反对帝国主义侵略行动，同样顺应了历史发
展的潮流。在立宪彻底失败之后，谭延闿转向革命，顺应时代步伐，并在
促成湖南成为首义之区，支持武昌革命斗争方面发挥了重要的作用。

---

　　① 孙彩霞等编：《中国国民党历次代表大会及中央全会资料》（上），光明日报出版
社 1985 年版，第 54 页。

　　尽管谭延闿犯过不少错误，但反对专制独裁、坚持民主共和的思想始终没有根本动摇，也使得他最终追随孙中山，支持三民主义，并在孙中山去世后的一段时间里，继承"联俄、联共、扶助农工"的三大政策，为推进国民革命的深入发展和维持国共两党合作的局面做出了积极的贡献。

　　总之，谭延闿由于性格圆滑、多次妥协的原因，备受争议，但在推翻清朝专制、维护民主共和以及推动中国政治现代化的过程中发挥了重要的作用。他前期的妥协和后期的右转毕竟是次要的，而他对推进中国的政治现代化进程所产生的作用才是主要的。

杨度　宪政曲径，桑榆未晚

杨度，因其曾支持袁世凯称帝，是一位饱受争议的政治家。他一生都在追求中国社会的进步，君主立宪主张曾是他政治思想的核心内容。在特定的时代，他的君主立宪主张有其合理性。但是，当事实一再证明这条路走不通的时候，杨度毅然寻求光明大道，转而接受马克思主义，为中国政治现代化发挥余热。

　　杨度是中国近代史上一个奇特的政治家，早年既坚持自己的政治现代化主张，又与中国截然对立的政治派别相互往来。他与康有为、梁启超、黄兴是好友，跟汪精卫、蔡锷、齐白石是同学；他支持袁世凯称帝，入过佛门，赞同孙中山共和，救过李大钊，做过杜月笙的清客，最终由潘汉年介绍、周恩来批准，秘密加入中国共产党。他由主张"骚乱"革命，到坚持君主立宪，到支持孙中山的民主共和，最终信仰马克思主义，在中国政治现代化的道路上留下了自己艰难而曲折的印记。

一　新学勇士，支持"骚乱"变革

杨度（1874—1931），原名承瓒，字皙子，后改名度，别号虎公、虎禅，又号虎禅师、虎头陀、释虎，湖南湘潭姜畬石塘村人。像大多数读书人一样，杨度早年在科举考试制度中奋力挣扎，谋求自己的出路。光绪十八年（1892年）考取秀才。次年，中顺天府乡试举人；以后参加了两次科举会试均落第。会试期间恰逢公车上书，他亦附和，并认识了梁启超、袁世凯、徐世昌等人。1895年，会试还乡后，杨度师从衡阳东洲、船山书院一代名儒王闿运，王亲自到杨家招其为学生。与王闿运同门的还有夏寿田、八指头陀、杨锐、刘光第、刘揆一、齐白石等人。

王闿运与杨度师生关系亲密，杨度深受王的喜爱。王闿运在《湘绮楼日记》中常称杨度为"杨贤子"。杨度在王门学了3年，受王闿运帝王学说影响较大，这对他之后的君主立宪思想产生了一定的影响。他曾对友人说："余诚不足为帝王师，然有王者起，必来取法，道或然与？"杨度才华超众，在十三四岁时就已赢得一代名儒王闿运呼之为"神童"的赞誉，尽管后来师生间曾发生一些分歧，但杨度对王闿运一直非常尊重。王闿运去世后，杨度作挽联悼念：

> 旷古圣人才，能以逍遥通世法；
> 平生帝王学，只今颠沛愧师承。①

杨度在晚清文坛卓有建树，但他却更渴望在治国安邦上施展才华，在学问事功上孜孜以求，不断追求上进，渴望实现自己的政治抱负。他在给朋友的信中批评自己过于狂傲，有"赋性褊隘，号为

---

① 《挽王湘绮师联》，载刘晴波主编《杨度集》（二），湖南人民出版社2008年版，第612页。

狂生"，"自恨性狷，不能容物"的缺点。为了克服这一缺点，杨度自己"日自克厉"，"无日不以自省"。[①] 杨度在早年的日记中把自己看作一位具有"千秋王佐材"的"潜龙"，对自己的政治才能充满信心。

杨度书法扇面

随着时局的变化，新学在晚清大地遍地开花。在科举名利场搏击过的杨度，思维敏捷，视野开阔，很快就接受了新思想、新事物。

在顽固守旧与改良维新的对峙中，杨度毅然敞开胸怀拥抱新学。光绪戊戌年（1898 年），湖南新政，谭嗣同、熊希龄、唐才常、梁启超在长沙兴办时务学堂，杨度与蔡锷、刘揆一等人同在时务学堂听课、讨论国事。受西学的熏染和影响，他的思想逐渐变化。

杨度以前在日记中称西方为夷狄，称日本为楼奴，后来则称洋人、洋务、洋学和西人、西务、西学、西国等，并赞美西方国家科技先进，"兵家利器，无过西洋"。

杨度倡导新学的思想，与王闿运的帝王之学发生矛盾。光绪二十八年（1902 年）正月二十二日，杨度与王闿运讨论"王霸之别"与"今日夷务应付之方"。王闿运以为"夷人不必畏"，但杨度对王阔运之说不以为然，并加以驳难。分歧明显，王阔运便"不与之言"。尽管遭到为师的反对，但杨度毅然选择与时俱进。同年，他不顾王阔运的劝阻，东渡日本，进入东京弘文书院师范速成班学习。

经过半年的游学，杨度由传统的士绅转变成新式的知识分子，他的价值观念和思维方式发生了巨大的变化，并主张以革命救国。

在弘文书院师范速成班结业会上，日本高等师范学校校长嘉纳治五郎发表了贬低中国人的言论，其实质是为帝国主义殖民主义辩护，反对中国日益兴起的民族民主革命。杨度当场与他就国民性问题、教育问题、中国汉族与满族统治的关系、政治改革与方式方法、学术改革等问题进行了针锋相对的辩论。

杨度满怀爱国激情地指出："吾以为日本、满洲、支那皆为黄种，皆为同胞，而必相爱、相护、相提携、相联络，以各成其独立，使同列于平等之地，而后可与白人相抗争。"① 他认为，不能以种族优劣"伸彼而抑此，主彼而奴此"。

杨度强调，中华民族要改变落后挨打的状况，必须实行政治变革。否则，"不足以鼓起全国之民气，使之破除陋习，发扬蹈厉，以言思想之自由，而其程度得一进千里之势也"。实行政治变革，将不可避免地导致政治动乱，但是，如果一个国家仅有和平而无进步，不如骚动而进步。在满洲贵族的腐朽统治下，中国陷于危亡的境地，要使中国人民于"百亡之中而求一存"，必须实行革命和变革。

杨度在《游学译编》的序中指出：自从法国发生大革命风暴，演变为全欧洲革命，于是"思想言论以自由而日发达，遂成今日如锦如荼之世界"。但百多年来，中国进步甚少，中国人被外人诋毁为世界最不进化的人种。中国要改变"不如人"的状况，必须发愤图强，才能"一洗数千年之昏暗"。②

----

① 《支那教育问题》，载刘晴波主编《杨度集》（一），湖南人民出版社2008年版，第64页。

② 《〈游学译编〉叙》，载刘晴波主编《杨度集》（一），湖南人民出版社2008年版，第83—84页。

当时的许多留日学生称赞杨度的反帝救国主张"至为透辟",一些人自此对他"推许备至"。戊戌年高中榜眼的夏午怡曾宣称:"平生推佩,惟有杨郎。"

1902年11月,杨度归国后,继续宣扬反帝、反满革命的政治主张。王闿运的大儿子王代功在《湘绮府君年谱》中记载,杨度透露"欲抹杀君父,以求自立新学"。杨度的言论引起了一些顽固派的惊慌,甚至有人弹劾他,要求拿他问罪。

为了在政治上有所建树,极力批判过清政府的杨度仍参加科举考试,希望借此跻身政坛,实现自己的理想和抱负。光绪二十九年(1903年),杨度被保荐入京参加新开的经济特科进士考试,初取一等第二名。一等第一名是后来北洋政府的财政总长梁士诒。由于梁士诒这个名字被说成是"梁头康尾",而"康梁"因为参加戊戌变法为慈禧太后所忌恨,所以,梁士诒被除名。杨度与梁士诒同科录取,受到牵连,又因在试卷中大谈新学,且在留日期间有攻击朝廷的言论,被清政府疑为唐才常的同党和革命党,不但被除名,还受到通缉。杨度不得不避居家乡。

1904年,杨度再赴东京,进入东京政法大学速成科学习。这年秋天,杨度与梁启超在横滨相遇,"二人相与,天下之至好也"。杨度有感于"国事伤心不可知",在梁启超《少年中国说》的感染下,作《湖南少年歌》,发表于梁启超的《新民丛报》。杨度在文章中表示:"民族精神何自生,人身血肉拼将死。"他希望湖南人担负起富民强国的责任,激励湖南志士:"若道中华国果亡,除非湖南人尽死。尽掷头颅不足痛,丝毫权利人休取。莫问家邦运短长,但观意气能终始。""凭兹百战英雄气,先救湖南后全国。破釜沉舟期一战,求生死地成孤掷。"① 杨度慷慨激昂的言辞,极大地鼓舞了大批留日湖南学生,激发了他们的革命斗志。

此时的留日学生,爱国热情高涨,保皇派、排满革命派无不宣

---

① 《湖南少年歌》,载刘晴波主编《杨度集》(一),湖南人民出版社2008年版,第95页。

传自己的政治主张。由于杨度既与革命党有密切往来，又与改良派保持联系，兼容政见不一各派，因此，他深受留日湖南学生的欢迎。1904 年，杨度被选为留日学生联合会副会长。他还负责湖南留日学生创办的《湖南学生》、《湖南游学译编》的编辑工作。杨度的寓所有"留日学生俱乐部"、"湖南会馆"之称。黄兴、宋教仁、陈天华、刘揆一、杨笃生、蔡锷等人都与他经常往来。杨度与黄兴虽然在一些政治问题上观点不同，但感情密切，堪称挚友。他在后来为黄兴写的挽联中表达了两人虽政见不一，却交情至深之情：

公谊不妨私，平日政见分驰，肝胆至今推挚友；
一身能敌万，可惜霸才无命，死生从古困英雄。[①]

　　如果说，在两次留日期间的杨度主张变革，并有革命的倾向，那他第二次留学归国后的政治主张则完全归于变革。

二　倡导金铁主义，主张君主立宪

　　杨度由赞成引起骚乱的"变革"，转而主张实行君主立宪制，以和平达到救国救民的目的，既源于他自身经历的感受，又与他的学识与思想认识变化有关。

　　1904 年 10 月，杨度回国参加护路请愿活动，要求废除 1900 年中美粤汉铁路借款续约，主张收回路权自办以维护国家主权，发表《粤汉铁路议》，得到各方的认可，在留日学生中的声望也更高。光绪三十一年（1905 年），杨度被选为留日学生总会干事长，后来又被推举为留美、留日学生维护粤汉铁路代表团总代表回国参加护路运动。

----

　　① 《挽黄兴联》，载刘晴波主编《杨度集》（二），湖南人民出版社 2008 年版，第 612 页。

回国参加护路请愿活动时，正值黄兴联络大江南北的新军和进步学生在长江中下游发动起义。杨度参加了黄兴在上海余庆里召集的会议。但不久，因革命党人万福华刺杀广西巡抚王之春案，苏鹏、薛大可、张继、章士钊等人相继被捕入狱。身临危境的杨度倍感惶恐，认为革命党人"暴烈有余，成事不足"。他匆匆返回日本，从此决计不加入革命党，并从最初反对满族统治者对人民的压迫，转而反对暴力革命，走上君主立宪改良主义的道路。

1905 年 7 月，孙中山在日本着手改组兴中会为同盟会。这段时间，杨度与孙中山经常见面。孙中山多次劝杨度加入同盟会，两人"聚议三日夜不歇，满汉中外，靡不备论；革保利弊，畅言无隐"①。杨度不为所动，不肯加入同盟会。杨度还对孙中山说，虽然两人政治主张不同，但不妨碍各行其道，将来无论打通哪一条路线，对前途都是有利的。他表示："吾主君主立宪，吾事成，愿先生助我；先生号召民族革命，先生成，度当尽弃其主张，以助先生。努力国事，斯在今日，勿相妨也。"杨度虽然没有加入同盟会，但他将黄兴介绍给孙中山，促成孙中山与黄兴的合作，从而促使兴中会和华兴会合作，为同盟会的成立奠定了基础。

杨度之所以选择君主立宪思想作为自己的政治主张，与他的政治思想认识有很大的关系。杨度第二次留学日本期间，认真研究过各国的宪政。他认为，无论是君主立宪还是民主立宪，两者都是实现宪政的形式，本身没有高低优劣之分。所不同之处，一为保留君主，一为废除君主。因此，君主立宪和民主共和"无可分之高下，惟各据其国之情势而定之"。既然君主立宪和民主共和两者没有本质不同，那么杨度为什么要选择君主立宪而放弃民主共和呢？他指出，若中国实行民主共和，则对内必然使五族分裂，从而导致内乱四起，外国列强则趁机侵入，此时中国危矣！所以杨度以为："欲保全领土，则不可不保全蒙、回、藏；欲保全蒙、

---

① 章士钊：《与黄克强相交始末》，载《辛亥革命回忆录》（二），中华书局 1961 年版，第 138 页。

回、藏，则不可不保全君主。君主既当安全，则立宪亦但可言君主立宪，而不可言民主立宪。"总之，他认为用革命暴力的手段挽救国家，会破坏国家统一，导致国家分裂，只有实行君主立宪，开国会、行民权，才能达到救国安邦的目的。

虽然杨度主张宪政，既不加入革命党，也不加入保皇党，但他参加当时各种爱国运动的热情丝毫不曾减少。

为了更快地实现自己的政治抱负，积极推动清政府的宪政进程，杨度奔走于上海、武汉、长沙等地，一边呼吁铁路自办，一边宣传君主立宪理念。在湖南中路师范，他讲演《君主立宪与民主共和之比较》；在省咨议局，他讲演《君宪精义》。湖南革命党人对他这些言论非常反感，有的人甚至责骂他是唯利是图的政客。然而，杨度并不为他人的责难而退缩。他在融会旧学新知的基础上提出了一套富民强国的具体办法，希望能把清政府改造成为一个虚君式的君主立宪政府，让中国屹立于世界强国之林。

光绪三十二年（1906 年），清政府派载泽、端方、徐世昌等五大臣访欧、美、日考察宪政。熊希龄赴日请杨度和梁启超代为起草考察报告。梁启超写成了《东西各国宪政之比较》，杨度则写了《中国宪政大纲应吸收东西各国之所长》和《实行宪政程序》。杨度因为为清政府撰写了宪政文章，在清政府中博得大名。从此，他坚定了自己的君主立宪政治理想，直至历经几次宪政实践的惨败。

光绪三十三年（1907 年），杨度在东京创立《中国新报》月刊，任总编撰，他坚持"不谈革命，只言宪政"。杨度积极宣传自己的君主立宪主张。他倡导的开国会、行民权等君主立宪主张都在他的"金铁主义"思想中有详尽的体现，而"金铁主义"则是其君主立宪思想的集中体现。

杨度发表 14 万字巨论《金铁主义》等许多文章，宣传君主立宪和国家主义救国论，主张用国会改造政府、实行宪政，体现了他系统的君主立宪政治思想纲领。杨度希望中国能成为世界经济大国和军事大国，他解释"金"与"铁"的意思为：金者，黄金；铁者，黑铁；金者，金钱；铁者，铁炮；金者，经济；铁者，军事。杨度在《金铁主义》中分析了中国所处的世界环境，指责清政府的不负责任，他提出中国国民的责任心和能力，主张实行温和的"政治革命"和君主立宪。

杨度特别强调经济发展对中国的重要性，主张实行经济的军国主义。他认为："今日之世界，为经济战争之世界，中国不能为经济战争国，则但劣败而无优胜。"经济竞争能促使国家的发展，经济发达了，军事自然会强大。而要达到军事强国，则非重视经济建设和扩张民权不可："非富民何由强国，非工商立国何取军事立国，非扩张民权何由巩固国权，非有自由人民，何由有责任政府。"①中国要强大，必须为金国、为铁国，为经济战争国。只有先成为经济富国，才能后成为军事强国。中国之所以屡被列强侵凌，正是因为中国经济衰退，导致各方面都落后于西方世界。只有把中国改造为经济力量和军事力量强大的国家，才能在经济战争时代变劣败为优胜。

在政治上，杨度主张改造当时不负责任的政府为责任政府。他指出，中国若想在世界上求得生存和发展，政府应该担负起责任："外而使国权之日张，内而使民权之日起，以求金铁主义之发达焉。"同时，国家和国民都应该自律爱国："日悬仁民爱国四字于心目中，痛治其放任心，而奋发其责任心，誓当改造一责任政府，组织一文明国家。如其不成，以死继之，必使于全国有最后之文明秩序，乃能于个人有最高之完全道德。此乃今日救中国之唯一法门也。"②

国民的责任，在于实行政治革命。而政治革命的目的"则以改造责任政府为其唯一之目的"，在于将政府改造为负责的君主立宪政府。

杨度还强调，开国会是改造政府的最有力武器，国会是立宪国家至为重要、唯一不可缺少的机关。他指出："吾中国今日欲取不负责任之政府改造为一责任政府，其唯一之方法，必在开设国会

---

① 《金铁主义说》，载刘晴波主编《杨度集》（一），湖南人民出版社 2008 年版，第234 页。

② 同上书，第 245 页。

也。故一言以决之曰：国会者，改造政府之武器也。"①

如果国家有政党开国会，则政治革命必能成功。而这一政治革命的终极目的，正是实行君主立宪。他总结说："国会制度与立宪制度实有为表里之用，非立宪之国家不能有国会，而非有国会之国家又不能成为立宪。吾既主张开设国会，则吾之主张立宪，已不劳陈说而自明矣。"②

在近代中国面临民族危机的时刻，立宪成为清政府推进新政过程中的催化剂。1906年，清政府下诏预备立宪。在清政府的预备立宪政策下，杨度更为积极地宣传其君主立宪思想。

杨度设想的以开国会争取立宪的办法得到了梁启超等人的赞同。此后，促开国会成为立宪派最为核心的奋斗目标。而清政府正是在一连串的国会请愿运动中，逐步走向覆亡的命运。从这个意义上说，杨度作为国会请愿活动的倡导者和设计师，无疑在很大程度上推动了清末政局的变动，对清末政治产生了极为深远的影响。

三 倡导宪政运动，投身宪政实践

杨度不仅满腔热情地为实现君主立宪制鼓与呼，还投身宪政政治实践。他先是参与清政府的宪政运动，后来又支持袁世凯实行君主制。

在清末的宪政运动中，杨度起了积极的宣传鼓动乃至推动作用。

光绪三十三年（1907年），梁焕奎、范旭东筹备湖南宪政公会，有意拥杨度为会长。10月，杨度又一次归国。12月，湖南一批官绅成立湖南宪政公会，由杨度任会长。杨度为湖南宪政公会起草了《湖南全体人民民选议院请愿书》，并联络湖南名流联名上奏，开清

---

① 《金铁主义说》，载刘晴波主编《杨度集》（一），湖南人民出版社2008年版，第320页。

② 同上书，第362页。

季国会请愿运动之先河。

《湖南全体人民民选议院请愿书》的基本思想几乎全为此后的请愿书所沿用，尤其是杨度强调开设民选议院为唯一救国方法的论断，成为国会请愿运动日益激进化的主要理论武器。杨度之所以如此突出地宣扬开国会为唯一救国的方法，是他的斗争策略。杨度以为，为平衡清政府和革命党这两种政治势力，既要避免危险的暴力革命，又要达到改造清政府的目的，开国会是当时的环境下所能提出的相对最为可行的政治策略。

次年春，袁世凯、张之洞联合保荐杨度，说他"精通宪法，才堪大用"。杨度就此进京，出任宪政编查馆提调，候补四品。袁世凯安排他在颐和园向皇族亲贵演说立宪精义，两人自此结下不解之缘。杨度也由此成为晚清朝廷的"宪政专家"。

杨度成为清政府的一名官员，并不意味着他变成了御用官僚。杨度素有远大的政治抱负，进入官场，是他希望借此实现宏大理想的必备平台。

杨度进入政坛后，致力于争取国会的早日召开。他利用京官的身份四处演讲呼吁，一再以速开国会陈说于政府诸公之间，联络志同道合之士在京成立"宪政公会北京支部"，扩展宪政公会在各地的势力。1908 年 5 月，杨度还曾专门到天津鼓动开国会的舆论，并在天津法政学堂演讲，宣扬开国会的舆论。杨度在演讲中指出，立宪和专制的主要区别并不在于形式上的法政，而是在于有无通达民意的国会，有没有国会是立宪和专制政府的区别。他认为：立宪国之政府原系行人民之意思，故为人民之政府，专制国之政府独立专制，实为政府之政府；立宪国之政府权限分明，专制国之政府权限混淆。

6 月下旬，杨度单独向政府提出限期开设国会说帖，反复陈述召开国会对国家和皇室的极大益处，劝导政府早日开设国会。

杨度的说帖引发了一场国会开设期限的讨论，直接促成了《钦定宪法大纲》和九年筹备宪政事宜清单的颁布。

杨度对开国会的倡议及其发动领导的请愿运动获得了积极的响

应。自杨度首倡国会请愿之后，以"速开国会"为号召的国会请愿运动成了清末最后几年最具影响力的政治活动，而且几乎所有关于请开国会的陈情和呼吁，都延续了杨度所阐发的国会论述思路。

1907年10月杨度回国后，留在日本的宪政讲习会会员，按照杨度拟订的计划，于是年秋上书请愿，要求清政府开设民选议院。此次上书，拉开了清末立宪运动中请愿开国会的序幕。在宪政讲习会这次上书请开国会之后，许多重要会员都先后回国运动请愿召开国会。与此同时，国内大多数报刊都以开国会相号召。

到1908年初，中国大地已是"国会国会之声，日日响彻于耳膜"。许多立宪团体纷纷发起各省士民签名请愿召开国会，络绎不绝地上书政府请开国会。各种宪政公会、政闻社、预备立宪公会和宪政研究会，都酝酿成立以速开国会为宗旨的国会期成会。

杨度任职宪政编查馆期间，由于积极鼓动速开国会，受到不少攻击。杨度为袁世凯所推荐，为袁世凯所看重，所以袁世凯的升迁荣辱也影响到杨度。1909年初，袁世凯被开缺回籍，杨度受到牵连，于1909年8月请假回籍省亲，专心从事于实业活动。

1910年3月，因资政院行将召集，宪政编查馆电催杨度入京。杨度在宪政编查馆讨论各种筹备宪政事宜，提出自己的具体意见和主张。

6月，宪政编查馆会议厘定官制事宜清单，分厘定官制为四期，一期为厘订阶段，二期为颁布阶段，三期为试办阶段，四期为实行阶段，中间相距各两年。杨度认为："如此则实行以前之光阴均为空过，而届实行时又有一旦骤进之患，不如改四小期为一长期，于此期内随时可以厘订。"杨度的建议遭到汪荣宝的反对，最终并未采纳。

此后不久，宪政编查馆同人又因新刑律草案分成了礼教和法理两派，两派"各持一说，争议不已"。新刑律草案提交资政院讨论时，更是引发了激烈的争议。12月2日，资政院讨论新刑律案，杨度以宪政编查馆特派员的身份，赴会发表演讲，说明新刑律修改的主旨，并从国内和国际两方面阐明了不能不改良刑律的理由。杨度为使新刑律案顺利通过，不但做了大量的工作，并做出一定的妥协。他对礼教派的驳斥也赢得了很多人的赞同，但新刑律在资政院表决时仍没通过。

喧嚣一时的宪政运动，没能挽救清政府覆灭的命运。随着辛亥武昌起义的爆发，宪政运动很快就销声匿迹了。但杨度依然怀抱君主立宪的梦想。

杨度君主立宪的政治实践，在支持袁世凯称帝活动中达到高潮。

杨度对袁世凯怀有知遇之感，私交颇深，关系非同一般。1911年10月10日武昌起义爆发后，杨度赴河南彰德密会袁世凯。11月15日，杨度与汪精卫一起发起"国事共济会"，宣布其宗旨为："使君主、民主一问题，不以兵力解决，而以和平解决，要求两方之停战，发起国民会议，以国民之意公决之。"随后，杨度作为袁世凯的代表之一，负责南北调停，为袁世凯坐上中华民国大总统宝座立下功劳。

1912年9月5日，杨度与《中国日报》记者谈话，表示"不宜再入政界，拟以后投身社会事业，以报国家"①。事实上，杨度此后并没有脱离政界，他一边参加一些实业界的活动，一边积极参加政治活动，并为实现多年的君主立宪梦想不断努力。11月14日，国民党干部胡瑛邀请杨度入党，杨度致电黄兴，表示只有国民党"取消政党内阁之议"，才正式效力于国民党。他的这一提议遭到国民党内很多党员的指责，也表明他此时坚持君主立宪思想的初衷未改。

袁世凯任中华民国大总统后，杨度放开手脚实施他的君主立宪救国强国梦想。

1913年11月26日，杨度被袁世凯任命为"政治会议"议员。1914年，袁世凯解散国会后，杨度任参政院参政。

1915年4月，杨度呈送《君宪救国论》，再次提出："中国如不废共和，立君主，则强国无望，富国无望，立宪无望，终归于亡国

---

① 《与某报记者谈话》，载刘晴波主编《杨度集》（二），湖南人民出版社 2008 年版，第 547 页。

而已……故以专制之权，行立宪之业，乃圣君英辟建立大功大业之极好机会。"这些观点深得袁世凯的赞许，称为"至理名言"。

8月14日，杨度与孙毓筠、刘师培、李燮和、胡瑛、严复等人共同发起组织筹安会，杨度任理事长，为袁世凯称帝鼓吹、出谋划策。

袁世凯对杨度恩宠有加，并亲自赐匾题字，称他为"旷代逸才"。然而，洪宪帝制一出台，便遭到全国上下的唾骂声讨。杨度一时也为千夫所指，在家乡被骂为汉奸。

历史大势，浩浩汤汤，顺之者昌，逆之者亡。1916年6月6日，袁世凯病死。临死前，袁世凯对杨度满怀责备，大呼："杨度误我！"

面对袁世凯的怨言，杨度有意为自己辩解。他写下挽袁联：

> 共和误民国，民国误共和？百世而后，再平是狱。
> 君宪负明公，明公负君宪？九泉之下，三复斯言。①

对洪宪帝制闹剧，章太炎曾论其失败的关键之一，是杨度先前的好友梁启超加以反对，并责难杨度，称他为"下贱无耻、蠕蠕而动的嬖人"。黎元洪继任总统，发布惩办通缉帝制祸首令，通缉捉拿严惩杨度。

事实上，袁世凯的帝制闹剧与杨度的君主立宪梦想相去甚远，杨度在这场闹剧中也只博得一个虚名和骂名。陶菊隐在《北洋军阀统治时期史话》中说：袁世凯骂杨度是"蒋干"，尽管他为袁世凯出力很多，但并未实现他帝师的目标，就连开国元勋也没有当成，仅被授以勋四位和参政院参政等闲职。

杨度早年的同乡好友蔡锷为他开脱，请求国人宽恕杨度，蔡锷在遗嘱中说："湘人杨度，曩倡《君宪救国论》，附袁以行其志，实具苦衷，较之攀附尊荣者，究不可同日语。望政府为国惜才，俾邀宽典。"

---

① 《挽袁世凯联》，载刘晴波主编《杨度集》（二），湖南人民出版社2008年版，第611页。

在全国的唾弃声中，杨度逃亡到天津德国租界隐居，闭门学佛。他痛定思痛，在出世、超脱的佛学中反省过去，重新思考自己的人生道路。以"虎禅师"为名的不少论佛杂文和偈语，就是杨度在这段时间写的。

经历宪政运动和袁世凯称帝的失败，遁入佛门的杨度开始重新审视自己的君主立宪思想。

1917 年，张勋复辟，邀请杨度入京参加，杨度断然拒绝。杨度通电指责张勋、康有为，他表示："所可痛者，神圣之君主立宪，经此牺牲，永无再见之日。度伤心绝望，更无救国之方。从此披发入山，不愿再闻世事。"① 公开宣布反对复辟帝制。

1918 年 3 月，北洋政府发布特赦令，杨度等人取得国人的谅解，重回北京居住。

历史事实证明，杨度主张的君主立宪制在三次政治尝试中无不归于失败，君主立宪道路在中国是走不通的。

四　联络南北，支持孙中山

1919 年，杨度在北京亲历了"五四"爱国反帝运动，受到极大的震撼，同时也看到了新的曙光，他的政治主张逐渐转向民主共和。经过与李大钊等共产党人的接触，杨度对马克思主义了解日多，最终加入中国共产党，完成思想和人生的巨大转变。

在杨度隐居的几年时间里，国内局势也发生了很大的变化，各种政治力量重新整合，国内民主运动风起云涌，新文化运动涤荡着人们的思想，各种救国思潮不断涌现。孙中山在南方发起的护法运动更使杨度看到中国的希望，也时刻鼓动着他的政治参与热情。他曾说："时代不同了，君宪救国论已成废话，无我法门的成全人我也是空话，现在是改持革命救国论的时候了。"② 此时，杨度在思想上

---

① 《反对张勋复辟公电》，载刘晴波主编《杨度集》（二），湖南人民出版社 2008 年版，第 617 页。

② 何汉文、杜迈之：《杨度传》，湖南人民出版社 1979 年版，第 130 页。

已经基本接受孙中山的民主共和思想。

1922 年，陈炯明叛乱，杨度受孙中山的委托，作为特使，通过当时任曹锟秘书的夏寿田游说曹锟，制止吴佩孚援助陈炯明，帮助孙中山度过政治危机。杨度临危受命，可以说，这是他为中国民主革命所做的一大贡献。

孙中山对杨度的斡旋深为感动，回想起当年两人在日本的政治约定，他称赞说："杨度可人，能履行政治家诺言。"①

1923 年春，孙中山在上海改组国民党，杨度前往拜谒，表示愿意加入国民党，为民主革命奔走效力。孙中山特电告全党，说明杨度"此番倾心来归，志坚金石"，希望党内干部"幸勿以往事见疑"。此后，杨度继续为国民党奔走，呼吁南北和平统一。他在 7 月 14 日致曹锟的电文中指出："半年以来，度受孙中山先生委托，北来接洽和平统一事宜。孙公诚意谋和，度已再三代为表示，惟以机缘未熟，事竟无成。比因政变突生，始蒙左右采纳，国家一线生机，基于我公一念。"②他劝告曹锟停止战争，停止善后会议和选举，与孙中山共同主持国是。

杨度的南北联络，为南北停战，为孙中山北上准备召开国会起了积极的推动作用。

1925 年 3 月 12 日，孙中山病逝于北京，杨度深为痛心，呈送一副挽联：

英雄作事无他，只坚忍一心，能全世界能全我；
自古成功有几，正疮痍满目，半哭苍生半哭公。③

---

① 《与刘成禺等人的谈话》，载刘晴波主编《杨度集》（二），湖南人民出版社 2008 年版，第633 页。

② 《致曹锟电》，载刘晴波主编《杨度集》（二），湖南人民出版社 2008 年版，第 641 页。

③ 《挽孙中山联》，载刘晴波主编《杨度集》（二），湖南人民出版社 2008 年版，第 652 页。

五　加入中国共产党，隐忍为公

莫道桑榆晚，为霞尚满天。

孙中山逝世后，追求进步却迷茫徘徊的杨度，有幸经过老朋友胡鄂公的介绍，于1926年认识了李大钊。多次交谈之后，杨度与李大钊成为知心朋友，他表示愿在李大钊的领导下，奔走于北京和上海之间，为共产党人做些有益的工作。至此，杨度开始与旧观念、旧思想决裂，转变为坚强的爱国反帝勇士。

1927年4月6日清晨，张作霖派兵从苏联使馆兵营里将李大钊等36人抓捕带走，关押于军事监狱。杨度得知后不顾个人安危，立即前去安国军司令部面见张作霖，郑重提出应将李大钊等人移交地方法院审理。他希望以此使李大钊等人不致被军法速决，赢得时间再做进一步营救。而后，杨度还两次派儿子杨公庶前去京师警察厅看守所探视李大钊，通告社会各界对此案的关切情况，以示安慰。与此同时，杨度断然卖掉他在北京的住所——"悦庐"公馆，换得4500大洋，全部用来贿赂买通审案官员，希望全力营救李大钊出狱。在杨度的奔走呼号下，很多名流与进步人士都参与了营救李大钊的活动。然而，遗憾的是，杨度的一切苦心努力都落空了。1927年4月28日，李大钊等20位革命同志被张作霖施以绞刑杀害。

李大钊的牺牲，使杨度万分悲痛，也让他彻底认清了军阀的罪恶本性。同时，共产党人坚持真理、视死如归、为革命献身的伟大精神，也深深地感染着杨度，他以能同李大钊结为挚友为幸事。随后，杨度与妻子徐粲楞商量，卖掉家里的值钱首饰，还将青岛的一处房产变卖，将所得金钱全部用来救济死难者家属，妻子和女儿则前往苏州投奔亲戚，租房居住。

早在日本留学期间，杨度就曾注意到马克思关于社会平等的理论，但并没有引起他的足够重视。经过几十年的探索和思考，历经各种政治事件的磨难，杨度更为理性地分析社会问题，逐步意识到共产主义是更为先进的政治思想。他在参与1927年营救李大钊等共产党人的行动中，在与共产党人打交道的过程中，深为他们的人格魅力所折服，他对马克思主义和共产主义的认识逐步加深。

　　1928年，杨度从北京来到上海，住在儿子的同学家里，以卖字和为人撰写碑文及墓志铭为生。杨度以汉隶和魏碑书法见长，且文采出众，常常有人慕名前来，请他代书寿诞文或撰写墓志，酬金极为丰厚。除了生活所需花销，杨度将大部分余钱捐献给了进步团体和共产党组织。

杨度所书对联

　　杨度与共产党人的秘密接触，使他对共产党的方针、政策和宗旨有了更深的了解，他在思想上也接受了共产主义。1928年秋，由当时中共中央直属的文化工作委员会第一书记潘汉年介绍，经党的领导人周恩来批准，杨度正式加入中国共产党。杨度先后与潘汉年、夏衍等单线联系。

　　危难时刻见真情。杨度加入中国共产党时，正值大革命失败，国民党残酷镇压迫害共产党员，到处弥漫着血雨腥风，革命危机重重。曾有人讥讽杨度加入中国共产党是投机，他反驳说："方今白色恐怖，云何投机？"杨度在白色恐怖时期加入中国共产党，正是他找到新的世界观和价值观的体现。在党的历史长河中，虽然他一个人的力量显得微不足道，但是他坚定的行为却给危难时期的党注入了一针强心剂。

　　杨度入党后，仍继续"礼佛"，并撰写《中国通史》。同时，他也学习马克思主义，分析共产主义。他指出，共产主义"有二义焉：一曰各取所需，所以定分配之制也；二曰各尽所能，所以定生产之制也"。

杨度认为，如果能实现各取所需与各尽所能，必定能造成理想的太平社会："则人不独亲其亲、长其长，而人共其人矣。于是老有所归，壮有所用，幼有所养。举世之人，不必各私其财，各私其力，而无一不得所者，所谓'大道之行，天下为公'是也。"①

为了便于杨度秘密工作，经党同意后，由陆冲鹏和章士钊引荐，杨度结识上海帮会头目杜月笙。杜月笙对杨度非常敬重，为抬高身份，附庸风雅，常请杨度为他写条幅，或题写诗词，悬挂到杜公馆大厅上，供宾客观赏。杜月笙控制了为数不少的基层势力，在上海外国租界里能与各类巡捕打得火热，与黑白两道各界人物相交甚好，是上海的权势名人。杜月笙每月给杨度500元生活费，还赠送了杨度一栋小洋房。后来，杨度将他所住的租界内的这座洋楼公馆，作为被追捕的革命党人的紧急避难所，许多革命党人得以在杨度家里安身得救。杨度借杜月笙的保护，广泛地同各界人士交往，他在品茶、饮酒、打麻将，乃至进出戏院、电影院等场合中，收集来自高官大员的反共情报或绝密军情，然后通过秘密渠道，及时转送给在特科里的单线联络人潘汉年。

为了革命，杨度置个人毁誉于脑后。当时上海小报讥讽他是杜月笙的徒弟，对此，他不以为然，说："我一没递过帖子，二没点过香烛，我称他杜先生，他叫我皙子兄，老实说，我不是青帮，只是清客而已。"

加入中国共产党后，除了为党收集重要情报，杨度还积极参加一些进步的政治活动。1928年11月27日，中国共产党中央委员会机关报《红旗》第二期出版，杨度题写刊头"红旗"二字。1930年，中共中央在上海出版《经济日报》，特请书法高手杨度题写报头，为这份报纸添色增光，也使这份红色报纸的政治性质从表面观之有所淡化。

---

① 《论圣贤同志》，载刘晴波主编《杨度集》（二），湖南人民出版社2008年版，第668页。

1931 年的杨度

1929 年 12 月，杨度加入"中国革命互济会"，并捐助一笔可观的经费。1930 年 2 月 13 日，杨度加入由鲁迅、夏衍、郁达夫等人发起成立的进步团体"中国自由运动大同盟"。6 月，加入中国共产党领导的革命文化团体"中国社会科学家联盟"。

1931 年秋，忙累之余，杨度旧病复发，在上海租界去世，终年 57 岁。杨度故去时，正处于上海白色恐怖严酷之际，只有几位战友偷偷地来到杨府，向杨度的妻子和儿女深表哀悼和慰问。

杨度在病中曾自题挽联，表达自己政治主张中蕴含的济世救国之情：

> 帝道真知，如今都成过去事；
> 医民救国，继起自有后来人。①

杨度在挽联中坦言自己过去主张君主立宪救国是事实，但那都是过去的事了。他希望后来人"医民救国"，对中国的未来充满希望。

作为中共特科秘密党员的杨度，在他一生最后的两年中，为党的事业忠诚奋斗，可歌可嘉。但是杨度的光荣业绩属于特别机密，只有很少几位中共领导人知情，因此，他在中共特科工作的这段历

---

① 《自挽联》，载刘晴波主编《杨度集》（二），湖南人民出版社 2008 年版，第 698 页。

史被尘封了40多年。

新中国成立后，由于潘汉年同志遭到错误逮捕，并被长期关押，在"左"的思潮下，没有人再提起杨度等一些中共特科人员的英勇事迹。与杨度有过短时间联系的夏衍，因大环境不允许，以及对杨度的革命业绩知之不多，更是不能多说。

但是，周恩来总理始终默默地记着杨度其人其事。1966年"文革"开始，其时在上海居住的杨度遗孀徐粲楞女士，遭到"造反派"轮番审讯。"造反派"多次抄家和殴打徐粲楞，逼迫其交代杨度的"罪行"。危急时刻，杨度的女儿杨云慧急忙给在北京的章士钊先生去信，请求章士钊转交周恩来总理，告知母亲的危难和已逝父亲的冤屈。几天后，周总理即电话通告上海有关领导，嘱咐他们对杨度的遗属妥为关照。在周恩来的特别关心下，杨度的遗属才逃过一劫。

从君主立宪走向民主革命，最后投身于共产党领导的新民主主义革命，是杨度晚年的一个辉煌，是其强烈的爱国主义思想的进一步升华。历史最终给予了杨度应有的肯定。1975年冬，周恩来在病床上指示秘书嘱告《辞海》总编王冶秋同志："当年袁世凯称帝时，'筹安会六君子'的第一名杨度，最终参加了共产党，是我周恩来介绍并直接领导的。要转告上海的《辞海》编辑部，《辞海》上若有杨度的词条，定要把杨度晚年加入共产党的事写上。"[1]1978年，王冶秋、夏衍、李一氓等老一辈革命家，遵从周总理的嘱告，分别在《人民日报》上发表纪念文章，将杨度晚年入党，为无产阶级革命事业所做出的贡献公之于世。

〰〰〰〰〰〰〰〰〰〰〰〰〰〰〰〰〰〰〰〰〰〰〰〰〰〰〰〰〰

杨度是中国近现代史上备受争议的一个人物，但他对中国政治近现代

---

[1] 《人民日报》1978年7月30日。

化的影响是不可忽略的。在当时的历史条件下，主张立宪救国是许多知识分子的理想，也是相比封建帝制而言较为进步的政治体制。他早年坚持君主立宪主张，其政治制度设计恰好被袁世凯所利用，一失足成千古恨，从此"帝制余孽"的帽子戴在他头上。但尽管如此，杨度的爱国热情并没有因此打击而消沉下去，而是继续寻找新的救国道路，最终接受马克思主义，为实现更为适合中国国情的社会主义、共产主义而奋斗。

　　我们记住的，不应仅仅是杨度为"筹安会"头人一事。从主张革命，到极力倡导君主立宪；从激昂奋进的《湖南少年歌》，到为清政府所做的宪政考察报告；从袁世凯的"帝制余孽"，到为孙中山的民主共和南北奔走；从变卖家产营救李大钊，到白色恐怖时毅然加入中国共产党，为中国共产党的事业、为国家的政治进步贡献余力。杨度的一生，体现了中国知识分子追求国家富强、民主、文明所走的曲折道路，也体现了他探索中国政治现代化所做的不懈努力。

毛泽东　改天换地，复兴民族

　　毛泽东，伟大的马克思主义者，伟大的无产阶级革命家、政治家、理论家，是马克思主义中国化的伟大开拓者，是近代以来中国最伟大的爱国者和民族英雄，是党的第一代中央领导集体的核心，是领导中国人民彻底改变自己命运和国家面貌的一代伟人。他推动了中国历史前进的步伐，是世界历史上最具影响力的人物之一。

　　毛泽东是近代以来，中国最伟大的革命家、政治家、思想家。从建立中国共产党组织开始，他不仅在新民主主义革命中提出了"农村包围城市，武装夺取政权"等正确的革命路线，而且领导中国共产党将马克思主义与中国革命实践相结合，最终解放全中国，带领亿万中国人民走上社会主义道路。毛泽东，无疑是推动中国政治现代化进程最重要、最关键的历史伟人。

一 立志出乡关，接受新文化运动的洗礼

毛泽东之所以能成为影响中国历史进程的伟大人物，与他青少年时期的成长环境密不可分。

毛泽东，字咏芝，后改为润之，1893 年 12 月 26 日出生在湖南湘潭韶山一个普通的农民家庭，小名石三伢子。年少时的毛泽东受父母影响很大。他的父亲毛贻昌，字顺生，号良弼，17 岁开始当家理事，曾在湘军当了几年兵，长了不少见识，也积累了一些银两。父亲克勤克俭，精明刚强，对毛泽东要求非常严格。毛泽东对父亲的严厉感受很深，曾说："他的严厉态度大概对我也有好处，这使我干活非常勤快，使我仔细记账，免得他有把柄来批评我。"父亲的严格要求练就了毛泽东吃苦耐劳的坚韧性格。另一方面，由于人生观念和行事准则的差异，父子俩常常产生矛盾和冲突，也使少年毛泽东产生反抗心理。毛泽东的母亲姓文，在同族姐妹中排行第七，人称文七妹，她待人接物淳朴善良，极富同情心。母亲的言传身教，使毛泽东从小同情贫弱，乐于助人。

16 岁前，毛泽东先后在韶山一带的南安、关公桥、桥头湾、钟家湾、井湾里、乌龟井、东茅塘等私塾读书，其间曾有两年时间停学务农。在私塾里，毛泽东开始接触《三字经》、《百家姓》、《增广贤文》、《幼学琼林》、《诗经》、《论语》、《左传》等读物，接受传统儒家文化教育。课余，他饶有兴趣地阅读《水浒传》、《西游记》、《三国演义》、《精忠岳传》、《隋唐演义》等旧小说。小说里的故事，牵动着毛泽东的思绪。他后来回忆说："有一天我忽然想到，这些小说有一件事很特别，就是里面没有种田的农民。所有的人物都是武将、文官、书生，从来没有一个农民做主人公。"[①] 从此，毛泽东打

---

① 埃德加·斯诺：《西行漫记》，董乐山译，生活·读书·新知三联书店 1979 年版，第 109 页。

开了他探索社会问题的思绪。

1910 年秋天，毛泽东离开闭塞的韶山，到湘乡县城附近的东山小学堂就读。临行前，他改写了一首诗留给父母，体现出远大的人生抱负：

孩儿立志出乡关，
学不成名誓不还。
埋骨何须桑梓地，
人生无处不青山。

走出韶山，是毛泽东人生中的第一个转折点。在东山小学，毛泽东除了阅读传统的典籍外，还学习自然科学和地理、英语等新科目。此时，改革维新思想也激荡着毛泽东的心灵，康有为、梁启超、谭嗣同等改良派人物成了他当时崇拜的英雄。

当革命的浪潮来临，毛泽东感受到新的时代气息。1911 年春天，毛泽东随东山小学堂的贺岚冈老师进入湘乡驻省中学。来到长沙，他的视野豁然开朗。当时正处于辛亥革命爆发的前夜，长沙革命党人活动非常活跃，毛泽东自然也受到了影响。长沙革命党人于 10 月 24 日发动武装起义，成立了湖南军政府。毛泽东随即投入革命军，在湖南新军二十五混成协五十标第一营左队当了一名列兵。半年后，毛泽东认为革命已成功，决定退出军队，继续求学。他先后报考了警察学堂、肥皂制造学校、法政学堂、公立高级学校，都不甚满意。最后，他以第一名的成绩考入湖南省第一师范学校。

湖南省第一师范学校是毛泽东的思想发生巨大改变和进步的摇篮。这里聚集了一批学识渊博、思想进步、品德高尚的教师，如杨昌济、徐特立、方维夏、王季范、黎锦熙等。1914—1918 年，毛泽东在第一师范求学期间，蔡和森、张昆弟、陈章甫、罗学瓒、周世钊、李维汉、萧子升等追求进步的热血青年以及年龄较大的何叔衡也都纷纷入读第一师范。他们相互激励，共同追求进步。在这里，毛泽东"书生意气，挥斥方遒。指点江山，激扬文字"，他打下了深厚的学问基础，开始形成自己的思想方法和政治见解。[①]

在举国新文化运动风起云涌、新旧思想激荡碰撞之际，毛泽东等人亦迈开了赶超时代的步伐。1918 年 4 月 14 日，毛泽东、蔡和森、萧子升、何叔衡、萧三、张昆弟、陈书农、邹鼎丞、罗章龙等人，在蔡和森家里成立新民学会。这是五四时期最早的新型社团之一。经过讨论，学会以"革新学术，砥砺品行，改良人心风俗"为宗旨。新民学会以萧子升为总干事，毛泽东、陈书农为干事。不久，萧子升去法国，会务便由毛泽东主持。

北京是新文化运动的中心，而人才荟萃的北京大学则是新文化运动的发源地。校长蔡元培"循自由思想原则，取兼容并包主义"，各种思想、学术在这里争奇斗艳，新文化运动渐渐进入高潮。8 月 19 日，毛泽东到达北京，会同蔡和森以主要精力从事赴法勤工俭学的准备工作。10 月间，经杨昌济介绍，毛泽东认识了当时任北大图书馆主任的李大钊，李大钊安排他到图书馆当了一名助理员。在这里，毛泽东得以有机会阅读各种新出的书刊，结识一些上流学者和有志青年，认识了陈独秀、谭平山、王光祈、陈公博、张国焘等后来颇为著名的人物。

与李大钊、陈独秀这两位当时中国思想界巨人的相继会晤，可说是毛泽东人生的一个巨大收获。经受了新文化运动大潮的洗礼，毛泽东开始接触和接受马克思主义。

二 创建湖南共产党组织，投身工农革命运动

1919 年 5 月 4 日，震惊中外的五四爱国运动爆发。毛泽东、张国基、易礼容、彭璜等热血青年积极响应北京的爱国运动，在长沙进

---

① 金冲及主编：《毛泽东传（1893—1949）》，中央文献出版社 1996 年版，第 16 页。

行了轰轰烈烈的反帝反军阀爱国运动。7月9日，由湖南学联发起，成立湖南各界联合会。湖南学联根据毛泽东的提议，创办《湘江评论》杂志，并聘请他担任主编和主要撰稿人。7月14日，《湘江评论》创刊号以白话文的形式正式出版了。

1919 年毛泽东在长沙

毛泽东在《〈湘江评论〉创刊宣言》中写道："时机到了！世界的大潮卷得更急了！洞庭湖的闸门动了，且开了！浩浩荡荡的新思潮业已奔腾澎湃于湘江两岸了！顺他的生，逆他的死。"他既有"问苍茫大地，谁主沉浮"的仰天长问，又有"到中流击水，浪遏飞舟"的浩然壮气。

《湘江评论》标明"以宣传最新思潮为主旨"，辟有"东方大事述评"、"西方大事述评"、"湘江杂评"、"世界杂评"、"放言"、"新文艺"等栏目。该刊出 5 期后，被张敬尧蛮横封禁了。随后，毛泽东领导了一场声势浩大的驱张运动，并取得胜利。

1920 年 4 月 1 日，彭璜、毛泽东等新民学会会员在上海发起成立"湖南改造促成会"，会员由旅沪的一些新闻界、教育界人士组成。4月11日，毛泽东离京赴上海，与旅沪人士商讨下一步的行动计划。陈独秀这时也在上海，正同李达、李汉俊等筹组上海共产党组织。毛泽东向陈独秀谈了"湖南改造促成会"的一些计划，征求意见。谈话中，自然也谈到马克思主义的问题。毛泽东后来回忆说："他对我的影响也许超过其他任何人。""陈独秀谈他自己的信仰的那些话，在我一生中可能是关键性的这个时期，对我产生了深刻的影响。"①

1920年11月，毛泽东和何叔衡、彭璜等6人在建党文件上签了名，创建中国共产党湖南组织。湖南共产党组织成立后，采纳蔡和森此前"事须秘密"，"潜在运动"的建议，常以群众团体和文化书社、俄罗斯研究会的名义从事马克思主义宣传活动。在此后的革命生涯中，毛泽东始终都矢志不渝、执着追求。

1921年6月，毛泽东赴上海参加中国共产党第一次代表大会。参加这次会议的有国内外7个共产党组织派出的12位代表，他们是：李达、李汉俊（上海）、张国焘、刘仁静（北京）、毛泽东、何叔衡（长沙）、董必武、陈潭秋（武汉）、王尽美、邓恩铭（济南）、陈公博（广州）、周佛海（日本）。7月23日，会议在上海法租界贝勒路树德里三号李书城家里正式开始，最后一天改在浙江嘉兴南湖的一艘游船上进行。会议由张国焘主持，毛泽东和周佛海做记录。会议正式确定党的名称为中国共产党，并通过了党纲，选举陈独秀、张国焘、李达组成中央局，陈独秀为书记。

中国产生了共产党，这是开天辟地的大事变。毛泽东后来说："从此以后"，中国就改变了方向，五千年的中国历史就改变了方向，"中国革命的面目就焕然一新了"。

党的一大确定党成立后的中心任务是组织工会、领导工人运动。在这一思想的指导下，毛泽东全身心地投入新民主主义革命。

8月中旬，毛泽东回到长沙。与何叔衡在船山学社创办了湖南自

---

① 埃德加·斯诺：《西行漫记》，董乐山译，生活·读书·新知三联书店1979年版，第130、133页。

修大学。10 月 10 日，湖南省共产党支部正式成立，毛泽东任书记，成员有何叔衡、易礼容等。

湖南党支部成立后，毛泽东着手在工人和学生中发展党员，建立党的基层组织。为了接近工人，他脱下长衫，换上粗布短褂，到工人聚集的地方活动。他先后在第一纱厂、电灯公司、造币厂、黑冶炼厂，在泥木、缝纫、印刷等行业中，在自修大学、第一师范、商业专门学校、第一中学、甲种工业学校等学校，培养和发展党员。毛泽东两次到安源煤矿了解情况，并于 1922 年 2 月成立了中共安源支部，由李立三任书记，是湖南党组织领导的最早的产业工人党支部。到 1922 年 5 月，湖南（包括江西萍乡安源）已有中共党员30 人。

毛泽东和何叔衡在中共湖南支部的基础上建立了中共湘区委员会，毛泽东任书记，委员有何叔衡、易礼容、李立三、郭亮等。区委机关设在清水塘 22 号。毛泽东的妻子杨开慧实际上担任区委的机要和交通联络工作。10 月，在长沙成立了劳动组合书记部湖南分部，毛泽东任主任。

毛泽东等人在湖南积极从事工人运动，先后组建了长沙泥木工会、长沙人力车工会、长沙笔业工会、长沙理发工会、长沙缝纫工会、长沙铅印活版工会等。从 1922 年下半年到 1923 年初，湖南党组织先后领导发动了安源路矿、粤汉铁路、水口山铅锌矿和长沙泥木工人等一系列大罢工，掀起了湖南工人运动的高潮。

党的二大召开时，毛泽东因故没能去成。在党的二大通过的 11个决议案中，有 3 个文件讲到了党的性质和宗旨，强调"中国共产党为代表中国无产阶级及贫苦农人群众的利益而奋斗的先锋军"，"是无产阶级中最有革命精神的大群众组织起来为无产阶级之利益而奋斗的政党"。[①] 对于党的宗旨和规定，毛泽东不仅完全拥护，而且躬身践行。1923 年 4 月，毛泽东安排好湘区工作，离开清水塘，告

---

① 　中央档案馆编：《中国共产党第二次至第六次全国代表大会文件汇编》，人民出版社 1981 年版，第 14—15、27 页。

别妻子杨开慧和刚刚半岁的儿子毛岸英，秘密地前往上海。6月，出席中共"三大"，当选为中央执行委员，参加中央领导工作。

毛泽东多次强调"宣传是组织一切工作的一个武器"。共产党和国民党合作后，毛泽东在国民党第一、第二次全国代表大会上都当选为候补中央执行委员，在广州任国民党中央宣传部代理部长，主编《政治周报》。毛泽东采取两条措施加强宣传工作：一是通过报刊和交通工具向各省市宣传部布置宣传要点，二是要求他们定期向中央宣传部报告工作。在毛泽东的主持下，国民党的宣传工作很快呈现出生气勃勃的局面。

国民党二大后，毛泽东的另一重要工作是领导农民运动。他被任命为国民党中央农民部主办的农民运动讲习所所长，其后又担任中共中央农民运动委员会书记。1926年9月1日，毛泽东在《农民问题丛刊》第一辑出版时，写了一篇题为《国民革命与农民运动》的序言，提出农民革命是国民革命成败的关键。他的这种观点对国民革命队伍中不少人产生了重要影响。

从1927年1月4日开始，毛泽东以国民党中央候补执行委员身份下乡考察农民运动，考察了湘潭、湘乡、衡山、醴陵、长沙五县。考察结束后，写成著名的《湖南农民运动考察报告》，叙述了湖南农民所做的14件大事，认为这些大事都是革命的行动和完成民主革命的措施。

在3月召开的国民党二届三中全会上，毛泽东和邓演达、陈克文向全会提交了《土地问题案》（后改为《农民问题案》）和《对农民宣言案》。16日，全会在他们的提案基础上正式通过《对农民的宣言》和《关于农民问题的决议案》。《宣言》明确表示革命需要一个农村的大变动，指出农民问题在中国革命中的重要地位和无产阶级领导农民斗争的极端重要性。

工农运动在国共合作的大革命中发挥了重要作用，为北伐战争的胜利打下了群众基础。但是，在国民党右派的密谋和以陈独秀为代表的右倾投降主义错误路线下，大革命面临严重的危机。面对新的革命形势，有着丰富社会活动实践经验的毛泽东转变思维，将革命导向新的征程。

三　开创革命新道路，建设和保卫苏区

"山雨欲来风满楼。"1927 年 4 月 12 日，蒋介石在上海发动反革命政变，国共合作全面破裂。

8 月 1 日，以周恩来为书记的中共中央前敌委员会，在南昌发动起义，打响了武装反抗国民党反动派的第一枪，揭开了中国共产党独立领导武装斗争和创建革命军队的序幕。

八一南昌起义失败后，中央让毛泽东暂时留在武汉，指导湖南省委的工作，筹划湖南的秋收起义。8 月 7 日，毛泽东出席在汉口秘密举行的中央紧急会议，即在中国共产党历史上有着重大转折意义的八七会议。会议总结了大革命失败的经验教训，坚决批判以陈独秀为代表的右倾投降主义错误，确定了实行土地革命和武装反抗国民党反动派的总方针。在八七会议上，毛泽东被选为中央政治局候补委员。他以亲身经历，从国共合作时不坚持政治上的独立性、党中央不倾听下级和群众意见、抑制农民革命、放弃军事领导权等四个方面批评陈独秀的右倾错误，并对会议确定的总方针提出独到见解。①

8 月 12 日，毛泽东秘密回到长沙，领导湖南、江西边界秋收起义。从 8 月 18 日起，毛泽东出席在长沙市郊沈家大屋召开的湖南省委会议。在会上，他坚决主张：湖南秋收起义时"我们应高高打出共产党的旗子"，不能再照八七会议规定的那样打"左派国民党旗帜"，并提出著名的"实行在枪杆上夺取政权、建设政权"的"枪杆子里出政权"论断。

在湘赣边界起义的原定计划严重受挫的危急时刻，毛泽东于 9

---

① 参见金冲及主编《毛泽东传（1893—1949）》，中央文献出版社 1996 年版，第 139 页。

月 19 日晚，在文家市里仁学校主持召开有师、团主要负责人参加的前敌委员会会议，讨论工农革命军今后的行动方向问题。他主张放弃进攻长沙，把起义军向南转移到敌人统治力量薄弱的农村山区，寻找落脚点，以保存革命力量，再图发展。会议经过激烈争论，在总指挥卢德铭等人的支持下通过了毛泽东的主张，"议决退往湘南"，把进军方向转向农村，特别是转向两省或数省交界的山区。

从进攻大城市转到向农村进军，这是新民主主义革命中具有转折意义的新起点。

9 月 29 日，毛泽东带领部队翻过山口，来到永新县三湾村。毛泽东在"泰和祥"杂货铺召开中共前敌委员会扩大会议，讨论部队现状及其解决的措施，决定对部队实行整顿和改编，这就是著名的三湾改编。三湾改编开始改变旧式军队的习气和农民的自由散漫作风，开启了建设新型人民军队的新篇章，在人民军队的建军史上有重大意义。

经过艰辛的辗转跋涉，1928 年 4 月，毛泽东所部与朱德领导的起义部队会师，成立工农革命军（不久改称红军）第四军。毛泽东任党代表、前敌委员会书记。从此，以毛泽东为主要代表的中国共产党人，发动土地革命，建立了巩固的农村革命根据地，实行了毛泽东自己所说的"枪杆子"与"民众运动"的结合，开创了以农村包围城市、最后夺取城市和全国政权的道路。

中共红四军第九次代表大会于 1929 年 12 月 28 日和 29 日在上杭古田举行。这是红军发展史上一次十分重要的会议。会议经过热烈的讨论，一致通过毛泽东起草的八个决议，总称《中国共产党红军第四军第九次代表大会决议案》，也就是著名的古田会议决议案。大会选出毛泽东、朱德、陈毅、罗荣桓、林彪、伍中豪、谭震林等 11 人为中共红四军前委委员，毛泽东重新当选为前委书记。古田会议决议总结了红四军成立以来在部队建设上的基本经验教训，确立了中国人民军队建设的基本原则。古田会议后，红四军回师赣南，分兵发动群众，深入土地革命，在赣南逐步形成一块比较巩固的根据地。

革命根据地的建立引起了国民党的恐慌和"围剿"。"敌人围困万千重，我自岿然不动。"面对强敌压境，毛泽东等人指挥若定，采取灵活机动的战略战术，先后粉碎了国民党四次"围剿"。1930年11月，蒋介石以鲁涤平兼任第九路军总指挥，调集了10万大军向赣西南革命根据地挺进，发起第一次"围剿"。此时，红一方面军约4万人，苏区扩大到近20多个县，面对强敌进攻，红一方面军总前委和江西省行委接受毛泽东的主张，确定了"诱敌深入"方针，在毛泽东、朱德的指挥下，粉碎了敌人的第一次"围剿"。

为纪念第一次反"围剿"的胜利，毛泽东在1931年春作《渔家傲·反第一次大"围剿"》：

> 万木霜天红烂漫，天兵怒气冲霄汉。
> 雾满龙冈千嶂暗，齐声唤，前头捉了张辉瓒。
> 二十万军重入赣，风烟滚滚来天半。
> 唤起工农千百万，同心干，不周山下红旗乱。

1931年4月，蒋介石又纠集了18个多师共20万兵力，以何应钦为总司令，采取"稳扎稳打，步步为营"和"分进合击，互相策应"的战术，对中央苏区和红军发起第二次"围剿"。红一方面军3万余人，在毛泽东、朱德指挥下，仍采取"诱敌深入"的方针，退至苏区前部持重待机。随后，采取集中兵力，先打弱敌，并在运动中各个歼灭敌人的战法，5月16日至5月30日，由西向东横扫，在富田、白沙、中村、广昌、建宁连打5个胜仗，转战700余里，歼敌3万人，缴枪2.2万枝，粉碎了国民党军的第二次"围剿"。

1931年夏，毛泽东以澎湃的革命激情作《渔家傲·反第二次大"围剿"》：

> 白云山头云欲立，白云山下呼声急。

枯木朽株齐努力，枪林逼，飞将军自重霄入。

七百里驱十五日，赣水苍茫闽山碧。

横扫千军如卷席，有人泣，为营步步嗟何及。

毛泽东以他满腔的战斗豪情与杰出诗人的创作激情描绘着红军取得的一次次胜利凯歌，激发了红军的革命斗志。

7月，蒋介石调集了23个师30万兵力，自任总司令，再次以"长驱直入"的作战方针，向中央苏区发起第三次"围剿"。红军抓住机会再次采取运动战术，彻底打破敌人的"围剿"。

前三次反"围剿"的胜利，使赣南、闽西苏区连成一片，形成了方圆5万平方公里的中央苏区。一方面军在战后改称中央红军，由中央革命军事委员会直接指挥。

1931年11月7日，中华苏维埃共和国临时政府在江西瑞金成立，毛泽东担任中央执行委员会主席和中央人民委员会主席。毛泽东是中央苏区的主要开辟者、创建者和领导者。尽管从1932年1月至1933年2月间，毛泽东先是因养病、后又随军赴前方参与指挥红军作战，没有主持中央政府工作，但他对中央苏区的发展做出了重要的贡献。中央苏区时期是党将马克思主义基本理论与中国实践相结合，实现历史性飞跃的重要奠基期。中央苏区是毛泽东思想的重要发祥地。

在中央苏区近6年间，毛泽东深入实际，做了许多调查研究工作，如寻乌调查、兴国调查、永新富农问题调查、吉水东塘村乡调查、赣西南土地分配调查、吉安土地斗争错误调查、吉安分青和土地出租调查、吉水木中村调查、兴国长冈乡调查、上杭才溪乡调查等。这些调查都是为了制定正确的政策，及时纠正土地革命斗争中的某些偏差而做的。在调查研究的基础上，毛泽东对苏区建设提出了许多卓有建树的意见，并着力加以实施。

在政治上，毛泽东始终要求红军和苏维埃政府为广大人民群众谋利益。1932年11月，毛泽东在为苏维埃政府起草的一个决议中严厉地批评官僚主义："官僚主义，是脱离群众，破坏苏维埃与群众的关系,对于苏维埃胜利和发展,有莫大危害。照例敷衍,强迫命令,是官僚主义的重要表现,这是苏维埃政府中绝对不允许存在的。"① 反对官僚主义,为中央苏区的廉政建设起到了重要的指导作用。

毛泽东与朱德在井冈山

这一时期,毛泽东非常注重思想教育,要求党员和干部队伍提高素质。他提出要举办各种训练班和学校,对苏区党员干部进行思想教育,大力培养党员和干部。此后苏区相继创办了党校、红军学校、苏维埃学校和其他干部学校。这些学校的创办为教育广大党员干部起了非常重要的作用。毛泽东还强调实行检查和监督制,积极

① 中共中央文献研究室编:《毛泽东著作专题摘编》(下),中央文献出版社 2003 年版,第 2149 页。

推进制度建设。他在《乡苏怎样工作?》一文中说:"检查制度是争取苏维埃工作质量、速度极其要紧的办法,只有决定,没有检查,就是官僚主义的领导,它同强迫命令主义是一样有害的。"①

毛泽东主持临时中央政府工作期间,还以极大的精力领导了中央苏区的经济建设。他从健全领导机构着手,广泛动员群众开展大规模的经济建设运动。为全面部署中央苏区的经济建设工作,临时中央政府先后召开两次经济建设大会。他在会上强调:"我们的目的不但要发展生产,并且要使生产品出口卖得适当的价钱,又从白区用低价买得盐布进来,分配给人民群众,这样去打破敌人的封锁,抵制商人的剥削。我们要使人民经济一天一天发展起来,大大改良群众生活,大大增加我们的财政收入,把革命战争和经济建设的物质基础确切地建立起来。"②

经济建设大会召开后,在各级苏维埃政府的具体指导下,中央苏区出现了轰轰烈烈的群众性经济建设热潮。苏区政治、经济、文化等各项建设工作逐步发展起来。

尽管苏维埃政权的建设处于草创阶段,但毛泽东等领导人努力探索适宜的工作机制,推动了中央苏区的各项建设。

四　夺取长征胜利,确立新的党中央领导

1934 年 10 月,在敌强我弱的情况下,由于博古、李德等人"左"倾冒险主义的错误领导,中央革命根据地第五次反"围剿"战争遭到失败。中央红军主力被迫实行战略大转移。

10 月 10 日,中共中央、中革军委率领中央红军 8.6 万余人从江西省瑞金、古城等地出发,蒋介石随即在赣南、湘粤边、湘东南、湘桂边构筑四道封锁线,对中央红军围追堵截。10 月 21 日,中央红

① 《毛泽东文集》第 1 卷,人民出版社 1993 年版,第 357 页。
② 《毛泽东选集》第 1 卷,人民出版社 1991 年版,第 122 页。

军从王母渡、新田之间突破国民党军第一道封锁线。11 月 15 日，红军主力先后从湖南省汝城以南的天马山至广东省的城口间、湖南省的良田至宜章间通过第二、第三道封锁线。11 月 25 日，中央红军打响了长征途中最为惨烈的湘江战役，并最终突破了国民党第四道封锁线。

长征途中，面对敌人穷凶极恶的围追堵截，中共中央内部存在"西进"、"南下"、"北上"的不同意见。中央红军突破四道封锁线之后，蒋介石加紧部署兵力。12 月 12 日，中共中央负责人在通道城（今县溪镇）恭城书院举行临时紧急会议，参加人有博古、周恩来、张闻天、毛泽东、王稼祥和李德等，讨论战略行动方针问题。李德、博古不顾已经变化了的客观情况，坚持去湘西同红二、六军团会合的计划。毛泽东极力说服博古等主要领导人，说明红军主力现时北上湘西，将会陷入敌军重围，后果不堪设想。建议放弃与二、六军团会合的原定计划，改向敌人军事力量薄弱的贵州西进。王稼祥、张闻天在发言中支持毛泽东的主张，周恩来等也赞同这个主张，为而后黎平会议决策红军战略计划转变做了必要的准备。

18 日，由周恩来主持在黎平城召开中共中央政治局会议，继续讨论红军战略行动方向问题。会议经过激烈争论，接受毛泽东的意见，并通过根据他的发言写成的《中央政治局关于战略方针之决定》，明确指出："政治局认为新的根据地区应该是川黔边区地区，在最初应以遵义为中心之地区，在不利的条件下应该转移至遵义西北地区。"① 黎平会议的《决定》有着重大的战略意义，中央红军挥戈西指，连战连捷，完全打乱了国民党军队的原有部署，部队的面貌为之一新，士气为之一振。

遵义会议是中国共产党历史上一个生死攸关的转折点。1935 年 1 月 2—6 日，中央红军全部渡过乌江，向以遵义为中心的黔北地区挺进。1 月 15—17 日，在遵义城红军总司令部召开中共中央政治局

---

① 《中共中央文件选集》第 10 册，中共中央党校出版社 1991 年版，第 441、442 页。

扩大会议。出席会议的政治局委员有博古、周恩来、张闻天、毛泽东、朱德、陈云，政治局候补委员有王稼祥、邓发、刘少奇、凯丰，红军总部和各军团负责人有刘伯承、李富春、林彪、聂荣臻、彭德怀、杨尚昆、李卓然，还有中央秘书长邓小平，军事顾问李德及翻译伍修权。

　　经过三天热烈讨论，会议做出下列决定：（一）毛泽东同志选为常委。（二）指定洛甫同志起草决议，委托常委审查后，发到支部讨论。（三）常委中再进行适当的分工。（四）取消三人团，仍由最高军事首长朱、周为军事指挥者，而恩来同志是党内委托的对于指挥军事上下最后决心的负责者。会后，中央政治局常委进行重新分工，由张闻天替代博古负总责，毛泽东协助周恩来指挥军事。遵义会议在中国革命处于极端危险的关头，依据民主集中制的原则，结束了王明"左"倾教条主义在中央长达四年之久的统治，确立了以毛泽东为代表的新的中央领导。

长征中的毛泽东

　　遵义会议后，陈云和潘汉年被派往莫斯科汇报具体的会况。10

月 15 日，陈云在共产国际执行委员会书记处会议上做了关于红军长征和遵义会议的报告，报告提到：遵义会议"我们撤换了靠铅笔指挥的战略家，推选毛泽东同志担任领导"，"我们党能够而且善于灵活、正确地领导国内战争。像毛泽东、朱德等军事领导人已经成熟起来"。①

1935 年 10 月 19 日，毛泽东随部队进驻吴起镇（今吴旗县城）。22 日，中共中央在吴起镇举行政治局会议，毛泽东在会上做了关于目前行动方针的报告和结论。他在报告中指出"敌人对于我们追击堵截不得不告一段落"，② 宣告中央红军长征结束。

11 月 5 日，毛泽东率红一军团到达象鼻子湾。他向随行部队发表讲话，对长征做了总结。他慷慨激昂地说：

> 我们从瑞金算起，总共走了三百六十七天。我们走过了赣、闽、粤、湘、黔、桂、滇、川、康、甘、陕，共十一个省，经过了五岭山脉、湘江、乌江、金沙江、大渡河以及雪山草地等万水千山，攻下许多城镇，最多的走了两万五千里。这是一次真正的前所未有的长征。敌人总想消灭我们，我们并没有被消灭，现在，长征以我们的胜利和敌人的失败而告结束。长征，是宣言书，是宣传队，是播种机。它将载入史册。我们中央红军从江西出发时，是八万人，现在只剩下一万人了，留下的是革命的精华，现在又与陕北红军胜利会师了，今后，我们红军将要与陕北人民团结在一起，共同完成中国革命的伟大任务！③

"红军不怕远征难，万水千山只等闲。"1936 年 10 月 7 日，红一军团第一师、红十五军团第七十三师在会宁与红四方面军第四军会合。22 日，战胜了张国焘分裂主义错误的红二、四方面军到达甘

---

① 《陈云文集》第 1 卷，中央文献出版社 2005 年版，第 9、34 页。
② 毛泽东在中共中央政治局会议上的报告记录，1935 年 10 月 22 日。
③ 《聂荣臻回忆录》上册，战士出版社 1983 年版，第 286、287 页。

肃会宁、宁静地区，与红一方面军会师，宣告伟大的长征胜利结束。

七律·长征

两年中，红军长征转战 14 个省，历经曲折，战胜了重重艰难险阻，保存和锻炼了革命的基干力量，将中国革命的大本营转移到了西北，为开展抗日战争和发展中国革命事业创造了条件。

五　奠基西北，建立抗日民族统一战线

长征胜利结束后，中共中央宣布今后的任务是保卫和扩大陕北苏区，以陕北苏区领导全国革命。随着日本帝国主义入侵步伐的加快，建立和巩固抗日民族统一战线，抵抗日本帝国主义入侵，成为中国共产党的重要历史使命。毛泽东为西北革命根据地的建设和建立抗日民族统一战线做出了重要贡献。

　　1935 年 11 月 3 日，红军成立了西北革命军事委员会，毛泽东任主席，周恩来、彭德怀任副主席。11 月 20 日，蒋介石调集重兵围攻，企图围歼红军于葫芦河、洛河之间地区。为粉碎国民党军新的进攻，毛泽东、彭德怀决定，集中兵力，向南作战，首先在直罗镇一带歼灭沿葫芦河东进之敌一部，而后转移兵力，各个歼敌。经过战斗，24 日，最终取得直罗镇战役的重大胜利。直罗镇战役的胜利，彻底粉碎了国民党军对陕甘苏区的"围剿"，打击了国民党军队的士气，迫使蒋介石调整其战略部署；为红军积蓄和发展新的战斗力量，扩大陕甘革命根据地赢得了宝贵时间，"给党中央把全国革命大本营放在西北的任务，举行了一个奠基礼"。

　　纠正肃反扩大化是毛泽东在陕北苏区认真解决的一件政治大事。

　　1935 年 7 月 15 日开始，陕北苏区进行了肃反运动，从 9 月下旬开始，西北革命根据地发生错误肃反事件，逮捕刘志丹等一大批党、政、军领导干部，错杀 200 多人。11 月 3 日，毛泽东在甘泉县下寺湾召开中共中央政治局常委会议，制止肃反。毛泽东认真听取了陕甘晋省委副书记郭洪涛和西北军委主席聂洪钧的汇报，提出"刀下留人，停止捕人"。

　　毛泽东说："我们刚刚到陕北，仅了解到一些情况，但我看到人民群众的政治热情很高，懂得许多革命道理，陕北红军的战斗力很强，苏维埃政权能巩固地坚持下来，我相信创造这块根据地的同志是党的好干部。"毛泽东要求停止逮捕、停止审查、停止杀人，一切听候中央解决。中共中央派担任国家保卫局长的王首道等组成工作组，前往陕甘晋省委驻地瓦窑堡调查并纠正肃反中的错误。毛泽东还叮嘱王首道等说："杀头不能像割韭菜那样，韭菜割了还可以长起来，人头落地就长不拢了。如果我们杀错了人，杀了革命的同志，那就是犯罪的行为。大家要切记这一点，要慎重处理。"①

---

　　① 《王首道回忆录》，解放军出版社 1988 年版，第 166—167 页。

到达陕北后的毛泽东

在红一方面军营以上干部大会结束后，毛泽东会见徐海东，了解到在鄂豫皖根据地搞的肃反中还有 300 多"反革命嫌疑犯"没有作结论的情况，说：这些同志都跟着长征一路过来，吃了许多苦，为什么还当作反革命？要立刻给他们摘掉嫌疑犯的帽子，党员恢复党籍，团员恢复团籍，干部要分配工作。徐海东回忆道："我按照毛主席的指示，向三百多个被冤枉的同志宣布了恢复他们的党团关系。三百多个同志全哭了，我也流了泪。从这件事，我又一次感受到，毛主席是最实事求是的。那些同志如果不是毛主席，不知还要被冤枉多久呢！"①

在忙于战役准备的同时，毛泽东和周恩来、彭德怀从前线致电张闻天、博古，请他们详细考察肃反的实际情况，并且指出："要纠正错误，但处理要慎重，要有利于领导层的团结。"中共中央决定：

① 徐海东：《生平自述》，生活·读书·新知三联书店 1982 年版，第 47、48 页。

由董必武、李维汉、王首道、张云逸、郭洪涛负责审查刘志丹"案件"。王首道后来激动地回忆说:"毛主席还号召全体干部、军民进一步加强团结,一致对敌。毛主席的指示和刘志丹等同志释放的消息传出以后,广大军民奔走相告,欢欣鼓舞,热烈欢呼:刘志丹同志得救了!陕北得救了!"①

毛泽东在前线紧张地指挥作战的同时,十分关心刚到后方瓦窑堡的中共中央机关的工作。对富农政策,他提出,当斗争发展,贫农、中农要求平分富农土地时,党应赞助这一要求。富农可与贫农、中农分得同等土地。过去分坏田的原则是不对的,但富农土地完全不动的原则,在苏区尤其在南方苏区也是不对的。在土地问题上,对富农策略同中农应该有一点区别。②

直罗镇战役的胜利和陕北肃反扩大化等问题的纠正,使中共中央能够在西北站稳脚跟,获得一个相对安定的环境。

随着日军侵华步伐的加快,党中央和毛泽东将工作重点放在进一步推动抗日民族统一战线的建立上。

为了推进抗日救亡运动,1935年12月17—25日,中共中央在瓦窑堡举行政治局扩大会议,参加会议的有张闻天、毛泽东、周恩来、博古、王稼祥、刘少奇、邓发、凯丰、张浩,以及李维汉、郭洪涛等10余人。会议着重讨论了全国政治形势和党的策略路线、军事战略。在23日的会议上,毛泽东做了军事战略方针的报告和结论。他分析了日本帝国主义企图独占中国和红军取得胜利的形势特点,提出1936年的军事部署:"正确估计敌我力量,准备对日直接作战,扩大红军,发展游击队及白军工作。"③ 会议当天通过了毛泽东起草的《中央关于军事战略问题的决议》,决议指出:在日本帝国主义变中国为其殖民地的形势下,党的总任务是"以坚决的民族战争,反抗日本帝国主义进攻中国"。党的战略方针是:"把国内战争

① 《王首道回忆录》,解放军出版社1988年版,第170、171页。
② 毛泽东、周恩来、彭德怀给张闻天的电报,1935年12月1日。
③ 毛泽东在中共中央政治局会议上的报告记录,1935年12月23日。

同民族战争结合起来"，"准备直接对日作战的力量"，"猛烈扩大红军"。①

对民族资产阶级有没有可能抗日的问题，毛泽东指出，日本帝国主义进一步入侵华北，中华民族面临危亡关头，不仅工人、农民和小资产阶级要求抗日，民族资产阶级也有参加抗日的可能，我们应当联合他们抗日，"我们要从关门主义中解放出来"，建立广泛的抗日民族统一战线。张闻天等多数人赞成毛泽东的主张。12 月 25 日，会议通过了由张闻天起草的《中共中央关于目前政治形势与党的任务决议》。决议明确地指出："在目前说来，'左'的关门主义，是党内主要危险。"会议确定建立最广泛的抗日民族统一战线。

随着日本帝国主义侵华步伐的加快，中国大地上反日反法西斯的运动如狂风暴雨般地发展，工农商学兵各界都呼吁抗日救亡。1936 年 5 月 8 日，中共中央在延长县交口太相寺召开中央政治局扩大会议。毛泽东出席会议，做了"目前形势与今后战略方针"的报告，他指出："全国人民都不愿当亡国奴，要反抗，要斗争！"因此，我们的总任务是建立全国人民的统一战线，战胜日本帝国主义和蒋介石；我们的具体政治任务是建立西北国防政府。

会后，毛泽东连续出席七次政治局常委会议，逐项落实中央政治局扩大会议提出的建立抗日民族统一战线等任务。

为了迎接全民族抗日的新形势，中共中央于 1937 年 5 月在延安召开党的全国代表会议。这是一次人数众多、代表性广泛、意义重大的会议。会上，毛泽东做了《中国共产党在抗日时期的任务》的政治报告，并做出《为争取千百万群众进入抗日民族统一战线而斗争》的结论。会议批准了毛泽东的报告和遵义会议以来中央的政治路线，在政治上、思想上和组织上为迎接全国抗日战争的到来做了重要准备。

抗日战争开始后，以毛泽东为首的中共中央坚持统一战线中的

---

① 《中共中央文件选集》第 10 册，中共中央党校出版社 1991 年版，第 589—597 页。

独立自主原则，努力发动群众，开展敌后游击战争，建立了许多大面积的抗日根据地。毛泽东还发表了《论持久战》、《论新阶段》等重要著作，对各种错综复杂的新问题及时提出明确而切合实际的对策，表现出卓越的领导才能，为中国抗战胜利做出了重要贡献。

六　巩固延安政权，毛泽东思想走向成熟

为巩固抗日民族统一战线，毛泽东等中共领导人从思想、政治、经济、文化各方面建设西北各抗日革命根据地。

一是将马克思主义与中国革命实践相结合，提出新民主主义革命理论。

毛泽东是马克思主义中国化的倡导者和推动者。他早年曾说过："主义譬如一面旗子，旗子立起了，大家才有所指望，才知所趋赴。"① 1938 年 10 月，毛泽东在中共扩大的六届六中全会上提出"马克思主义中国化"的指导原则。

为了将马克思主义与中国实际相结合，毛泽东以其尖锐而风趣的笔触做了充分的理论阐释。在延安杨家岭极其简陋的两间窑洞里，毛泽东常常通宵达旦地工作。在这里，除了指导军事斗争，毛泽东还笔耕不辍，回答了当前时局中面临的种种问题，回答了中国现阶段民主革命和未来建设新中国的一系列根本问题。

经过夜以继日的写作，1939 年、1940 年之交，毛泽东接连发表了《〈共产党人〉发刊词》、《中国革命和中国共产党》、《新民主主义论》等文章。当时担任他的保卫参谋的蒋泽民回忆道："毛泽东写文章是非常辛苦的。延安地区没有电，夜晚毛泽东写文章时点两根蜡烛照明，烛光昏暗而又跳动，很影响视力，容易使眼睛疲劳。毛泽东写累了，就揉揉酸胀的双眼，再继续写，一夜之后，他的脸上

---

① 《毛泽东早期文稿》，湖南出版社 1990 年版，第 554 页。

沾了一层烟尘。"①

在他的论著中，毛泽东科学地总结了鸦片战争以后，特别是共产党成立以后中国革命的经验教训，深刻论述了中国民主革命发展的基本规律，旗帜鲜明地提出了新民主主义的完整理论，提出了新民主主义政治、经济、文化，描绘了新民主主义社会的蓝图，实现了马克思主义中国化的第一次飞跃。为中国人民指明了一条适合中国国情的夺取民主革命胜利、建设新中国的正确道路，标志着毛泽东思想走向成熟。

随着新民主主义理论的提出，毛泽东还以极大的精力指导边区政府逐步实现新民主主义政治、经济、文化。边区中央局副书记、陕甘宁边区政府秘书长和政府党团书记谢觉哉在日记中写道："毛主席粗枝大叶的新民主主义论，在边区就要把它细针密缕起来。""这不是一件易事，要求中央更加注意边区，要求在边区工作的同志更加努力。"② 1941 年 5 月 1 日，中共陕甘宁边区中央局发布了经中共中央政治局批准毛泽东审阅改写的《陕甘宁边区施政纲领》。这个纲领明确体现了中国共产党坚持的团结、抗战、进步的总方针，而且对边区的政治、经济、文化、教育、法律等制定具体的政策，为边区人民勾画出一个美好的建设蓝图。

二是注重培养教育干部，为党的组织建设提供骨干力量。

毛泽东在 1936 年的中央政治局扩大会议报告中，着重提出红军政治学校的问题，说：要搞好西北局面及全国大局面，没有大批干部是不行的，现在不解决这个问题，将来会犯罪；"要首先看明天，再来看今天。不看今天，是空谈。不看明天，就是政治上的近视眼"。因此，我们有责任"引导同志们看得远"，办一所红军大学来培养大批干部，以适应形势发展的需要。③ 会议经过讨论，同意毛泽东的报告，决定红一方面军主力西征，并在瓦窑堡创办红军大学。

①　蒋泽民：《忆毛泽东在延安》，八一出版社 1993 年版，第 27、28、29 页。

②　《谢觉哉日记》（上），人民出版社 1984 年版，第 310 页。

③　毛泽东在中共中央政治局扩大会议上的报告记录，1936 年 5 月 8 日。

　　毛泽东在延安亲自领导开办的学校还有中国人民抗日军政大学、陕北公学、青年干部训练班、鲁迅艺术学院、马列学院、中共中央党校、中国女子大学等。毛泽东为抗大制定了"坚定正确的政治方向，艰苦朴素的工作作风，灵活机动的战略战术"的教育方针和"团结、紧张、严肃、活泼"的校训。他的一些重要著作如《中国革命战争的战略问题》、《矛盾论》、《实践论》、《论持久战》等，都被列为抗大的必读教材。

　　到六中全会召开时，延安的各类院校已培养了几十万干部，其中共产党员达到 25 万人，大多在各条战线上成为骨干力量，对争取抗战胜利，对以后的革命和建设事业做出了重要的贡献。

　　三是酝酿并实施参政会议，厉行精兵简政，开创民主政治新局面。

　　1939 年初，陕甘宁边区召开第一届参议会。它是人民普选产生的。参议会经过民主选举，选出高岗为议长、张邦英为副议长，林伯渠为边区政府主席，高自立为副主席。会议还制定出"陕甘宁边区抗战时期施政纲领"。毛泽东在这次会上提出边区的建设方向是要成为"抗战的堡垒"和"民主的模范"。他还提出 1939 年边区的施政方针是：大大发展国防经济，发展农业、手工业，改良人民生活；发展国防教育，办初级的高级的学校，开展识字运动，使边区人民大大提高文化水准；大大推进国防的民众运动，加强军事训练。这是毛泽东对边区建设的初步设想。

　　毛泽东指导下的陕甘宁边区第一届参议会开辟了根据地民主政治的新局面，朱德评价说："在中国，由议会选举政府，决定施政方针，边区是第一个。"它实际上成为后来人民代表大会制度的雏形。①

　　1941 年 11 月，在陕甘宁边区二届一次参议会上，担任陕甘宁边区政府副主席的李鼎铭提出"精兵简政"的方案，得到毛泽东的赞同和采纳。毛泽东后来说："'精兵简政'这一条意见，就是党外人士李鼎铭先生提出来的；他提得好，对人民有好处，我们就采用了。"

---

　　①　金冲及主编：《毛泽东传（1893—1949）》，中央文献出版社 1996 年版，第 604 页。

毛泽东为陕甘宁边区等抗日根据地的精兵简政工作制定出具体原则和办法。他强调：这一次精兵简政，必须是严格的、彻底的、普遍的，而不是敷衍的、不痛不痒的、局部的。12月，中共中央发出精兵简政的指示，要求切实整顿党、政、军各级组织机构，精简机关，提高效能，节约人力物力。根据中共中央的指示，陕甘宁边区先后进行三次精简，取得很大成效。

四是克服困难，加强经济建设。

从1940年开始，在日本侵略军的残酷扫荡和国民党顽固派的严密封锁下，敌后抗日根据地和陕甘宁边区出现严重的经济困难，到1941年进入极端困难时期。陕甘宁边区是中共中央所在地，是各抗日根据地的总后方。因此，面对严重的经济困难，毛泽东特别注重边区根据地的经济建设，响亮地发出了"自己动手，丰衣足食"的号召。萧劲光后来回忆说：

> 一天，毛泽东同志把林伯渠、高岗和我找去，对我们说：我们到陕北来是干什么的呢？是干革命的。现在日本帝国主义、国民党顽固派要困死、饿死我们，怎么办？我看有三个办法：第一是革命革不下去了，那就不革命了，大家解散回家。第二是不愿解散，又无办法，大家等着饿死。第三靠我们自己的两只手，自力更生，发展生产，大家共同克服困难。他的这段话，既风趣，又易懂，像一盏明灯，一下子把我的心照亮了。我们三人不约而同地回答说：大家都会赞成第三种办法。毛泽东同志听了，笑笑，接着说：现在看来，也只有这个办法。这是我们的唯一出路，是打破封锁、克服困难的最有效最根本的办法。①

在毛泽东的倡导下，党、政、军、民、学开展了轰轰烈烈的大

---

① 《萧劲光回忆录》，解放军出版社1987年版，第298、299页。

生产运动。通过大生产运动，边区实现了"自己动手，丰衣足食"的目标。毛泽东说："这是中国历史上从来未有的奇迹，这是我们不可征服的物质基础。"军民大生产运动不仅度过了严重的经济困难，支持了艰苦的抗战，而且积累了经济建设的经验，培养了一支过硬的干部队伍。

五是开展整风运动，为夺取抗日战争和全国革命的胜利奠定思想基础。

从1942年2月开始，毛泽东在全党范围内发动了一场长达三年的整风运动。中国共产党在它成立以来的20多年历史中，经历过巨大的胜利，也遭受过严重的失败，出现过"左"的、右的机会主义错误以及教条主义错误。为反对教条主义错误，5月28日，毛泽东在中央学习组上谈到：整顿三风"就是一个无产阶级的思想同小资产阶级思想的斗争"。他还提出"惩前毖后，治病救人"的整风方法和方针。

6月8日，中宣部发出《关于在全党进行整顿三风学习运动的指示》。此后，以反对主观主义、宗派主义和党八股为主要内容的整风运动从延安推向各根据地，在全党范围内陆续普遍开展起来。在全党普遍的整风学习运动中，毛泽东在给聂荣臻的电报中强调指出："此次整风是全党的，包括各部门各级干部在内"，而"主要与首先的对象是高中两级干部，特别是高级干部，只要把他们教育好了，下级干部的进步就快了"。"我说这点，是想引起你注意抓紧党、政、军、民、学各方面高级干部的学习领导，克服在他们中存在着的三风不正的残余。我们在延安亦是特别抓紧高级组的学习，着重阅读与自我反省"。① 在延安，有1万多名干部参加了整风运动。

1943年4月13日，中共中央发布《关于继续开展整风运动的决定》，明确规定继续开展普遍的整风运动的任务主要是两项：一是纠正干部中的非无产阶级思想，二是肃清党内暗藏的反革命分子。在

---

① 毛泽东致聂荣臻的电报，1942年7月4日。

当时十分复杂的社会政治环境下，对干部队伍进行一次认真的审查是完全必要的，通过这项工作可以清除特务，纯洁革命队伍。但是，在实际工作中，由于过分严重地估计了敌情，造成大批冤假错案，使审干工作大大偏离了正确的轨道。中央党校副校长彭真和中央社会部副部长李克农看到问题的严重性，向毛泽东做了报告。毛泽东听完后说：我看是扩大化了。我们要很快纠正这一错误做法。我们的政策是一个不杀，大部不抓。

随后，毛泽东提出了纠正错误的方法和原则，并对延安审干工作中出现的偏差承担了责任。1945 年 5 月，毛泽东在中央党校讲话，说：在审干中，"整个延安犯了许多错误，谁负责？我负责，因为发号施令是我。别的地方搞错了谁负责？也是我，发号施令的也是我。""我是党校的校长，党校也搞错了，如果在座有这样的同志，我赔一个不是，因为搞错了。"①毛泽东的自我批评，化解了许多人心中的怨愤，重新实现了同志之间不存芥蒂的团结。

为了解决文艺界暴露出来的问题，5 月 2 日至 23 日，延安文艺座谈会在中央大礼堂召开。参加会议的有在延安的文艺工作者、中央及各部门负责人共 100 多人。在 5 月 2 日第一次会议上，毛泽东开宗明义地说：这次会议的"目的是要和大家交换意见，研究文艺工作和一般革命工作的关系，求得革命文艺的正确发展，求得革命文艺对其他革命工作的更好的协助，借以打倒我们民族的敌人，完成民族解放的任务"。会后，延安广大文艺工作者一扫过去脱离实际、脱离群众的不良风气，在斗争实践中创造出一大批深受工农兵欢迎的文艺作品。这次会议，对后来党的文艺政策的制定和文艺工作的健康发展产生了非常深远的影响。

整风运动纠正了主观主义和宗派主义，使全党进一步掌握了马克思列宁主义的普遍真理和中国革命的具体实践相结合的基本方向。

---

① 毛泽东在中央党校的讲话记录，1945 年 2 月 15 日。

在延安时的毛泽东（一）

　　经过政治、经济、文化、思想等各方面的建设，边区新民主主义的政权建设发展到一个新阶段，成为全国最进步的地方。就如毛泽东设想的："这里一没有贪官污吏，二没有土豪劣绅，三没有赌博，四没有娼妓，五没有小老婆，六没有叫化子，七没有结党营私之徒，八没有萎靡不振之气，九没有人吃磨擦饭，十没有人发国难财。"①

　　1945 年 4 月 23 日，毛泽东主持的中共第七次全国代表大会在杨家岭中央大礼堂隆重开幕。毛泽东在大会上做了《论联合政府》的报告。他指出："在中国人民面前摆着两条路，光明的路和黑暗的路。有两种中国之命运，光明的中国之命运和黑暗的中国之命运。"面对这样的两条道路和两种命运，中国共产党的选择和方针是什么呢？毛泽东坚定不移地回答："我们应当用全力去争取光明的前途和光明的命运，反对另一种黑暗的前途和黑暗的命运。"大会制定了"放手发动群众，壮大人民力量，在共产党的领导下，打败日本侵略

---

　　① 《毛泽东选集》第 2 卷，人民出版社 1991 年版，第 718 页。

者，解放全国人民，建立一个新民主主义的中国"的战略。6 月 11
日，中共七大在团结、胜利的气氛中胜利闭幕。

毛泽东情绪饱满地站在主席台上代表中共中央致闭幕词，他高
度评价七大的历史性作用，说："我们开了一个很好的大会，一个胜
利的大会，一个团结的大会!"他号召全党以"愚公移山"的精神，
和全国人民一起，下定决心，不怕牺牲，排除万难，去争取胜利。

在这次大会上，毛泽东思想被确定为中共的指导思想。

毛泽东思想，是马克思列宁主义在中国的运用和发展，是被实
践证明了的关于中国革命的正确的理论原则和经验总结，是中国共
产党集体智慧的结晶。邓小平同志说，毛泽东思想这个旗帜丢不
得，丢掉了实际上就否定了我们党的光辉历史；任何时候都不能
动摇高举毛泽东思想旗帜的原则，我们将永远高举毛泽东思想的
旗帜前进。

在延安时的毛泽东（二）

6月19日，中共七届一中全会第一次会议选举毛泽东为中央委员会主席兼中央政治局和中央书记处主席，建立了以毛泽东为核心的中国共产党第一代领导集体。

七　推翻旧政权，建立新中国

1945年8月15日，日本宣布无条件投降。胜利的消息传来，延安城内外一片欢腾。毛泽东和边区人民一起，沉浸在民族解放战争胜利的喜悦中。与此同时，毛泽东等中共中央领导人都开始进一步思考中国向何处去的问题。

日本乞降的消息传出后，毛泽东在1945年8月11日为中共中央写了《关于日本投降后我党任务的决定》，明确地指出："日本已宣布投降。国民党积极准备向我解放区收复失地，夺取抗日胜利的果实。这一争夺战，将是极猛烈的。"

全国人民刚经过8年的抗日战争，普遍要求实现国内和平，重建家园。虽然蒋介石打内战的决心已定，但他要放手发动全面内战还有许多困难。因此，蒋介石在8月14日、20日、23日连续三次致电毛泽东，邀请毛泽东速到重庆"共定大计"，试图用谈判取得准备全面内战和调兵遣将所需的时间。8月28日，毛泽东和周恩来、王若飞从延安飞抵重庆，就中国向何处去的命运攸关问题与国民党展开谈判。

毛泽东对这次谈判提出了八点原则性意见，主要是：国共两党谈判有结果时，应召开有各党各派和无党派人士代表参加的政治会议；在国民大会问题上，如国民党坚持旧代表有效，中共将不能与国民党成立协议；应给人民以一般民主国家人民在平时所享有之自由；应给各党派以合法地位；应释放一切政治犯，并列入共同声明中；应承认解放区及一切收复区内的民选政权等。

经过反复的交涉和谈判，10月10日下午，周恩来、王若飞和王世杰、张群、张治中、邵力子在桂园客厅里正式签署《国民政府与中共代表会谈纪要》（通常称作《双十协定》）。

《双十协定》似乎让人民从再次发生内战的恐慌中舒了一口气。但是，国民党发动内战的阴影未散。面对新的时局，毛泽东未雨绸缪。回到延安的第二天，他就指出："和平基本方针虽已奠定，但暂时许多局部的大规模的冲突仍不可避免"，解放区问题未能在此次谈判中解决，军队整编问题也没有最后解决。国民党军队现正向各解放区大举进攻。因此，"我方必须提起充分注意，战胜这些进攻，绝对不可以松懈"[①]。他还多次强调：我们要加倍地努力，争取局势的发展有利于全国人民。

1946 年夏蒋介石发动全面内战后，毛泽东与朱德、周恩来领导中国人民解放军进行积极防御。怎样"战胜蒋介石"呢？毛泽东提出几条基本的指导方针：

> 在军事方面，一是"战胜蒋介石的作战方法，一般地是运动战"，二是"集中优势兵力，各个歼灭敌人"的作战方法。
>
> 在政治方面，毛泽东要求"必须和人民群众亲密合作，必须争取一切可能争取的人"，并为此规定了党在农村中、在城市中和在国民党军队中必须团结、争取、孤立的阶级、阶层和人员。
>
> 在经济方面，"必须作持久打算，必须十分节约地使用我们的人力资源和物质资源，力戒浪费"，要"努力生产"，要"依靠自力更生，立于不败之地"，要"艰苦奋斗，军民兼顾"。

根据中共中央和毛泽东的部署，各战场的解放军依托解放区的有利条件，机动灵活地实行内线作战，不断歼灭国民党军队的有生力量，取得重要胜利。

1947 年 3 月至 1948 年 3 月，毛泽东与周恩来、任弼时转战陕

---

① 《中共中央文件选集》第 15 册，中共中央党校出版社 1991 年版，第 325 页。

北，指挥西北战场和全国的解放战争。

在毛泽东的精心筹划下，从 1947 年 7 月开始，中国人民解放军由战略防御转入战略进攻。作为一个伟大的战略家，毛泽东从全国战局着眼，对三大战役之间的协调配合做出了规划。

为了防止东北之敌撤入关内与华北之敌会合后增大华北解放军的作战压力，以毛泽东为首的中共中央军事委员会决定阻止敌人南下，采取了就地歼灭敌人的方针。针对敌人兵力部署在锦州、沈阳、长春三点一线的态势和撤退东北的企图，毛泽东制定了"关门打狗"的战略方针，要求人民解放军"封闭蒋军在东北加以各个歼灭"。东北野战军按毛泽东的战略构想于 12 日发起辽沈战役，至 10 月 1 日已切断东北之敌通往关内的唯一通道，把敌人封闭在东北地区并随之全歼。

在淮海、平津两战役中，毛泽东关于战役之间相互协调、配合的战略思想更加明显。在淮海战场上，针对敌人在以徐州为中心点的"一点两线（陇海线、津浦线）"，企图以此来阻止人民解放军南下，而且万不得已时撤到淮南与南线敌人会合以确保南京、上海的兵力部署，毛泽东提出了"截断宿蚌路，歼敌于淮河长江以北"的战略方针，对敌人进行"中间突破"予以就地歼灭。

在平津战场上，傅作义集团在以北平、天津为中心，东起唐山西至张家口的铁路线上摆起了一字长蛇阵，并企图在溃败时从海上南逃或向西逃窜。为了就地歼敌不让其逃走，毛泽东制定了先切断敌人东西两头退路，然后再逐个歼灭敌人的战略方针。

在以毛泽东为首的党中央领导下，经过辽沈、淮海、平津三大战役，国民党赖以维持其反动统治的主要军事力量基本上被消灭，奠定了人民解放战争在全国胜利的基础。

1949 年 4 月 20 日，国民党反动政府最后拒绝在国内和平协议上签字。21 日，中国人民革命军事委员会主席毛泽东和中国人民解放军总司令朱德发布了《向全国进军的命令》。

"钟山风雨起苍黄，百万雄师过大江。" 4 月 20 日晚和 21 日，人民解放军第二、三野战军先后发起渡江。百万雄师以沿江湖区渔民的木帆船为主要航渡工具，在炮兵、工兵的支持配合下，在西起江西省的湖口、东至江苏江阴的千里战线上强渡长江，彻底摧毁了国民党军的长江防线。23 日，第三野战军一部解放了国民党 22 年来的反革命统治中心南京，24 日凌晨，104 师 312 团 3 营 9 连占领总统府，宣告了国民党反动统治的覆灭。

"为有牺牲多壮志，敢教日月换新天。"中国人民解放军由小到大、由弱到强，经过长期的艰苦卓绝的斗争，战胜了比自己强大得多的内外敌人，解放了除台湾等岛屿外的全中国。这是在毛泽东的卓越领导和指挥下所取得的惊天动地的历史功绩。

在领导解放战争的同时，毛泽东开始为筹建新中国做准备。与各民主党派共商建国大政，是建国史上的重要政治大事。

1947 年 10 月，当人民解放军全面转入战略进攻后不久，毛泽东便在《中国人民解放军宣言》中提出："联合工农兵学商各被压迫阶级、各人民团体、各民主党派、各少数民族、各地华侨和其他爱国分子，组成民族统一战线，打倒蒋介石独裁政府，成立民主联合政府。"[1]

1948 年 4 月 30 日，经毛泽东审定的中共中央纪念五一劳动节提出"迅速召开政治协商会议"的口号，发出"成立民主联合政府"的号召。从 1948 年 8 月起，根据毛泽东的指示，在周恩来的周密安排下，原在国民党统治区的各民主党派、爱国民主人士和海外华侨代表，陆续进入东北和华北解放区。

毛泽东要民主党派"积极参政，共同建设新中国"，这是新中国政治生活中的一件大事，具有深刻的政治意义。当时任中共中央统战部部长的李维汉说：关于民主党派参加新政协并将担任中央人民政府各项职务，"所有这些，标志着民主党派地位的根本变化。他们不再是旧中国反动政权下的在野党，而成为新中国人民民主专政的参加者，在中国共产党的领导下，和共产党一道担负起管理国

① 《毛泽东选集》第 4 卷，人民出版社 1991 年版，第 1237 页。

家和建设国家的历史重任。从此，各民主党派走上了新的历史道路"。①

1949年3月，毛泽东主持召开中共七届二中全会，决定把党的工作重心从农村转到城市，规定了党在全国胜利以后的各项基本政策，号召全党务必保持谦虚谨慎、不骄不躁的作风，务必继续保持艰苦奋斗的作风。

6月15日至19日，新政协筹备会议第一次全体会议在北平中南海勤政殿召开。参加会议的有中国共产党和各民主党派、无党派民主人士及各人民团体代表共134人。毛泽东在会议的开幕式上讲话。会议一致通过《新政治协商会议筹备会组织条例》、《关于参加新政治协商会议的单位及其代表名额的规定》，选出了以毛泽东为主席的筹备会常务委员会。

毛泽东在6月30日发表了《论人民民主专政》，阐述了人民共和国的政权的性质及其对内对外的基本政策，为即将成立的新中国做了政治理论准备。

9月21日下午7时，毛泽东等来到中南海怀仁堂，出席中国人民政治协商会议第一次全体会议。毛泽东在会上致开幕词，他说："诸位代表先生们，我们有一个共同的感觉，这就是我们的工作将写在人类的历史上，它将表明：占人类总数四分之一的中国人从此站立起来了！"会议发表了由毛泽东起草的《中国人民政治协商会议第一届全体会议宣言》，确定中华人民共和国的政治制度是民主集中制的人民代表大会制度，暂时由中国人民政治协商会议第一届全体会议代行全国人民代表大会的职权。毛泽东宣布："中国的历史，从此开辟了一个新的时代！"

10月1日，毛泽东在天安门城楼向全世界宣告：中华人民共和国中央人民政府成立了！这是一个具有历史意义的庄严时刻。

---

① 李维汉：《回忆与研究》（下），中共党史资料出版社1986年版，第693页。

1949 年 10 月 1 日毛泽东在天安门

正如邓小平同志所说："如果没有毛泽东同志的卓越领导，中国革命有极大的可能到现在还没有胜利，那样，中国各族人民就还处在帝国主义、封建主义、官僚资本主义的反动统治之下，我们党就还在黑暗中苦斗。所以说没有毛主席就没有新中国，这丝毫不是什么夸张。"

八　建设新国家，探索社会主义建设道路

中华人民共和国成立伊始，百废待兴。社会主义革命和建设任重道远。

新中国确立了人民民主专政的国体，并在此基础上确立了一个根本政治制度——人民代表大会制度，两个基本政治制度——中国共产党领导的多党合作和政治协商制度、民族区域自治制度。

1953 年，我国进行了第一次大规模的普选，自下而上逐级召开

了人民代表大会。1954 年 9 月，第一届全国人民代表大会第一次会议胜利召开，制定了新中国第一部宪法，宪法明确规定人民行使国家权力的机关是全国人民代表大会和地方各级人民代表大会。人民代表大会制度是适合我国国情的根本政治制度，它直接体现我国人民民主专政的国家性质，是建立其他国家管理制度的基础。如前所述，人民代表大会制度的确立有一个过程，而毛泽东在这个过程中发挥了重要的作用。早在 1940 年 1 月，毛泽东在《新民主主义论》中就明确提出："中国现在可以采取全国人民代表大会、省人民代表大会、县人民代表大会、区人民代表大会直到乡人民代表大会的系统，并由各级代表大会选举政府。"1945 年 4 月，毛泽东在《论联合政府》中进一步指出："新民主主义的政权组织，应该采取民主集中制，由各级人民代表大会决定大政方针，选举政府。"1948 年 9 月，毛泽东在中央政治局会议上所做的报告中指出，我们的政权采取民主集中制的人民代表会议制度，而不采取资产阶级议会制。毛泽东的屡次提议，为人民代表大会制度的最终确立奠定了具有指导意义的基础。

1949 年 9 月 21 日，中国人民政协第一次会议召开，标志着中国共产党领导的多党合作和政治协商制度的确立，这是中华人民共和国的一项基本的政治制度，是具有中国特色的政党制度。而毛泽东关于正确处理与民主党派的关系，并同他们密切合作的思想是我党领导的多党合作政治制度建立和完善的重要指导思想。新中国成立初期，共产党内有少数同志认为，对民主党派，不应在政治上去提高他们，在组织上去发展他们。一些民主人士也认为，新中国已经成立，他们的历史使命已经完成，无须再存在下去。毛泽东郑重指出："要向大家说清楚，从长远和整体看，必须要民主党派。""认为民主党派是'一根头发的功劳'，一根头发拔去不拔去都一样的说法是不对的，从他们背后联系的人们看，就不是一根头发，而是一把头发，不可藐视。"此后，毛泽东关于多党合作和正确处理人民内部矛盾问题的理论、思想、指示，进一步完善了中国共产党领导的多党合作和政治协商制度。

民主政治制度的确立，为社会主义改造和建设提供了安定的政治环境。毛泽东带领党和人民进行了社会主义改造，建立了社会主义基本经济制度，确立了社会主义制度，围绕"什么是社会主义"、"怎样建设中国的社会主义"等问题，对适合中国国情的社会主义建设道路进行了一系列开创性的探索。

毛泽东在1950年6月主持召开的中共七届三中全会上，提出为争取国家财政经济状况的基本好转而斗争的总任务。在毛泽东的领导下，1950—1952年进行了土地改革、镇压反革命和其他民主改革，开展了反对贪污、反对浪费、反对官僚主义的"三反"运动，开展了反对行贿、反对偷税漏税、反对盗骗国家财产、反对偷工减料、反对盗窃经济情报的"五反"运动。这些运动在特定的历史环境中，为巩固新生政权和建设社会主义发挥了重要作用。

按照毛泽东的建议，中共中央于1953年6月宣布了党在过渡时期的总路线，开始系统地进行对农业、手工业和资本主义工商业的社会主义改造。到1956年底，三大改造基本完成。此后，社会主义的基本制度在我国初步建立，社会主义计划经济在我国基本确立，为我国的社会主义工业化开辟了道路。我国从此进入社会主义初级阶段，为中国的社会主义现代化建设奠定了基础。

1956年苏共二十大后，基于一直照搬和借鉴的苏联体制造成国家建设中的一些严重弊端，毛泽东果断提出"走自己的路"，强调独立自主地探索建设社会主义的道路。为探索适合中国实际情况的建设道路，毛泽东又一次开展调查研究工作。从1956年2月开始，他用了一个半月的时间听取了工业、农业、商业、运输业等34个部委的工作汇报。在此基础上，毛泽东4月25日在中共中央政治局扩大会议上做了《论十大关系》的报告，提出正确处理重工业和轻工业、农业的关系，沿海工业和内地工业的关系，经济建设和国防建设的关系，国家、集体和个人的关系，中央和地方的关系，汉族和少数民族的关系，党和非党的关系，革命和反革命的关系，是非关系，中国和外国的关系。9月，党的八大将正确处理十大关系的思想作为指导方针，明确规定了党和国家的主要任务已经转移到社会主义建设上来，并围绕这一中心任务，进一步制定了具体的经济政策、健全法制的政治政策、发展科学和繁荣文化艺术的政策、加强执政党建设的政策等，提出了探索适合我国国情的社会主义建设道路的任务。

新的政治制度的建立，各种政治关系与社会矛盾的正确处理，新的经济体制的建立，使社会主义新中国的建设工作取得了巨大的成就。一是建立了一支近代以来中国最强大的国防力量，无论是从各军兵种齐全的角度，还是从国防军的数量、质量，毛泽东时代中国的防御性国防力量在近代以来是最强大的，尤其是在六七十年代成功试验"两弹一星"，奠定了中国作为一个有根本自卫能力的世界大国地位。二是初步建立了国民经济工业体系，建立了门类比较齐全的重工业、轻工业体系，用二十几年的时间完成了西方国家用了近百年所完成的任务。三是农业基础设施等得到明显改善，基本解决了几亿人口的吃饭问题。

毛泽东探索建设中国特色社会主义无任何先例可循，完全是"摸着石头过河"，还存在一些不成熟的地方。从1958年开始，随着"大跃进"的发动，"左"的错误开始抬头，毛泽东逐步背离实事求是的思想路线。虽然他也曾多次努力扭转和纠正，但却始终未能彻底摆脱"左"的思想的困扰。

前事不忘，后事之师。习近平强调，在中国这样的社会历史条件下建设社会主义，没有先例，犹如攀登一座人迹未至的高山，一切攀登者都要披荆斩棘、开通道路。毛泽东晚年的错误有其主观因素和个人责任，更在于复杂的国内国际的社会历史原因，应该全面、历史、辩证地看待和分析。

邓小平曾指出："从许多方面来说，现在我们还是把毛泽东同志已经提出、但是没有做的事情做起来，把他反对错了的改正过来，把他没有做好的事情做好。今后相当长的时期，还是做这件事。当然，我们也有发展，而且还要继续发展。"①

---

① 《邓小平文选》第2卷，人民出版社1994年版，第300页。

　　毛泽东创建的中国特色社会主义制度，对于坚持和巩固社会主义，保证国家长治久安，巩固国家统一，起着决定性的作用。党的十八大报告充分概括了毛泽东对中国特色社会主义所做的历史贡献：以毛泽东为核心的第一代中央领导集体完成了新民主主义革命，确立了社会主义基本制度，"为当代中国一切发展进步奠定了根本政治前提和制度基础"；在社会主义建设中，虽然经历了严重曲折，但"取得的独创性理论成果和巨大成就，为新的历史时期开创中国特色社会主义提供了宝贵经验、理论准备、物质基础"。邓小平同志曾指出："我们能在今天的国际环境中着手进行四个现代化建设，不能不铭记毛泽东同志的功绩。"①

　　作为伟大的马克思主义者，毛泽东是带着对马克思主义的坚定信念和高度自觉步入晚年的。1976年9月9日，毛泽东在北京逝世，享年83岁。

　　综观毛泽东的一生，正如伍修权指出的："中国革命的历程是曲折而悲壮的，其艰难困苦为世界革命史所仅有。在中国革命的关键时刻，毛泽东同志都是站在前列，起了决定性的作用的。"②

〰〰〰〰〰〰〰〰〰〰〰〰〰〰〰〰〰〰〰〰〰〰〰〰〰〰〰〰〰〰

　　习近平在纪念毛泽东同志诞辰120周年座谈会上的讲话中高度评价毛泽东：毛泽东同志为中国新民主主义革命的胜利、社会主义革命的成功、社会主义建设的全面展开，为实现中华民族独立和振兴、中国人民解放和幸福，做出了彪炳史册的贡献。毛泽东同志毕生最突出、最伟大的贡献，就是领导我们党和人民找到了新民主主义革命的正确道路，完成了反帝反封建的任务，建立了中华人民共和国，确立了社会主义基本制度，取得了

　　①　《邓小平文选》第2卷，人民出版社1994年版，第172页。
　　②　伍修权：《饮水思源》，载《难忘的回忆——怀念毛泽东同志》，中国青年出版社1985年版，第25页。

社会主义建设的基础性成就，并为我们探索建设中国特色社会主义的道路积累了经验和提供了条件，为我们党和人民事业胜利发展、为中华民族阔步赶上时代发展潮流创造了根本前提，奠定了坚实的理论和实践基础。

近代以来，中国政治现代化发展的基本目标是实现民族独立、国家富强、人民幸福。作为一位无产阶级革命家、政治家、思想家，毛泽东毕生都在为民族的独立、国家的繁荣和富强、社会的发展和进步不懈奋斗。新民主主义革命以来，他的一切思想、实践，无不深刻影响着中国政治的走向，努力使中国朝着政治现代化的方向迈进。他不仅推动了中国政治现代化的进程，而且改变了中国近现代历史的发展方向。他的丰功伟绩必将永载史册。

刘少奇　伟大的探索者，卓越的领导人

　　刘少奇是中华人民共和国的开国元勋，党和国家的主要领导人之一，他是一位马克思主义者，是中国的工运先锋，也是中国共产党党建理论和新中国政治制度的重要奠基者。他领导多次工人运动，先后主持东北局和中原局的工作，积极探索党的建设理论，为党的建设做出了突出贡献。新中国成立以后，他先后担任中央人民政府副主席、全国人大常务委员会委员长和国家主席，对建立现代化的民主政权进行了卓有见识的探索，在人民代表大会制度、政治协商制度、法制建设方面有着重要建树，是中国现代化政治制度的重要构建者之一。

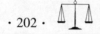

　　刘少奇是杰出的无产阶级革命家、理论家和思想家，是中国政治现代化的重要推动者，在推动中国政治民主化、制度化、法制化方面做了卓有见识的探索。他重视理论和实践的统一，勤于调查研究和总结经验，并且善于把实践经验提到理论高度，对中国政治的现代化有着不可磨灭的功绩。

一　少年怀志：走向马克思主义

刘少奇，1898 年出生于湖南宁乡，本名绍选，字渭璜，因在叔伯兄弟九人中排行最小，当地人把最小的孩子叫"满仔"或"满妹"，故家人称他为"九满"。刘少奇的父亲刘寿生虽是农民，但受过一定教育，知书明理，并不热心于积钱买田置房，而是尽力让子女多读点书。1906—1908 年，刘少奇被父亲先后送到柘木冲、罗家塘、月塘湾三个私塾读书，学习了《三字经》、《千字文》、《论语》、《孟子》、《诗经》等中国传统典籍。

1909 年，11 岁的刘少奇被送到洪家大屋读书，洪家大屋教馆的杨毓群先生上过师范学堂，吸收了不少新思想、新知识，他的课堂并不是枯燥的"子曰诗云"，而是国文、算术、自然、地理常识等课程，且经常讲一些寓言故事，听起来生动有趣。更令刘少奇兴奋的是洪家大屋那丰富的藏书，其中《西游记》、《古今传奇》之类的书是刘少奇最喜欢看的。在自己家里，父亲是不允许他读这种杂书的，而在洪家可以随便翻阅。① 在洪家大屋刘少奇第一次接触到了新思想、新事物，激发了他探求外面世界的欲望。

但是，由于洪家大屋的国文课教授的是鹬蚌相争之类的寓言，不是私塾专读的"四书五经"，刘少奇的父亲很不满意，命他转学，于是刘少奇被重新送进了传统私塾。但是传统私塾已经无法满足他的知识需求，为了充实自己的新知识，刘少奇千方百计地到处借书，当时邻村有一位刘少奇的本家刘甲三，曾在长沙岳麓书院学习过，家里收藏了不少书，于是他就经常去刘甲三家看书。1944 年刘甲三回乡创办学校时，刘少奇专门从自己的薪金中拿出 50 元捐献给初创的学校，以表示对这位幼年时借书给他读的本家发展乡村教育的积

---

① 金冲及：《刘少奇传》，中央文献出版社 1998 版，第4—5页。

极支持。① 刘少奇经常到处找书借书，读起来手不释卷，在炭子冲一带很有点名气。许多人都知道刘寿生家的"九满"爱看书，就送了他一个外号"刘九书柜"。② 刘少奇从这些新式书刊里看到了广阔缤纷的世界，不但认识了中国的康有为、梁启超、谭嗣同等风云人物，还知道了外国的华盛顿、富兰克林、瓦特等人。其中，谭嗣同这位献身革新的湖南同乡的悲壮事迹，最令他激动不已。

刘少奇故居

1911 年 10 月 10 日辛亥革命爆发，武昌新军在革命党人的发动下起义，各省纷纷响应，清政府迅速解体。1912 年 1 月 1 日，孙中山就任临时大总统，宣告中华民国成立。社会上的变故，通过种种渠道传到宁乡炭子冲，少年刘少奇深受震动。当时，刘少奇的六哥刘云庭正在湖南新军服役。刘云庭回家探亲时，向家里人讲述了起义经过，还带回来一套《辛亥革命始末记》。刘少奇被六哥的讲述和

---

① 黄祖琳：《刘少奇青少年时代》，中国青年出版社 1991 年版，第 21 页。
② 金冲及：《刘少奇传》，中央文献出版社 1998 年版，第 6—7 页。

书中的故事所感染，坚持要姐姐为他剪掉辫子，表示同清王朝决裂。

辛亥革命始末记

　　外面的世界对少年刘少奇的吸引力越来越大，单调的私塾教学已满足不了他的要求。1913 年暑假，他以优异成绩考进了玉潭学校。玉潭学校的三年学习生活，对刘少奇思想性格的形成有着重要影响。当时，玉潭学校的老师一般都上过师范学校，受过维新改良运动和辛亥革命的影响，他们大量介绍和宣传西方先进思想，给学校带来了民主、开放的风气。刘少奇在这里受到进步教师的影响，第一次冲破埋头读书的平静生活，投身于群众性的反袁运动中。

　　1919 年 5 月，得知袁世凯接受日本帝国主义提出的丧权辱国的"二十一条"，玉潭学校举行讨袁游行，刘少奇和几个同学胸前挂着"毋忘国耻"的牌子，手持"内除国贼，外抗强权"的小旗，走在游行队伍的最前面，带头高呼"严惩卖国贼"、"坚决取消二十一

条"等口号。随后又和同学一起，劝导商人不要继续贩卖
"仇货"。①

除带头游行喊口号，刘少奇还参加了同学组织的宣传队到街头
演讲，并常常能够博得听众的热烈掌声。新中国成立后，与刘少奇
一起参加过排日反袁学潮的贺执圭、彭国栋等老人还清楚地记得当
年的情景。他们说：刘少奇平时在校时文质彬彬、沉默寡言，但是
一到了反对与日本签订二十一条、声援救国的大会上，却能长篇大
论、慷慨陈词，非常感人！②也正是在这一年，刘少奇为表达保卫炎
黄子孙的决心，将自己的字——"渭璜"改为"卫黄"。在玉潭学
校的这三年，刘少奇不仅系统地学习了新知识，第一次投身于群众
运动当中，同时还坚定了他毕业之后走出宁乡，到更加广阔的舞台
上去探索和奋斗的决心。

1916 年夏，刘少奇以第一名的优异成绩结束了在玉潭学校的学
业，前往长沙学习。先就读于驻省宁乡中学，后受武力救国思想的
影响，报考了陆军讲武堂，并以第一名的成绩被录取。1917 年 3 月，
刘少奇到湖南陆军讲武堂上学，但好景不长，刘少奇在讲武堂才学
习了刚刚一个多月的军事课业，一场以湖南为中心战场的南北战争
爆发了。由于陆军讲武堂在督军署的旁边，成了双方交火的战场，
以致讲武堂校舍被摧毁，刘少奇也只得离开长沙，返回炭子冲
老家。③

陆军讲武堂被迫解散，使刘少奇从军救国的梦想破灭。1918 年，
刘少奇在焦急的等待中熬了过去。为了尽快走出去，他决定去外地
报考大学。1919 年，刘少奇顶替益阳人刘士奇的名字，直接插入长
沙市私立育才中学毕业班。就在他毕业考试行将开始的时候，声势
浩大的五四运动爆发了，长沙学生奋起响应。刘少奇毫不犹豫地参加

---

① 刘崇文、陈绍畴：《刘少奇年谱（1898—1969）》上卷，中央文献出版社 1996 年
版，第 11 页。

② 黄祖琳：《刘少奇青少年时代》，中国青年出版社 1991 年版，第 43 页。

③ 金冲及：《刘少奇传》，中央文献出版社 1998 年版，第 15 页。

进去，成了运动中的骨干分子。6月，北京的学生运动再次掀起高潮，消息传到长沙，满腔爱国热情的刘少奇再也坐不住了，他等不及领取毕业证书，便踏上开赴北京的列车。这一行动，改变了刘少奇的人生道路。

1919年夏，刘少奇来到五四运动的策源地北京，这里的青年学生们思想活跃、意气风发，马克思主义、各种流派的社会主义等进步思想广泛传播，彼此间还展开热烈的辩论。刘少奇被各种新思潮、新知识吸引住了，他决定争取留在这里读大学。为此，他报考了几所大学和军事院校，并得到北京大学、陆军兽医学校等校的录取通知。刘少奇对北京大学向往已久，但是过长的学制和昂贵的学费，远远超出刘少奇的负担能力，而陆军兽医学校的兽医专业又不合他的心意，他考虑再三，只得放弃在北京上大学的计划。就在这时，国内正掀起一股留法勤工俭学的热潮，刘少奇便积极寻找去法国勤工俭学的机会。经过华法教育会负责人李石曾的介绍，他来到河北保定育德中学附设的留法高等工艺预备班第三班学习。1920年6月，刘少奇从育德中学留法高等工艺预备班毕业，但是在北京筹措不到去法国的费用，加之听到一些赴法勤工俭学的学生在工作学习上碰到了困难，有的被遣送回国，因此打消了去法国的念头。这时，他又了解到长沙船山学社社长贺民范可介绍学生去苏俄学习，于是萌发了留俄的想法。

这年10月，刘少奇经贺民范介绍加入中国社会主义青年团，并由他和长沙俄罗斯研究会介绍进入上海外国语学社留俄预备班。刘少奇在这里学习俄文和马克思主义基本知识，同时参加社会主义青年团组织的一些社会活动。

赴苏学习为刘少奇指明了一条新道路，刘少奇后来在谈到这一时期思想转变情况时说："在共产党产生以前，马克思主义也传到中国来了，我就是在一九二〇年（共产党产生的前一年），看到了那样的小册子……此外，还有一个最大的事情，就是俄国十月革命的胜利，这个革命把全世界想要革命但又没有找到出路的人都惊醒了。特别是在中国，我们那时感觉到了亡国灭种的危险，但又不晓得朝哪里跑，这一下就有办法了。"①

保定育德中学校门旧址

　　1921 年 4 月，由上海外国语学社负责人杨明斋介绍，刘少奇与罗亦农、任弼时、萧劲光等一行十几人从上海出发，前往苏俄。7 月 9 日，他们到达莫斯科。8 月 3 日，刘少奇进入莫斯科东方劳动者共产主义大学（简称东方大学）学习。刘少奇在这里主要学习《共产党宣言》、国际工人运动史、《共产主义 ABC》、政治经济学等课程。这年冬天，刘少奇同罗亦农、彭述之、卜士奇等一起，由中国社会

　　① 《刘少奇论党的建设》，中央文献出版社 1991 年版，第 507 页。

主义青年团团员转为中国共产党党员，并加入东方大学总支部，任支部委员。①

上海外国语学社旧址

　　刘少奇在东方大学时，只感到时间不够用，总希望在莫斯科短暂的学习期间，尽量多学习一些马克思主义的革命理论和俄国十月革命的新经验……《国家与革命》、《资本论》、《反杜林论》、《共产主义 ABC》等，深深地吸引着他的全部心思。他夜以继日地阅读着这些著作，有的是俄文原版书，边看边查字典，读起来虽然速度不很快，但他读过的内容都是对照世界革命和中国的具体实际反复思

　　① 刘崇文、陈绍畴：《刘少奇年谱（1898—1969）》上卷，中央文献出版社1996年版，第19页。

考了的。①

1922 年春，由于中国共产党急需开展革命活动的骨干力量，刘少奇被通知提早回国工作。

从柘木冲、罗家塘的私塾到洪家大屋，再到玉潭学校，刘少奇完成了由旧而新的蜕变过程。1916 年夏天从玉潭学校毕业，他又走出宁乡外出求学，辗转南北，历尽千辛万苦，一再遭受挫折。先是讲武堂解散，从军救国的幻想破灭；接着是上大学因学费昂贵而无法实现；之后是赴法留学的事落空。但是最终，马克思主义为他指明了一条道路。正如他自己在后来的回忆中所说的那样：

在年幼时，是随着母亲求神拜佛的，在读了孔孟之书以后，也深信中国的封建制度和封建道德是最好的东西。后来进了所谓洋学堂，又深受达尔文学说的影响，并深信孙中山先生所倡导的民主主义学说。直到五四运功以后，我们才接受了社会主义的影响。我们在当时接受马克思主义并不是随便接受的，而是经过了研究、考虑和与无政府主义者辩论之后，认为它确实是真理，确能救中国，才确定接受的。②

刘少奇最后走向马克思主义，是他不断"试错"，不断努力求得的结果。他在这段时间里的知识积累，特别是对马克思主义的学习，为他日后探索社会主义新中国的现代化建设提供了知识储备。至此，刘少奇的求学生涯告一段落，他今后要面临的是如何将马克思主义与个人的理想、民族的命运在实践中紧密结合起来。

二 工运领袖：安源一炬山川赤

1922 年初，东方大学让学员们填写"团员调查表"，其中要求团员回答"现在愿做何事"，心系国家和民族安危的刘少奇填了

---

① 黄祖琳：《刘少奇青少年时代》，中国青年出版社 1991 年版，第 112—113 页。
② 刘少奇：《刘少奇自述》，解放军文艺出版社 2003 年版，第 45 页。

"工人运动，青年运动"，① 他要从工人和青年中挖掘革命的力量。1922 年夏初，刘少奇回到上海，很快就踏上工运之路。

刘少奇到上海后，被党中央分配在中国劳动组合书记部工作，"刘少奇"这个名字即是这时参加工人运动用的名字。1922 年秋天，中央派他前往湖南，与毛泽东领导的湖南区委共同工作。刘少奇到达湖南之后不久，爆发了粤汉铁路工人大罢工，毛泽东通知他迅速前往安源，领导安源路矿工人的罢工斗争。该年 5 月，李立三和朱少连等发起建立安源路矿工人俱乐部，组织工人罢工斗争，但安源路矿当局在 9 月 10 日串通萍乡县知事和赣西镇守使，企图用武力威逼工人解散俱乐部，形势十分紧张。

在安源的刘少奇

刘少奇到安源与李立三会合后，立刻投入紧张的工作。他们分

① 金冲及：《刘少奇传》，中央文献出版社 1998 年版，第 37 页。

头到路矿各处了解罢工的准备工作和社会动态，研究对策。在紧急磋商后，他们毅然决定9月13日午夜12点实行路矿大罢工。罢工爆发后，路矿局立即报告萍乡县知事与赣西镇守使，由赣西镇守使派兵进驻安源，设立戒严司令部，准备镇压工人。经商会代表及地方绅士代表的调解，双方同意协商解决。

9月16日，刘少奇应路矿两局邀请到戒严司令部商谈解决办法，双方发生分歧，戒严司令恐吓说，如果坚持罢工，就将他"先行正法"。刘少奇严词驳斥说：如不能达到万余工人的要求，就是把我研成肉泥也不能解决问题。此时，数千工人把司令部包围了，声言谁敢动工人代表半根毫毛，就要打得路矿两局片瓦不留，路矿当局和戒严司令部只得妥协。9月18日，工人俱乐部和路矿两局的全权代表签订协议。路矿当局承认工人俱乐部有代表工人的权利，承诺不得随意开除和殴打工人，答应发清拖欠的工资，罢工期间工资照发等。至此，罢工取得胜利。①

刘少奇只身前往戒严司令部，同全副武装的军政当局进行面对面斗争的壮举赢得了工人们的交口称赞。后来，安源工人编了一首《劳工记》在群众中传唱，其中唱道："明知山中出猛虎，岂肯贪生又怕死。偏偏要向虎山行，贪生怕死枉为人。少奇下了坚决心，特到安源办工运。任他把我为甚难，不畏汤火与刀山。""少奇同志好胆量，我往矿局去一趟。代表全体众工人，见机而作把事行。"② 大罢工胜利后，安源路矿工人俱乐部的声望大增，工人们争先恐后加入俱乐部。

安源工人运动之所以能够蓬勃发展，一个非常重要的原因在于刘少奇等人努力进行工会的组织建设和思想建设。刘少奇鉴于历史的经验和教训，决定工会组织采用民主集权制。他认为，"没有组织集中的有系统的工团，不能与组织集中的有系统的资本阶级奋斗"。因此，"我们只有采用资本阶级的组织法——民主的集权制——极严

---

① 刘崇文、陈绍畴：《刘少奇年谱（1898—1969）》上卷，中央文献出版社1996年版，第24页。

② 《刘少奇与安源工人运动》，中国社会科学出版社1981年版，第132—133页。

密地组织自己的团体，才能与有组织的资产阶级厮拼，才有战胜的一日。"① 在刘少奇等人的努力下，安源路矿工人俱乐部的组织制度逐渐完善起来，并与苏俄的政治制度联系起来。在刘少奇的主持下，改组后的工人俱乐部的组织更加健全、严密，职责分明，同时也真正形成了深入工人群众的有力量的工会组织。

正当安源工人齐心巩固胜利成果时，发生了震惊中外的"二七惨案"，全国各地的工会大部分被反动军警捣毁或封闭，许多工人领袖遭到逮捕或杀害，工人运动蓬勃发展的局势出现重大的挫折。在全国革命形势逆转的情况下，刘少奇立即相应地改变策略："立取守势，并劝诫工人不要骄傲，不要乱动，竭力团结内部，以防资本家之进攻；一方面对资本家的破坏，奋斗到底，毫不退缩。"②

安源路矿工人俱乐部旧址

这一策略使得安源工会在当时极度黑暗的环境里"巍然独存"，

---

① 《刘少奇论工人运动》，中央文献出版社1988年版，第13页。
② 同上书，第16页。

不独没有被资本家取消已得的利益，并还争得不少的外部条件，成为除广州以外全国唯一公开存在的革命工会，被誉为中国的"小莫斯科"。

刘少奇在安源路矿工人俱乐部的工作经历，一方面使刘少奇的工运经验得以增长，另一方面他注意对工人的思想建设和工会组织的制度建设，大大提高了工人的觉悟和工会组织的制度化。

1925年春，刘少奇告别工作了两年多的安源，在工友们依依惜别中前往中国革命运动的中心广州。这时，中共中央为了适应国共合作统一战线建立后的形势发展需要，发起召开了第二次全国劳动大会。开会期间上海爆发了罢工斗争，全国总工会立即委托刘少奇赶赴上海。刘少奇5月下旬刚刚赶到，中共中央又要他马上赶到青岛。因为青岛四方机厂4月底爆发的1500多名工人大罢工，已经到了关键时刻，急需加强领导。

刘少奇马不停蹄奔赴青岛，但到青岛后不到10天，又接到中央急电，上海的情况更加紧急，已呈山雨欲来风满楼之势，要他火速返回上海。就在刘少奇从青岛奔赴上海的途中，震惊国人的"青岛惨案"和"五卅惨案"相继发生。当时上海总工会刚刚宣布成立，机构设置、人员和工作秩序都没有就绪，一切都需要从头开始。

刘少奇到达上海后，凭借着丰富的实际工作经验，积极组织和健全总工会的机关，领导上海工人的罢工斗争。6月1日至10日，帝国主义者在上海9次开枪，打死60多人，重伤70多人，轻伤不计其数。英、美、意、德等国还派来军舰，大批荷枪实弹的军队登岸同中国民众对峙。上海人民不畏高压，全市相继有20余万工人罢工，5万多学生罢课，公共租界的商人全体罢市。刘少奇回忆当时的情景说：

> 五卅以后，上海所有工厂，英国的、日本的，统统都起来罢工了，一共罢下了二十五万人。不但是工人，连工程师、洋行银行的职员、领事馆内的雇工，也都罢了工。这便是所谓五

卅后的上海总罢工。后来不但商人罢市，学生也罢了课，商人和学生一致跑到各商会和总商会去请愿……结果上海统统罢工、罢市、罢课。①

五卅运动迅速从上海扩展到全国。北京、广州、天津、唐山、水口山地，都举行了反对帝国主义的示威游行，并实行"三罢"。但是，民族资产阶级在帝国主义和军阀施加的压力面前退缩，上海总商会单独宣布将在6月26日提前开市。商人单独提前开市后，上海的工人斗争逐渐陷于孤军奋战的境地，面对的困难越来越大，各种反动势力也逐渐抬头。受帝国主义、军阀操纵的黄色工会团体"上海工团联合会"8月22日晚指派工贼、流氓拿着手枪、刀斧等凶器，闯入上海总工会机关，大打出手，捣毁办公室，殴伤工作人员8人。面对这样恶劣的形势，在刘少奇主持下，上海总工会决定分批解决工人复工问题。

当时同日本人所办工厂的复工谈判开始得比较早，日方已经表示愿承认工会、增加工资、赔礼道歉、对顾正红家属抚恤一万元，条件比较成熟，因而从8月25日起，第一批相继复工。最后一批复工的是英国资本家开办的工厂。五卅运动是由英国巡捕向爱国民众开枪引起的，而惨案发生后，英国资本家的态度又最强硬、最恶劣，因此，工人拒不复工。但英国厂主看到日方工厂已经复工，也急于求得复工，到9月底，经过坚持斗争，英商工厂的资本家答应了工人提出的部分条件，工人们才复工。

在上海总工会与英国资本家的谈判过程中，奉系军阀控制下的北京政府以上海总工会为非法团体为名，向上海当局下达镇压密电，工作人员遭受逮捕，环境陡然恶化。刘少奇既要处理诸多应变事宜，又要解决复工中的种种善后问题，过度操劳使他身体恶化，最后导致肺病复发。

① 《刘少奇论工人运动》，中央文献出版社1988年版，第290页。

上海总工会旧址

《上海总工会三日刊》在 1925 年 10 月 16 日发表一篇题为《刘少奇的奋斗》的文章，对他的情况做了报道：

> 本会总务科正主任刘少奇，在本会未被封以前，早就患重病在身，但因工人利益要紧，宁肯牺牲个人，抱病工作。自本会被封后，因工作过劳，病势更重，而刘少奇不仅不因病辞工，更日夜不休息片刻，检阅各种稿件，亲往工人群众家中接洽各种事件。①

上海总工会被查封后，刘少奇的身体无法坚持正常工作。1925 年 11 月，经组织安排，刘少奇回湖南长沙治病和休息。

---

① 金冲及：《刘少奇传》，中央文献出版社 1998 年版，第 78 页。

《上海总工会三日刊》

　　当时，湖南的群众运动正在高涨。湖南军阀赵恒惕得知工人运动领袖刘少奇从上海来到长沙的消息，十分紧张，马上下令拘捕刘少奇。最后经过各方营救，赵恒惕同意释放刘少奇，条件是要他在五天内离开湖南。1926年2月19日，刘少奇离开湖南抵达广州。

　　这时，省港大罢工仍在坚持，第三次全国劳动大会正在筹备，北伐战争也在准备中，刘少奇又投入紧张的工作当中。

　　1926年7月，国民革命军挥师北上，开始了著名的北伐战争，7月11日夺取长沙，8月下旬占领湖南全境。10月攻克武昌，吴佩孚的主力被摧毁，广州国民政府决定迁往武汉。北伐军占领湖南、湖北后，军阀的反动统治被推翻，工农群众扬眉吐气，取得了集会、结社、罢工、游行示威等政治自由，群众运动迅猛发展。1927年1

月1日，国民政府宣布迁都武汉，武汉三镇各界群众举行盛大庆典。中央军事政治学校宣传队在汉口英租界附近讲演，现场气氛热烈，群众越聚越多。英国租界当局十分恐慌，调动长江中英国军舰上的水兵登岸，与听讲群众发生冲突。英国水兵刺死中国民众1人，打伤30余人，制造了"一三"惨案。刘少奇得到紧急报告后，带人赶到出事地点调查。当晚，湖北全省总工会召开紧急会议，刘少奇报告惨案真相和现场情况，对怎样开展斗争发表了意见。

在李立三、刘少奇等工会领导人的号召下，1月5日下午，武汉30万群众顶风冒雨从四面八方赶往汉口，举行"追悼一三死难同胞暨反英示威大会"。1月6日，江西九江各界群众集会游行，声援武汉收回英租界的斗争。英国水兵再次登岸干涉，打死打伤工人数人。

"一三"惨案后，武汉民众参加反英示威大会

九江工人和市民在武汉群众斗争胜利的鼓舞下，奋起占领了九江的英租界，并请武汉国民政府派员接收。武汉国民政府支持武汉、九江群众的正义要求，向英国当局提出抗议，并派外交部长陈友仁出面同英国当局谈判。英国当局权衡利弊，被迫同意将汉口、九江英

租界交还给中国。这是近百年来中国人民反帝外交斗争史上的一次重大胜利。

就在工农运动蓬勃发展的时候，蒋介石、汪精卫违背总理遗志，先后发动了"四一二政变"和"七一五政变"，大肆破坏工农组织，残杀优秀工人和共产党员，刘少奇被迫隐蔽起来。1929年夏，刘少奇受中共中央派遣，来到奉天（今沈阳），担任中共满洲省委书记。

1930年3月，刘少奇离开满洲回到上海。7月到达莫斯科，出席赤色职工国际第五次代表大会。

从莫斯科回到上海后，刘少奇被任命为中央职工部部长、中华全国总工会组织部部长。1931年11月，中华工农兵苏维埃第一次全国代表大会在江西瑞金召开，成立了中华苏维埃共和国临时中央政府，刘少奇被大会选为中央执行委员会委员。但是此时党内的"左"倾势力越来越大，刘少奇受到排挤。第五次反"围剿"失败后，刘少奇随中央红军主力撤离中央苏区，踏上了长征的征途。

三　奠基党建理论：修养一书贡献巨

1936年2、3月间，刘少奇到达延安不久，就被派到天津，开始以中共中央代表的身份，领导中共中央北方局的工作。

此时，日本军国主义在侵占我国东北后，又把侵略势力迅速向华北扩张。1935年秋冬之交，日本策动所谓"华北五省自治运动"，企图把华北从中国分裂出去。华北五省危在旦夕，而国民党政府依然没有放弃"攘外必先安内"的政策，继续对日退让。为了联合一切抗日力量，中共瓦窑堡会议做出了建立"最广泛的反日民族统一战线"的决定。由于王明"左"倾错误的影响，国统区内的党组织损失惨重，当时的北方局在很长时间内无法联系上党中央，对瓦窑堡会议精神不了解。在这种情况下，因刘少奇长期从事国统区的工人运动和党的秘密工作，斗争经验丰富，同时，他对建立广泛的抗日民族统一战线有着深刻的认识，这使得他成为领导北方局工作的最佳人选。

到达华北后，刘少奇根据中共中央确定的抗日民族统一战线政策和"停止内战，一致抗日"的总口号，明确提出华北党的任务和工作方针是：准备自己，准备群众，为保卫平津、保卫华北而战。刘少奇在北方局工作近三年，使党的力量在华北地区得到迅猛发展。

1938 年 9 月，中共中央在延安召开了六届六中全会，确定了"巩固华北，发展华中"的战略方针。全会决定撤销长江局，在成立南方局负责大后方工作的同时，又设立中原局以加强党对华中工作的领导，并委派刘少奇等人主持中原局的工作。这一时期，刘少奇在理论工作上最突出的贡献是他在延安马列学院做的《论共产党员的修养》的报告。1939 年 7 月间，刘少奇根据自己多年的学习积累和实践考察，在延安马列学院给大家做了《论共产党员的修养》的报告，详细阐述了共产党员为何要加强思想修养以及加强思想修养的内容与方法。

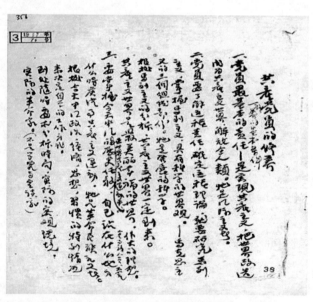

《论共产党员的修养》手稿

对于为何要加强思想修养，刘少奇指出："在阶级社会中，每个社会成员都作为一定阶级的人而存在……人们的社会存在，决定人们的思想意识。"不论是无产阶级或是非无产阶级出身的党员，不论是老党员或是新党员，他们会或多或少地带有旧社会的思想意识和习惯，这是不足为怪的。所以，为了保持党性纯洁，提高革命品质和工作能力，每个党员都必须加强自己的思想锻炼和修养。而且，"我们共产党员，是近代历史上最先进的革命者，是改造社会、改造世界的现代担当者和推动者"，① 这种伟大责任更加要求党员加强思想修养。

在加强思想修养的方法方面，刘少奇强调要自觉在社会革命斗争中改造自己，他指出，共产党员的修养不能脱离革命的实践，不能脱离广大劳动群众的，特别是无产阶级群众的实际革命运动。在加强思想修养的内容方面，刘少奇要求遵守党的纪律，反对个人主义。同时，在互相帮助、互相尊重的情况下正确开展党内斗争，适当地开展党内的自我批评，但要反对故意制造党内斗争。

刘少奇在《论共产党员的修养》中，第一次系统地提出加强共产党员思想修养，并把马克思主义政党的思想建设同中国传统文化中的优秀部分结合起来，使马克思主义政党建设理论中国化。

毛泽东看完刘少奇的报告后，写了一封信说："这篇文章写得很好，提倡正气，反对邪气，应该尽快发表。"②

一位当年曾在延安学习过《论共产党员的修养》的老干部后来回忆说："一想起少奇同志，就会想起我们曾经熟读过的《论共产党员的修养》。这是一本深入共产党员之心的书。我们这一代，谁没有受过它的熏陶和教育啊！"③

1942年，中共中央开展全党范围的整风。刘少奇受毛泽东的电召，回到延安工作。

---

① 刘少奇：《论共产党员的修养》，人民出版社1997年版，第2—3页。
② 金冲及：《刘少奇传》，中央文献出版社1998年版，第352页。
③ 黄树则：《他永远屹立在我们心间》，载《缅怀刘少奇》，中央文献出版社1988年版，第290页。

在整风运动中,《论共产党员的修养》发挥了巨大的作用。除此之外,刘少奇在整风运动中还发表了其他重要文章及讲话。1943 年 7 月,刘少奇发表《清算党内的孟什维克主义思想》一文,揭露了党内教条主义者的假马克思主义的实质,号召全党给党内存在的坏思想坏作风"以致命的粉碎性的打击"。10 月,刘少奇在西北局高干会上做《关于党的历史问题》的讲演,强调:"在思想上要反对教条主义与经验主义,毛主席的正确路线与方针,我们应当扶起来贯彻全党。"① 这些文章及讲话,对清算党内教条主义、经验主义,用毛泽东思想统一全党起了重要作用。

与此同时,刘少奇进一步探索了政党建设的一些理论。他根据工运期间的经验,提出政党建设必须贯彻党的民主集中制原则和铁的纪律,反对官僚主义。刘少奇指出:党的民主集中制,反映着党内的组织关系,它的目的"是为了保证党思想上的一致,保证党组织上的统一"。必须严格地遵守党的纪律,个人必须服从组织,少数必须服从多数,下级必须服从上级,全党必须服从中央。在这些问题上所有一切附有条件的服从都是不对的,应该是无条件的、绝对的服从。民主集中制的原则要彻底执行。这样做"并非是叫同志们盲从,因为你要有不同意见,可以提出讨论或向上级控告的,这是党所允许的"。② 刘少奇还严厉批评领导人"独断专行"、"抑制下级批评"、"不给党员以自由发表意见的权利"的作风,指出这种作风是党内的"专制政体"、"家长制"和"一言堂",党的领导者应当成为"服从决议,服从多数的模范"。

刘少奇对官僚主义产生的根源、表现和危害做了深刻的剖析,指出官僚主义"是等级社会,甚至一切剥削阶级社会的一种统治形式"。官僚主义作风是党性不纯的一种表现,不仅会破坏党与群众的鱼水关系,削弱党的战斗力,而且会腐蚀掉党的整个肌体,所以必须与之做坚决的斗争。

---

① 刘少奇关于党的历史问题的讲话,1943 年 10 月 24 日。
② 刘少奇:《论党员在组织上和纪律上的修养》,中共中央党校党建教研室 1981 年版,第 18 页。

那么如何消灭官僚主义呢，刘少奇认为，官僚主义寄托在群众的愚昧、落后那种情况上，以便于剥削阶级来统治群众，欺骗群众。群众的文化程度低，就有被欺骗的可能，官僚主义也就有可能存在。因此，他提出，要提高群众的文化程度，特别是要提高民主精神，进行民主教育，这是我们反对官僚主义的重要办法。批评、撤职等只能治标。"一切工作制度，组织制度，要实行民主"①，才能展开对官僚主义的斗争。

刘少奇还提出贯彻党的民主集中制原则和铁的纪律，为党的制度建设，特别是集体领导制建设提供了理论基础，有助于党组织的民主化与制度化。

1945 年 4 月 20 日中国共产党六届七中全会通过《关于若干历史问题的决议》，统一了全党的认识，整风运动结束，也为召开中共七大做了思想准备。中共七大是中国共产党历史上划时代的大会，它确立了毛泽东思想在全党的指导地位。事实上，刘少奇在七大前后为

中共七大会场

① 刘少奇：《论党》，华中新华书店 1948 年版，第 160 页。

确立毛泽东思想的指导地位做过许多有益的工作。1945 年 4 月 23
日，中共七大召开。6 月 9 日、10 日，七大进行中央委员会的选举，
刘少奇当选为中央委员。在接着召开的七届一中全会上，刘少奇又
当选为中央政治局委员，并选出毛泽东、朱德、刘少奇、周恩来、
任弼时五人组成中央书记处，以毛泽东为核心的中共中央第一代领
导集体正式形成。

四　谋划土地改革，推翻封建土地所有制

为从根本上推翻中国几千年的封建土地所有制，中国共产党进
行了土地改革。

1947 年 7 月 17 日，全国土地会议在西柏坡村开幕。

在会议过程中，刘少奇主持制定了《中国土地法大纲》，并于 9
月 13 日正式通过，这在党的历史上产生了巨大影响，它为在全国彻
底消灭封建剥削的土地制度提供了一个基本纲领。《大纲》旗帜鲜明
地规定："废除封建性及半封建性剥削的土地制度，实行耕者有其田
的土地制度"，还规定农民享有历史上从未有过的民主权利。

刘少奇在 1948 年 9 月指出：在人民解放战争胜利以后，我们要
实行土地改革，把土地平均分配给农民所有，以消灭封建主义。要
没收官僚资本归国家所有，以消灭官僚资本主义。在完成这些革命
的任务以后，我们就在旧中国的废墟上来建立新民主主义的经济。

解放区掀起的轰轰烈烈的土改运动，彻底摧毁了延续几千年的
封建土地制度，使数亿农民在经济上得到了翻身，在政治上获得了
新生，极大地解放了农村生产力。不仅使得广大群众参军、支援前
线的积极性空前高涨，为解放战争的胜利奠定了扎实的群众基础，
而且还提高了占中国人口数量最多的农民的经济、政治地位，使他
们翻身做了主人，为以后新中国的民主政权建设奠定了群众基础。
刘少奇也是新中国成立初期土地改革运动主要领导者和重要决策者
之一。

　　他在这次土改中主持制定的一系列方针政策，对指导整个土改运动起到了十分重要的作用。

　　1949 年新中国成立，对于这个新生政权而言，一切国家制度都需要探索。首先是关于土地改革制度的问题。

　　刘少奇适时地提出在新解放区分阶段、分地区实行土地改革的时间、步骤和方针。1950 年 1 月，毛泽东、周恩来在苏联访问期间，刘少奇代表中共中央开始部署在全国广大新解放区的土改工作。4 日，他在为中共中央起草的《关于新解放区土地改革、减租减息和征收公粮的指示》中提出，江苏、浙江、安徽、福建、江西、湖北、湖南、广东、广西、陕西、甘肃十一省应该准备在 1950 年秋后分配土地。在宁夏、青海两省完全汉人居住的地区亦须准备秋收后进行土地改革，在少数民族居住的地区及汉人与少数民族居住地区则不进行。在贵州、云南、四川、西康则 1950 年还不能进行土地改革，1951 年秋后来进行。他就此事请示了毛泽东。1 月 10 日，毛泽东从莫斯科发来电报："少奇同志：1 月 4 日中央发各中央局关于土改及征粮等项工作的指示很好。请你们考虑可否要各中央局将此项指示电转发给各省委研究，并要各省委向中央局及中央表示自己的意见。"① 可见，刘少奇的这一做法得到了毛泽东的同意和支持。

　　1950 年 6 月 6 日，中共七届三中全会决定成立由刘少奇负责的中央土地改革委员会，指导全国的土地改革工作。

　　6 月 14 日，刘少奇在中国人民政治协商会议第二次会议专门做了《关于土地改革问题的报告》，指导全国土地改革工作。报告全面论述了为什么要进行土地改革、如何分配土地以及保存富农经济等问题。后来又颁布并实施《中华人民共和国土地改革法》，为土地改革保驾护航。

　　在新中国成立初期土改中制定的一系列政策和措施中，刘少奇主持制定了长期保存富农经济，相应地在政治上实行中立富农的政策。这一政策的实行对土改的顺利进行起到了非常重要的作用。这是刘少

① 《刘少奇年谱》下卷，中央文献出版社 1996 年版，第 238 页。

奇对党的土地革命理论的丰富和发展，也反映了他个人的智慧与远见。

刘少奇所领导的土地改革和建立的土改制度与法规取得了良好的成效，全国连续三年实现农业总产值、粮食总产量的增长，农民个人生活也得以改善。

五　深谋远虑，探索人民代表大会制度

新中国成立之后，刘少奇对建立现代化的民主政权进行了卓有见识的探索，在推动中国政治现代化建设的过程中，刘少奇在土地改革、人民代表大会制度以及新中国的法制建设方面给后人留下了丰富的制度遗产和思想财富。

对新中国而言，最重要的是要建立根本的国家政治制度——全国人民代表大会制度。新中国成立初期，中国人民政治协商会议代行全国人民代表大会的职权，对新中国的建设起了极大的作用。

刘少奇非常重视政治协商制度的建设，他曾强调"各民主党派同共产党一道长期存在，在各党派之间也能够起互相监督的作用"。随着 1954 年 9 月 15 日第一届全国人民代表大会第一次会议在北京隆重召开，刘少奇即参与到人民代表大会制度的创建工作中。

全国人民代表大会制度最重要的两项大事是全国人大代表和地方各级人大代表的选举以及宪法的起草，刘少奇为此投入了大量的精力。

1953 年 2 月，以刘少奇为主席的中央选举委员会成立，随后在全国范围内先后开展了人口调查登记、选民登记、基层选举等工作。当年 6 月底，全国登记的选民约 32000 万人，占全国 18 岁以上人口总数的 97% 以上；1954 年月，完成基层选举，参选的选民为登记选民的 85.88%。在此基础上，全国省、市、县、区各级行政区域先后召开人民代表大会会议，并在省一级的人民代表大会上选举产生了 1226 名全国人民代表，而刘少奇也被选举为第一届全国人民代表大会常务委员会委员长。

　　尽管刘少奇认为人民代表大会制度是新民主主义政权的最好组织形式，但是在人民代表大会制度创立之初，几乎是一片空白，它的权力的人民性、立法权和决策权的实施性及其独特的监督功能如何发挥，几无任何现成的模式可资借鉴。刘少奇在经过大量的实际工作和深入思考的基础上形成了一系列自己的看法，即国家的一切权力属于人民，人民代表大会制度是人民当家做主并受人民群众经常监督的政治制度。他断言"人民代表大会的国家制度，已经证明，在将来的历史上还会要证明，它是比任何旧民主主义的议会制度要无比优越的，对人民来讲，它比旧民主主义的议会制度要民主一万倍"。①

　　但是在最初的实践中，不少地方和部门不同程度地存在着党组织包办代替人民代表大会的现象。针对这种弊端，他在1962年召开的"七千人大会"上尖锐地指出，不论何时何地，都不应该用党的组织代替人民代表大会和群众组织，使它们徒有其名，而无其实。如果那样做，就违反了人民民主制度，就会使我们耳目闭塞，脱离群众，这是很危险的。

————————

　　① 《刘少奇选集》，人民出版社1985年版，第57页。

　　为了使这个全新的没有现成的章法可以遵循的制度能够有效运作起来，刘少奇积极探索并逐步摸索出一套行之有效的制度和工作方法。他认为，全国人民代表大会作为代表人民的国家最高权力机关，应该能够便利人民行使自己的权利，能够便利人民群众经常通过这样的政治组织参加国家的管理，从而得以充分发挥人民群众的积极性和创造性。对此，刘少奇要求人大代表要分期分批地到地方和基层去视察。他认为，一个好党员、一个好领导者的重要标志，在于他熟悉人民的生活状况和劳动状况，关心人民的痛痒，懂得人民的心。刘少奇指出："我们去视察，反映下面的情况和问题，看看他们有什么缺点，同时也要看看我们中央下去的东西有没有缺点，合不合情况。这样就可以改进中央的领导，也可以改进地方领导，使工作做得更好些，有什么问题也可以更快一点解决。"①

　　刘少奇不仅为形成和发展这一思想做出了重要贡献，而且亲自参加各种调查研究活动。在刘少奇担任委员长的几年中，每年都分期分批组织全国人大代表到各地视察，并逐步形成制度。除1949年、1950年外，1951—1966年刘少奇几乎每年都有视察调研活动，有些年份甚至有两三次。时间短则几天，长则数月。地域范围除台湾、西藏外，全国其他省市刘少奇都曾视察过。他调研内容广泛，涉及政治、经济、文化、社会、生活等各个方面，既有对国家大政方针的调查研究，也有对百姓日常生活的实地调查。

　　刘少奇的调查研究活动最具代表性的是1955—1956年的部委汇报调研和1961年4月的宁乡调研。刘少奇长达数月陆续听取30多个中央和国务院部委的汇报，不仅较早注意到全国与地方、沿海与内地等社会主义建设中应当正确处理的重要关系，提出了许多重要观点，也启发毛泽东听取了30多个部委的汇报并提出"论十大关系"思想。在这次系统调研的基础上，党的八大形成并制定了正确路线。

　　在刘少奇和人大其他领导人的共同努力下，初创的全国人民代

① 全国人民代表大会常务委员会第39次会议记录，1956年5月8日。

表大会及其常务委员会经过短暂的调整，很快进入正常运行的轨道，在国家政治生活中发挥了重要作用。

在创建人民代表大会制度的基础上，刘少奇还提出了一套民主监督制度的构想，它包括"第一必须加强党对于国家机关的领导和监督"，即党的监督；"第二必须加强全国人民代表大会和它的常务委员会对中央一级政府机关的监督和地方各级人民代表大会对地方各级政府机关的监督"，即权力机关监督；"第三必须加强各级政府机关的由上而下的监督和由下而上的监督"，即政府监督；"第四必须加强人民群众和机关中的下级工作人员对于国家机关的监督"，即群众监督。①

探索对权力进行制约和监督的有效手段是新时期深化政治体制改革的突破口之一，刘少奇提出的这一套监督制度正是治理腐败的良药，对新中国的监督制度的建设有着积极的探索性意义。

今天，人民代表大会制度已日臻完善，成为人民当家做主的一项根本政治制度。江泽民在纪念刘少奇诞辰 100 周年大会上，对他在创建人民代表大会制度上的贡献评价道："刘少奇同志对我国人民代表大会制度的建立和施行进行了开拓性的工作。他作为全国人民代表大会常务委员会的第一任委员长，曾经用很大的精力来建立和健全这个制度，并制定了一套行之有效的具体工作制度。"②

六　参与制定宪法，奇辱沉冤

发扬民主必须同健全法制紧密结合，需要依照宪法和法律规定来管理国家事务。刘少奇在主持全国人大工作时，组织制定出一批重要的法律法规，对初步建立和健全我国的法律制度做出了重要贡献。新中国成立初期，加强法制建设成为一项重要而迫切的任务。

---

①　《刘少奇选集》，人民出版社 1985 年版，第 249 页。
②　江泽民：《在刘少奇同志诞辰一百周年纪念大会上的讲话》，《人民日报》1998 年11 月 21 日。

在担任中央选举委员会主席，领导选举工作的同时，刘少奇花了大量的时间和精力参与了毛泽东主持的宪法起草工作。

在新中国第一部宪法的酝酿阶段，刘少奇受毛泽东委托，于1952年访苏期间致信斯大林，通报中共中央关于制定新宪法的最初设想并征求其意见。10月26日、30日，刘少奇将两次同斯大林会谈的情况分别用电报向毛泽东和中共中央做了汇报。毛泽东和中共中央接受了斯大林的制宪建议。1952年11月间，中共中央做出决定，立即着手准备召开全国人民代表大会，制定宪法。

1953年12月24日至1954年3月17日，毛泽东带着由胡乔木、陈伯达、田家英等组成的宪法起草小组，到杭州开始起草宪法草案。在此期间，刘少奇在北京召集中央政治局委员和有关人员，对宪法草案进行了详细的讨论。刘少奇除主持或出席会议对宪法草案进行讨论外，还亲自对宪法草案进行修改。

1954年9月15日，刘少奇代表宪法起草委员会做了《关于中华人民共和国宪法草案的报告》，对宪法草案起草的根据、性质和基本内容做了说明，并于9月20日通过了新中国的第一部宪法《中华人民共和国宪法》。刘少奇为新中国第一部宪法的制定做出了重要贡献。

此后，到第二届全国人民代表大会召开的4年多时间里，刘少奇共主持召开了5次全国人民代表大会，先后讨论和通过了《中华人民共和国逮捕拘留条例》、《城市街道办事处组织条例》、《城市居民委员会组织条例》、《中华人民共和国人民警察条例》、《中华人民共和国治安管理处罚条例》、《中华人民共和国户口等级条例》、《中华人民共和国国境卫生检疫条例》、《中华人民共和国农业税条例》等一大批重要的法律法规。[1]

这些法律法规的制定，对新中国的法制建设起了奠基的作用，确立了中国社会主义新型法制的主要框架，保证了我国社会主义建设事业的顺利进行。

---

[1]　参见金冲及《刘少奇传》，中央文献出版社1998年版，第773页。

1959 年 4 月 27 日，刘少奇在第二届全国人民代表大会第一次会议上当选为中华人民共和国主席，为新中国的社会主义建设事业鞠躬尽瘁。但是随着"左"的思想在党内的不断滋长，最终导致"文化大革命"的发生。

1966 年 8 月 1 日至 12 日，中共八届十一中全会在北京举行，在会议结束前，由毛泽东提出改组的中央领导中，林彪由原来的第 6 位上升为第 2 位，而刘少奇由原来的第 2 位下降到第 8 位。同时，林彪、江青等人为了实现他们夺取党和国家最高权力的政治野心，对刘少奇采取了更进一步的陷害活动。

面对夺权者的迫害，刘少奇拿出《中华人民共和国宪法》进行抗议："我是中华人民共和国的主席，你们怎样对待我个人，这无关紧要，但我要捍卫国家主席的尊严。谁罢免了我国家主席？要审判，也要通过人民代表大会。你们这样做，是在侮辱我们的国家。我个人也是一个公民，为什么不让我讲话？宪法保障每一个公民的人身权利不受侵犯。破坏宪法的人是要受到法律的严厉制裁的！"[①]

但宪法并没能阻止夺权者对刘少奇的陷害。"文化大革命"给新中国带来了巨大的灾难，刘少奇本来可以为新中国的建设贡献更多的光和热，可惜在"文革"中被迫害致死。

1969 年 11 月 10 日，因为长期的折磨和长途的奔波，刘少奇病情恶化，连续高烧不退。12 日 6 时 45 分，将满 71 岁的刘少奇带着对祖国和人民的眷恋含冤而去。对刘少奇的遗体进行火化时，专案组人员在"火葬申请单"死者姓名一栏上填写的是"刘卫黄"。

然而，历史是公正的，正如刘少奇在处境最艰险时所说："好在历史是由人民写的。"1980 年 2 月，中共十一届五中全会经过认真讨论通过了《关于为刘少奇同志平反的决议》。1980 年 5 月 17 日下午，刘少奇追悼大会在北京人民大会堂隆重举行。

党和国家的许多领导人都对刘少奇的一生给予了高度评价。

---

① 刘平平等：《胜利的鲜花献给您——怀念我们的爸爸刘少奇》，《工人日报》1980年 12 月 5 日。

　　江泽民在刘少奇同志诞辰 100 周年纪念大会上说："他的高尚品德和情操，无论过去、现在和将来，都是中国共产党人和中国人民学习的光辉榜样。"

　　胡锦涛在纪念刘少奇同志诞辰 110 周年座谈会上评价刘少奇，说："他以自己的实际行动，在人民心中矗立起一座人民公仆的丰碑！"

　　郭沫若为刘少奇撰一挽联："献一腔热血荐轩辕，堪为华夏人杰，五十年丰功伟绩，有口皆碑，永垂青史；数不尽波涛荡泥垢，公报重慰英灵，十余载奇辱沉冤，今日昭雪，名耿千秋。"

　　刘少奇是共和国的元勋，是深受人民爱戴的党和国家领导人，是一位彻底的马克思主义者，他生前曾表示要像恩格斯一样，把骨灰撒在大海里。1980 年 5 月 19 日，刘少奇的骨灰在治丧委员会代表和刘少奇家属的护送下，从北京运抵青岛军港，由王光美等亲属撒向广阔无垠的大海。

━━━━━━━━━━━━━━━━━━━━━━━━━━━

　　刘少奇出生在戊戌变法失败、清廷处于风雨飘摇之际，同时也是新旧思想不断交替之时。在五四运动之前，他接受了新式教育，经过了不断的选择之后接受了马克思主义，并认为它确实是真理，确实能救中国。这一时期的知识储备，为后来刘少奇探索社会主义政治的现代化建设提供了基础。

　　在接受了马克思主义之后，刘少奇开始走上革命的道路。他在艰苦卓绝的革命实践中，呕心沥血、矢志不渝，为中国共产党的发展和巩固，为新民主主义革命的胜利和新中国的诞生，为社会主义革命和建设事业进行了不懈的斗争，建立了不朽的功绩，贡献了毕生的精力。刘少奇是受到全党和全国各族人民爱戴的、久经考验的卓越的党和国家领导人，无论是新民主主义革命时期，还是社会主义革命和建设时期，他都致力于党的建设，致力于国家政治的法治化和民主化建设。他是中国政治现代化的伟大探索者，给后人留下了丰富的制度财富和思想遗产。

任弼时　青年运动的杰出领袖，党和人民的骆驼

　　任弼时，伟大的马克思主义者，杰出的无产阶级革命家、政治家、组织家，中国共产党和中国人民解放军的卓越领导人，是以毛泽东同志为核心的中国共产党第一代领导集体的重要成员。他为中国共产主义青年团的建设和发展呕心沥血，为中国人民的解放事业和新中国的诞生鞠躬尽瘁，在中国政治现代化进程中有着重要的历史地位。

　　任弼时 30 年的革命生涯，与中国共产党的建立、发展、壮大，与中国新民主主义革命胜利的全部历史紧密地联系在一起。他一身正气，为追求中国社会的进步贡献了毕生精力。在长期的革命实践中，他一直担任党内要职，在不同的历史时期、不同的岗位上，接触、领导了从地方党组织到中央的党务、组织部门，积累了丰富、全面、系统的政治工作经验，参与制定了党的一系列大政方针，为新民主主义革命的胜利做出了重要贡献。

一 接受马克思主义，建设中国共产主义青年团

任弼时，1904 年出生于湖南湘阴县一个清苦的教员之家。他 5 岁随父亲启蒙，7 岁入明德小学，12 岁考入长沙师范附属高小。任弼时的家乡湘阴附近，有着灿烂的湘楚文化，屈原"路漫漫其修远兮，吾将上下而求索"的精神，范仲淹"先天下之忧而忧，后天下之乐而乐"的忧乐观念，对少年任弼时的成长产生了潜移默化的影响。

任弼时后来进入长郡中学，在校内受五四运动的影响，满怀激情地投身于爱国民主运动，他曾联合在长沙几个中学里的湘阴籍学生组成宣传团，回湘阴家乡宣传救国思想。1920 年，任弼时因家境困难无法继续求学，联系旅法勤工俭学未成，便加入毛泽东、何叔衡组织的俄罗斯研究会，准备去那里勤工俭学。经研究会介绍，他到上海参加俄语学习班。1920 年 8 月，任弼时加入了社会主义青年团，从此走上革命的道路。

1921 年春，任弼时与刘少奇等人一同赴苏俄。任弼时在启程赴俄之前给父亲的信中说："只以人生原出谋幸福，冒险奋勇男儿事，况现今社会存亡生死亦全赖我辈青年将来造成大福家世界，同天共乐，此亦我辈青年人的希望和责任，达此便算成功。惟祷双亲长寿康！来日当可得览大同世界……"① 表现了他为实现"大同世界"而甘愿冒险牺牲、奋斗不息的精神。任弼时等人历经千辛万难到达莫斯科，进入素有培养革命干部摇篮之誉的东方大学。

在异国他乡，任弼时迅速成长。1922 年 1 月 21 日，共产国际执委会在莫斯科发起远东各国共产党及民族革命团体第一次代表大会。中国共产党、国民党及其他进步团体的代表参加会议，任弼时、刘少奇、萧劲光、卜世奇等学生作为中国代表团成员出席会议。大会

---

① 《激扬文字——任弼时青少年时代作品赏析》，中央文献出版社 2002 年版，第 91—92 页。

明确中国当前的革命任务是反对帝国主义和封建主义，进行民族民主革命。这次会议，使任弼时更坚定了革命信念。这年 12 月 7 日，任弼时与王一飞、彭述之正式成为中共党员。此后，中共旅莫支部成立，任弼时担任过支部执行委员。

任弼时（左四）在莫斯科

在莫斯科东方大学学习和生活的 3 年，由于苏俄局势艰难，常常缺衣少食，忍饥受寒，但任弼时尽情汲取马克思主义基础理论的营养，刻苦地学习马列主义基本理论，致力于世界观的改造，接受了无产阶级政党思想上的严格训练，迅速成长为一名坚定的马克思主义者。

1924 年 8 月，任弼时回国，抵达上海，在中国社会主义青年团工作。任弼时先后在《中国青年》、《平民之友》和《团刊》等刊物负责编辑工作，并担任团中央的俄文翻译工作。

任弼时热情地宣传苏俄，发表学习马克思主义的系列文章，如《列宁与十月革命》、《苏俄经济政治状况》、《苏俄与青年》等。

为了使团的组织工作更具活力，任弼时借鉴苏联团的工作经验，着手健全、完备团的组织手续、组织系统、组织机构。

1925年1月26日，中国社会主义青年团第三次全国代表大会在上海举行，并改名为"中国共产主义青年团"。在这次会议上，任弼时当选为团中央执行委员，与张太雷、恽代英、张秋人、贺昌组成团中央局。张太雷任总书记，任弼时任组织部主任，正式走上团的中央领导岗位。因张太雷担任共产国际代表鲍罗廷的翻译，5月6日，团中央决定由任弼时代理总书记。7月21日，任弼时任总书记，兼组织部主任。

任弼时代理和任团总书记期间，正值五卅运动爆发，反帝爱国运动遍及全国之际。任弼时组织团中央按照党的指示，发动上海各阶层人民成立反帝统一战线，举行了轰轰烈烈的罢工、罢课、罢市和游行示威活动，推动反帝爱国运动的发展。

除领导青年参加实际斗争工作之外，身兼共青团组织部主任的任弼时，还从建设原则、指导思想，乃至发展方向等方面着手建设共青团。

任弼时首先加强共青团的组织建设。为了适应蓬勃发展的工农运动，任弼时投入大量精力发展团组织工作。他将入团条件明确为：1. 工农青年只要有相当的阶级觉悟并很愿意做事而表现勇敢的，即可介绍入团；2. 学生及职员对主义有相当认识，而且有活动之才力，且愿意遵守团的纪律，接受执行机关指挥，而参加实际工作者即可加入本团。他十分重视团的建设，反复强调团组织必须以工农劳动青年为主体，坚决接受党的领导，成为无产阶级青年群众组织和党最有力的助手。

经过发展，全国共青团的组织迅速扩大，1927年共青团"四大"时的团员总数，是"三大"时的15倍。到1928年4月，全团人数由八七会议后的15000人发展到77000多人。团员成分发生很大的变化，五卅运动前，共青团团员70%以上是知识分子，五卅运动后，团员中工人占35%，农民占25%，知识分子等占40%。团员人数的增加和成分的扩大，都凝聚了任弼时在白色恐怖下对共青团工作的艰辛付出。

任弼时是广大青年的良师益友，对培养共青团人才发挥了重要作用。他指出，如果缺少能做指导工作的人才，组织与工作就不能有条理地发展，因此，目前"最重要的工作即为教育、训练和人才的培养，同时注重团体组织上的改良和发展"。任弼时组织训练团员，开办有针对性的"平民学校"，派人赴莫斯科学习。作为中国共产主义青年团的早期领导人，为了使青年和广大群众吸纳马克思列宁主义知识，任弼时亲自给青年讲授共产主义，对青年进行系统的以共产主义思想为主题的政治教育。他强调，无产阶级的国家，对于正在发育的青年群众，尤其是无产青年，须加以特别的社会教育——共产主义教育，以使他们将来成为共产主义社会经济上、文化上、组织上的真正建设者。"快快起来，努力了解列宁主义，实行列宁主义。""要在领悟马列主义理论方面修养自己，培植自己，坚定自己。"① 经过理论学习与实践工作的锻炼，大批新生力量迅速成长起来，为中国共产党输送了新鲜血液，壮大了党的队伍。

这一时期，任弼时不仅在青年团工作上做出了重要贡献，对当时的革命路线问题也有过积极的探索，并做出过贡献。在大革命的紧急关头，面对国民党右派的进攻，任弼时反击了戴季陶主义与国家主义派的猖狂进攻，抵制了以甘乃光为后台的"孙文主义青年团"的组建；面对共产国际和陈独秀的右倾错误，他旗帜鲜明地进行坚决斗争；他敢于向党中央领导陈独秀提意见，尖锐地批评陈独秀在蒋介石叛变革命面前"毫无独立的阶级政策"，"完全不依靠群众力量"，幻想"靠与上层领袖的谈判来解决一切问题"。任弼时，毫无疑问是当时党内坚持正确政治路线的代表之一。

二　走上中央领导岗位，加强党和军队的建设

第一次国内革命战争失败以后，在关系党和革命事业前途和命

---

① 《任弼时选集》，人民出版社 1987 年版，第 233 —234 页。

运的关键时刻，中共中央政治局于 1927 年 8 月 7 日在汉口召开紧急
会议，会议正式确定了实行土地革命和武装起义的方针。在党的八
七会议上，任弼时当选为中共临时中央政治局委员，走上中央领导
岗位，成为党史上最年轻的政治局委员。

　　1928 年 4 月 28 日，任弼时参加临时中共中央政治局会议。会
后，瞿秋白、周恩来等人启程赴莫斯科，李维汉、任弼时等主持国
内工作。

　　由于国民党加紧镇压共产党，共产党人处于极其险恶的环境。
但李维汉、任弼时等人不畏艰险，毅然担负起重任，认真总结经验
教训，为中央起草各种指示和信件，指导当前革命工作转变策略，
为开拓正确的革命道路立下汗马功劳。

青年任弼时

　　任弼时首先要求克服盲动主义。针对中共顺直省委提出的“杀
豪绅地主资本家，杀工头工贼监工，杀国民党及其走狗反动派并没
收其财产，实行部分的夺取政权，一直到全省的大暴动”政策，任

弼时指出，这是盲动主义，当前的主要任务不是暴动夺取政权，而是竭尽全力去领导群众的斗争，巩固党在群众中的影响与组织。他后来多次要求各地不要采取盲动主义路线，要走曲折迂回的道路，既要保存革命力量，又要发展党的组织。

工农运动遭受严重挫败后，任弼时积极改造党组织，转变工作方式。针对敌人的白色恐怖，他于 1928 年 5 月 18 日为中央起草《关于在白色恐怖下党组织的整顿、发展和秘密工作》，要求改变国共合作时的老方法，尽量利用一切公开及半公开的机会去团结工农群众，组织兄弟团、姊妹团、读书会、贫民学校等，把秘密工作和公开工作结合起来。

任弼时在党的军队早期建设中起了重要的作用。1927 年"八一"南昌起义后，党认识到军队领导权的重要性，建立了自己的军队，但没有及时开展规划和指导工作。1928 年 5 月 25 日，中共中央发出了由任弼时改写的《军事工作大纲》的通知，这是党的第一份军事工作纲领。

大纲确定了在割据区域建立的军队正式定名为红军，确定了党和红军的关系，规定苏维埃军委为党的军委，是该割据区域的最高军事指挥机关，红军的调遣须服从割据区域苏维埃的命令。大纲还规定红军中的党组织以团为单位设立支部，连设分支部；红军中设立经济委员会，由士兵选举代表参加；红军的生活应力求工农化，官兵的待遇应一律平等。这些规定，为后来建设中国工农红军奠定了基础。

任弼时还起草了《中央通告第五十八号——兵运策略》，强调在当时的环境下，"须注意士兵运动与工农斗争配合适应的发展"。这些卓识远见，反映了任弼时对军事运动的新认识，体现了他对人民军队建设的基本思想。

大革命失败后，任弼时对城市与农村工作路线提出了具体的意见。1928 年 7 月，任弼时起草《关于城市农村工作指南》的小册子，把留守中央在斗争方针、策略及工作方法上的指导意见系统化、条理化。在城市，要建立城市工作的群众基础，扩大工人群众统一战线，纠正了把罢工作为唯一斗争方式的错误。在农村，反帝、抗税、抗捐、抗债、分粮等工作，都要防止盲动主义倾向。城市工作要与农村工作密切配合，"过去各地争斗的失败，多数由于斗争孤立发展而无配合的结果"，"一区之中的各乡，一县之中的各区，一省之内的各县或区域的相互之间，必须力求配合适应地发展"。① 如果没有强健的城市工人运动，使城市与农村的斗争配合发展，是不能保证无产阶级对于土地革命的领导作用的。

国共破裂后，国民党的白色恐怖笼罩着整个中国。任弼时长期担负着到各地恢复党的地下组织的危险工作，两次被捕。1928年末，他作为中央巡视员到安徽接头时被捕。在押解途中，他巧妙地把被捕消息和预定的假口供托人带给在上海的妻子陈琮英，以便配合组织营救。在狱中，任弼时带领同志与敌人灵活进行斗争，并学习文化知识。他说："你不承认是共产党员，这一骂就变得承认是党员了。要善于同敌人辩论，进行说理斗争，争取不判死刑，过好狱中生活。"审讯时，他受到头顶窑块、膝跪铁链和"老虎凳"等酷刑，始终不屈不挠，咬定编出来的假身份。敌人按他所说到上海查对，因组织上已有安排，未露破绽，3个月后获释。

1929年末，任弼时在上海主持江苏省委工作时，又被租界当局逮捕。他乘巡捕不注意，吞掉了身上的文件，只被搜出一张月票，而票面上写的使用人住处已是火灾中烧掉的房子，无从查对。外国警探对他的怀疑更深，于是使用电刑，残忍地在他背上烙出两个拳头大的窟窿。任弼时苏醒后仍坚持保守秘密。这种顽强态度使捕房"更感到他像共产党"，随即继续关押拷打。幸亏周恩来的地下特科通过关系营救，才使他获释。

经过敌人两次残酷折磨，任弼时落下了病根。此后多年，他经常感到头晕和身体虚弱。任弼时经常向身边的人表示，自己身体不好，所以更要抓紧时间工作，做好自己力所能及的事。

---

① 《任弼时选集》，人民出版社1987年版，第58页。

三　筹建中华苏维埃共和国，正确引导肃反和土改工作

1929 年 3 月以后，任弼时先后在中共江苏省委、湖北省委和长江局工作。党的六届四中全会后，任弼时于 1931 年 3 月奔赴江西革命根据地，任苏区中央局委员和组织部部长，积极参与筹建中华苏维埃共和国的工作。

由于当时中央局成员朱德、毛泽东、周以粟、彭德怀、林彪等人在前线，王稼祥主持党报《战斗》，项英负责军委工作，因此，苏维埃代表大会和苏区党代会的筹备工作主要落在任弼时身上。在蒋介石不断发动"围剿"的情况下，任弼时克服重重困难，夜以继日地开展中华苏维埃共和国的筹建工作。1931 年 7 月，任弼时发表《努力进行全苏大会选举运动》，要求各地在发动群众进行第三次反"围剿"战争动员工作的同时，认真做好全苏大会和苏区党代会的选举工作。

11 月 7 日至 20 日，中华苏维埃共和国第一次全国代表大会在瑞金召开。这次会议的成功召开，凝聚了任弼时大量的心血。从指导代表选举、组织文件起草，到党政军人事安排，大会期间各代表团的学习计划等，任弼时都悉心安排指导，被代表们誉为"布尔什维克组织家"。王震后来深情地回忆此时的任弼时，说：

> 我是出席这次代表大会的湘赣边区代表团的支部书记，幸运地第一次和您会面。您向我详细地询问了湘赣边区的工农群众和红军的斗争情形；您以布尔什维克组织家和教育家的高度热情，把我们出席全国工农兵代表大会的代表团化为一个训练班；您替我们拟出的代表团的学习计划日程上，有毛主席、朱总司令以及其他同志的讲课，其中有您亲自讲授党的建设。①

---

① 王震：《悼念任弼时同志》，《中国青年》1950 年第 52 期。

在环境异常艰苦的条件下，任弼时以高度负责的态度，深入群众，开展各项细致的工作。第三次反"围剿"胜利后，任弼时出席兴国团代表大会，指导共青团配合革命形势，围绕党的中心工作而开展工作，把广大青年组织到革命战争的行列中。他一边回答同志们的提问，一边记下同志们的发问。时任共青团兴国县委书记周爱民回忆说：

> 他扎着皮带，结了绑腿，脚穿草鞋，背支驳壳枪，浑身英姿焕发，朝气蓬勃。……在会议间歇休息时，他走入代表们中间，谈笑风生，情趣盎然……
>
> 在会议结束之后，他不辞劳苦，要我同他到离县城三十多里的江背、水南一带作调查。……后来，我又陪同任弼时同志到赣县田村、白露一带，调查那里扩大红军的工作。在与他短短相处的日子里，我发现任弼时同志最大的长处是没有官架。尽管言语不太相通，但是他与群众的关系真是到了水乳交融、亲密无间的程度。①

1933 年 5 月，任弼时任湘赣省委书记兼军区政治委员。当时湘赣苏区所处的环境异常艰险，国民党 8 万多人包围着苏区，长期苏区封锁，导致苏区经济极度困难，缺盐少食。另一方面，湘赣地区大抓 AB 团，扩大化非常严重，内部政治形势严峻。

在各种困难面前，以任弼时为首的湘赣省委在查田、肃反、经济建设和党的建设等方面做出了一系列新的决策，维护湘赣苏区党和军队的团结。

任弼时强调目前党的中心任务，首先是战争动员工作和扩大红军。在肃反工作中，由于过去"缺乏详细的分析与估计，忽而乱捉乱杀，忽而容忍放纵"，"造成群众的恐怖，同志间猜疑，抑制思想

---

① 周爱民：《任弼时同志出席兴国团代会》，载陈毅、萧华等《回忆中央苏区》，江西人民出版社 1981 年版，第 438 页。

斗争与自我批评，使同志的积极性不能发扬"，因此，要"反对一切夸大反革命力量和重复过去肃反工作中的盲动的错误"，要消灭一切群众中对肃反的恐怖观念。这些指导思想和政策，有力地加强了湘赣边区党和红军的领导，使一批革命骨干得到保护，湘赣边区的革命斗争得到很大的发展。

1933 年 2 月 1 日，由中华苏维埃共和国临时中央政府土地人民委员会发布的《关于在苏区实行查田运动的训令》，下发到中央苏区所辖的 39 个县。因为查田运动中亦出现许多"左"的错误，干部群众思想混乱，许多工作无法展开。在这种情况下，出任湘赣苏区省委书记的任弼时感到需要对这些错误发生的原因和情况进行了解，于是他对湘赣苏区土地情况做了摸底和分析，反对在农民中查五代阶级成分的做法，提出要注意对中农的巩固联盟，并在摸清情况的基础上做出了相应的决策，从而在一定程度上纠正了错误，打开了工作的局面。

任弼时还强调要注意发展苏区生产，把经济工作看作是"整个阶级斗争的一个方面"，要与扩大红军、查田运动及选举工作等密切联系起来。

任弼时在湘赣苏区进行认真的调查研究，纠正了肃反和查田运动中的若干错误，稳定了干部和群众的情绪，巩固了湘赣革命根据地。

四　率军长征，维护党和红军的团结统一

任弼时同志是人民军队的卓越领导人之一。他的军事指挥才能在长征中得到充分的展现。

第五次反"围剿"失败后，红军被迫长征。1934 年 7 月 5 日，任弼时和王震召集军事会议，任弼时做了关于红六军团主力准备向东南转移和今后任务的报告。他指出，这一转移不是失败与退却逃跑，不能存在悲观与动摇情绪。7 月 23 日，中央军委发来电报，要

求红六军团向湘中发展，其中指示：

> 准备离开现在苏区的部队应包括六军团之十七、十八两师全部及红校学生，无线电台两架，野战医院和制弹、修械厂。弼时同志及部分的党政干部应准备随军行动。弼时即为中央代表，并与萧克、王震三人组织六军团的军政委员会，弼时为主席。①

1934 年 8 月 7 日下午，任弼时率领红六军团 9000 多子弟兵告别湘赣革命根据地，踏上面对敌人围、追、堵、截的险恶征途。

长征开始后，任弼时充分发挥了他的军事领导才能。

踏上西征的险途，任弼时率领红六军团冒着炎热酷暑，历经汝城、郴县、新田、宁远、零陵、嘉禾、蓝山等县的县境。在前有堵截、后有追兵的艰难处境中，红六军团机动灵活，使敌人部署的几次"围剿"都落了空。

对红六军团灵活的战略战术，国民党方面无可奈何，不得不感叹红六军团的英勇顽强：国民党湘军独立第三十二旅旅长胡达说，红六军团或南或北，忽东忽西，"迷离惝恍，使湘军不易断定其企图，捕捉其主力"。有时两军相遇，红六军团"马上将前卫变作侧卫或后卫，其最大目标突然隐匿不见，如遇有死守阵地之匪兵，虽极少数，抵死顽抗，非有上官命令，决不撤退"。国民党兵力不可谓不众，"计划不可谓不周，防线不可谓不密，追剿不可谓不勤"，但面对红六军团，"无异以牛捕鼠，大而无益"。②

经过多次给敌人以歼灭性的打击，任弼时率领红六军团日夜兼程，向贵州东南前进。9 月，红六军团进入贵州。任弼时严令部队执行三大纪律、八项注意，尊重贵州兄弟民族的风俗习惯。沿途还以

---

① 《中共临时中央书记处、中革军委给红六军团及湘赣军区的训令》，1934 年 7 月 23 日。

② 胡羽高：《共匪西窜记》（上），文海出版社 1982 年版，第 55、57 页。

张贴布告、散发传单等方式宣传党的民族政策，最终取得当地少数
民族群众的信任和支持。

　　1934年10月24日，任弼时、萧克、王震率领的红六军团历尽
千辛万苦，与贺龙、夏曦、关向应率领的红三军在贵州印江县木黄
胜利会师。红六军团探明了沿途国民党军的兵力虚实，完成了为中
央红军进行战略转移的先遣任务。26日，两军在南腰界召开庆祝会
师联欢会。贺龙尊称任弼时为"任代表"。任弼时则向大家介绍贺龙
是南昌起义的总指挥。他强调两军是相互团结，不分彼此的。任弼
时宣布红三军恢复红二军团的番号，以贺龙为军团长，任弼时兼任
政治委员，关向应为副政治委员，李达任参谋长，张子意任政治部
主任。

　　两军会师后，任弼时、贺龙一道处理了一系列新的问题，确定
了两个军团的战略行动方向，整顿了部队，共同创建了湘鄂川黔根
据地。贺龙后来回忆任弼时为建设湘鄂川黔根据地的贡献说：

　　　　弼时同志的到来，给我们以无限的兴奋和力量，从此使我
　　们恢复了和党中央的联系，给我们带来了中央红军斗争的宝贵
　　经验，使我们对许多重大的政策问题获得了解决，从而使湘鄂
　　川黔根据地的建设和部队建设在更加健全的道路上向前发展，
　　部队的思想领导、政治工作以及军事工作建设更加健全了，群
　　众运动更加开展了，革命根据地迅速扩大了……这一切成就都
　　是与弼时同志的领导及其艰苦深入的工作密切不可分离的。①

　　在建设湘鄂川黔根据地的同时，贺龙和任弼时等人还领导红二、
红六军团进行了湘鄂川黔保卫战，再次以机动灵活的运动战以少胜
多，取得胜利。

---

　　① 贺龙：《悼任弼时同志》，《人民日报》1950年11月1日。

任弼时善于洞察战略大势，驾驭战事的发展。针对敌人的"围剿"计划，任弼时指导红二军团和红六军团的战斗策略是：第一，利用广阔游击区域，最大限度地集结主力，依据决战防御战略战术原则，抓住敌人弱点，在敌分进移动当中，选择有利时机，进行坚决的突击，以达到各个击破，消灭敌人一部或大部有生力量，破坏其合击计划，一直到完全冲破敌人的"围剿"。第二，以主力部队之一小部配合新创立的地方部队（独立团营游击队），肃清新区内部的一切地主武装，掩护地方党及政府深入发动群众，开展阶级斗争，分配土地，并在敌人翼侧活动，迷惑敌人，分散敌力，以配合主力进行决战。第三，争取在胜利中来保卫新区的巩固发展，但不是去死守一个城市或地区而限制主力行动，消耗自己有生力量。在不利的条件下，采取主动的退却，避免战斗，移动主力寻找新的机动。①

由于红二军团和红六军团积极的胜利的行动，不仅钳制住了敌人六个纵队兵力，使其不能进攻中央红军，而且把进攻或预备进攻中央红军的一部分敌人吸引了过来，使中央红军与四方面军胜利地会合。

中央红军北上后，蒋介石部署重兵第三次进攻"中国南部苏维埃运动中最重要的柱石"湘鄂川黔根据地。面对强敌压境，任弼时指挥若定，带领部队全力备战。1935年11月18日，经省委和军分会联席会议决定，红二、红六军团牵制敌人策应中央红军作战的任务已经完成，其当前的中心任务是保存和壮大力量，寻求新的动机。

1936年7月，红二、红六军团与红四方面军在西康甘孜会合后，组成红二方面军，任弼时是红二方面军的核心人物。

在二、四方面军会合时，党和红军面临着分裂的危机。任弼时旗帜鲜明，方法得当，团结和说服红四方面军的广大指战员，与朱德、贺龙、刘伯承等同志一道，为维护遵义会议后以毛泽东同志为代表的党中央的正确路线、维护党和红军的团结，同张国焘的右倾

① 《任弼时选集》，人民出版社1987年版，第108页。

分裂主义进行了坚决的斗争，终于推动红四方面军和红二方面军共同北上，实现了红一、二、四三个方面军的胜利会师。

任弼时从率领红六军团从湘赣突围西征开始，先后历时两年零三个月，跨越赣、湘、桂、黔、滇、康、川、青、甘等省，纵横23900多里，大小战斗110余次，先后占领县城39座。到一、二、四三个方面军会合前夕，红二方面军仍保持约12000余人。①

1936年9月29日，毛泽东、周恩来、彭德怀致电祝贺："你们尚保存伟大力量，将来发展无量，可为中国革命庆贺。"11月，毛泽东在陕西保安会见红二、四方面军部分领导时，说："二、六军团在乌蒙山打转转，不要说敌人，连我们也被你们转昏了头，硬是出来了嘛！出贵州，过乌江，我们付出了大代价，二、六军团讨了巧，就没有吃亏。你们一万人，走过来还是一万人，没有蚀本，是个了不起的奇迹，是一个大经验，要总结，要大家学。"②

1936年12月初，任弼时离开红二方面军总部，到前敌总指挥部任政治委员。抗日战争爆发后，任弼时担任八路军政治部主任、中央军委总政治部主任，与朱德、彭德怀等同志奔赴山西抗战前线，指挥八路军深入敌后，开辟抗日根据地，开创了敌后抗日新局面，为党和军队夺取政治、军事上的胜利发挥了重要作用。

五 再赴莫斯科，架起中共与共产国际的桥梁

共产国际与中国共产党的关系，曾深刻地影响着中国共产党的政策方针，从而在某种程度上影响着中国的政治发展态势。

1938年3月底，受中央委托，任弼时再次来到冰雪尚未融化的莫斯科，充当中共中央与共产国际的桥梁。

由于共产国际长期对中国的实际情况缺乏了解，任弼时此行担

---

① 章学新主编：《任弼时传》，中央文献出版社2000年版，第457页。
② 《中国工农红军第二方面军战史》，解放军出版社1992年版，第508页。

当了十分重要的任务。4 月 14 日，任弼时出席共产国际执委会，向主席团递交了《中国抗日战争的形势与中国共产党的工作和任务》报告大纲。他详细介绍了抗战以来中国国内的变化情况、党的状况以及八路军的作战情况，包括国共合作以来的特点、困难和阻碍。他还单独向季米特洛夫做了汇报。通过任弼时这些生动具体的报告，使共产国际更多地了解了中国的实际情况，对中国共产党有了新的认识。①

5 月 17 日，任弼时在共产国际执委会主席团会议上对书面报告大纲做了补充说明。他指出，中国抗战是长期的、持久的，蒋介石和南京当局对持久抗战的方针是动摇的。因此，中国共产党目前最基本的任务是防止和克服中国政府对抗战方针的动摇，以一切努力争取中国持久抗战，求得最后战胜日本帝国主义。

任弼时指出，抗日民族统一战线中的困难和障碍，来自国民党的关门主义，来自国民党对共产党"抱着很深的仇视观念与成见"。国民党提出"中国只能有一个主义，一个政党，一个领袖，一个政府，一个军队"等口号，目的是借此压制、操控中国共产党。为了维护和巩固抗日民族统一战线，必须更加壮大中国共产党的力量，扩大八路军、新四军，发展游击战争，发展群众运动。共产党要更加"健全和发展自己的组织"，以更好地发挥在抗战中的领导作用。

在任弼时、王稼祥等人的努力下，《共产国际》和《真理报》、《布尔什维克》、《消息报》等报纸杂志，先后发表文章宣传和肯定中国共产党在抗战中的作用，如发表《中国八路军》、朱德的《八路军抗战六个月的经验和教训》、任弼时的《山西抗战的回忆》和《中国人民的卫国战争》等。共产国际积极支援中国的抗日战争，国际援华运动随即在世界范围展开。一些国家和地区举行了反对日本帝国主义侵华的集会和游行示威，开展抵制日货、募捐等活动，有的还派遣医疗队、新闻记者和有声望的代表援助中国。

---

① 金冲及主编：《毛泽东传（1893—1949）》，中央文献出版社 1996 年版，第 514—515 页。

正是任弼时等人在共产国际的有效工作，取得了共产国际对中国共产党政治路线和斗争策略的理解、信任和支持，促使国际社会开展对中国抗战的实际援助。

任弼时在 30 年代后期和 40 年代一直坚定地支持毛泽东。他多次向共产国际强调"毛泽东才是中国共产党的领袖"，这对当时的共产国际支持确立毛泽东在中国共产党内的领导地位起到了重要作用。任弼时组织有关同志，将毛泽东、朱德、周恩来、董必武、林伯渠、吴玉章等人的有关文章翻译成外文，宣传中国共产党的方针政策和毛泽东等人的思想。

在莫斯科，任弼时与共产国际各国共产党的代表建立了广泛的联系。他经常应邀参加兄弟党的座谈会、报告会，回答他们提出的问题，介绍红军长征、陕北抗日根据地，介绍中国共产党的抗日主张等。他的报告，每一次都得到兄弟党和苏联群众的热烈欢迎。

在任弼时、王稼祥等人的努力下，共产国际从支持王明路线转变到支持以毛泽东为首的中共中央的正确政治路线。6 月 1 日，共产国际执委会主席团做出关于中共代表报告的决议案，决议案肯定：中国共产党的政治路线是正确的。中国共产党在复杂和困难的条件下，灵活地转到抗日民族统一战线的政策之下，已建立起国共两党的新的合作，团结起民族的力量，反对日本的侵略。

1938 年 7 月，中共驻共产国际代表王稼祥准备回国。主持共产国际执行委员会工作的季米特洛夫在与王稼祥和任弼时谈话时，郑重地提出："应该告诉全党，应该支持毛泽东同志为中国共产党的领导人。他是实际斗争中锻炼出来的领袖，其他人如王明，就不要再争当领导人了。"

任弼时通过向共产国际介绍中国革命的实际情况和中国共产党的正确路线，取得了共产国际的大力支持，对党的六届六中全会克服王明右倾错误发挥了重要的作用。

1940 年 2 月，中共中央决定结束代表团在共产国际的工作。2 月 25 日，周恩来、任弼时等人离开莫斯科，乘飞机回国。任弼时回到延安，受到毛泽东等人的热烈欢迎。在延安，任弼时仍然是中国共产党与莫斯科和共产国际的重要"桥梁"。他建立了一个专门电台，供毛泽东专用。凡是从共产国际发来的绝密电报和"万万火急"电报，均由任弼时亲自翻译。同样，毛泽东发出的电报，翻译成俄文后，均由任弼时审核拍发。师哲后来回忆这项工作时说：

> 任弼时在挑选干部、行政管理、解决技术难题，以及保证通讯畅通无阻方面，花费了不少心血和精力，但在这方面的工作成绩却鲜为人知。任弼时轻易不同别人谈及这方面的工作，一是因为弼时从不炫耀自己，二是他善于保密。①

从返回延安，到共产国际解散，任弼时负责的这项艰苦细致而又高度机密的工作，保障了中共中央与共产国际交流渠道的畅通，保障了党中央、毛泽东与共产国际的密切联系，维护了中国共产党的团结和进步。

六　整顿中央机构，加强边区经济建设

政治制度的建设、政治机构的规范，都是政治现代化进程的重要内容。从这个意义上说，任弼时在中国共产党政治现代化进程的重要环节中，发挥了积极的作用。

1940年3月，任弼时回国后参加中共中央书记处工作，5月间，担任党的七大筹委会秘书长。1941年9月，正式任中共中央秘书长，还分管中央组织部、工会、青年团、妇联及西北局的工作。

任弼时首先整顿和健全了中央机构和工作制度。在战争环境下，中央机关、组织部、宣传部、统战部、西北局由中央的负责人各管一摊，各自有各自的工作方式和生活习惯，没有统一的办事机构，

---

① 师哲：《在历史巨人身边》，中央文献出版社1991年版，第201页。

没有统一的作息制度，没有正规的管理制度，随意性较大，游击作风较浓。任弼时任秘书长后，成立了中央办公厅，亲自兼主任，由李富春任副主任；下设秘书处，由王首道、曹瑛负责；行政处由邓洁负责；还设有材料组，负责档案等工作。这样，各项行政制度、工作制度、财会制度、收发及会客制度都建立起来了，各项工作相互协调，有条不紊地开展起来。师哲后来总结说：

> 由于各种规章制度的建立，各部门的行政关系很快明确了，工作正规化；克服了议而不决、决而不行、行而无果的拖拉疲沓现象；改变了自由散漫、各自为政、无人负责、本位主义、游击习气等作风；大大提高了工作效率。①

中央系统走上正规化后，任弼时又进一步规范中央所属各部委，到 1942 年、1943 年，各部委都集中到杨家岭一带办公，各单位的工作也很快正规化了。

1942 年 10 月 19 日到 1943 年 1 月 14 日，中共中央召开西北局高干会。这是党的历史上一次重要的会议。会议规模很大，边区党政军民县、团级以上的干部有 300 余人参加，中央高级学习组全体同志以及在中央党校一、二部的重要干部都到会旁听，中央负责人都到会讲话。任弼时对这次会议高度重视，亲自筹备，并精心谋划西北局今后的工作。西北局的工作原来由王明负责指导，他的思想、政策脱离实际。为此，任弼时在高干会上澄清历史遗留下来的问题，加强党的一元化领导，制定了西北局今后的工作方针、政策和策略。他在会上提出"发展生产、保障供给、公私兼顾、军民兼顾"的基本建设工作方针，对推动陕甘宁边区开展生产运动，顺利地战胜重重经济困难起了重要的作用。

西北局高干会议期间，针对陕甘宁边区政府存在"机关庞大，

---

① 师哲：《在历史巨人身边》，中央文献出版社 1991 年版，第 165 页。

系统分立；单位太多，指挥不便；干部堆在上层，中下层虚弱无力"的问题，毛泽东强调："必须达到精简、统一、效能、节约和反对官僚主义五项目的。"1943年3月，任弼时与毛泽东、周恩来、刘少奇、朱德组成以毛泽东为首的中共中央书记处。此后，任弼时将精力放在落实精兵简政工作上。

3月16日，任弼时代表书记处在中共中央政治局会议上提出了精兵简政的初步方案：一是明确中央书记处的职权，是政治局的办事机构，服从于政治局，在政治局制定的方针下主持日常工作；二是在政治局之下设宣传委员会和组织委员会，真正成为中央的助手；三是设立民运委员会，统一领导职工会、青年团、妇联等群众团体，对外保留各组织的名义，保存干部和传统；四是合并同类机构；五是调整研究工作机构。经过政治局两次会议讨论，通过了《关于中央机构调整及精简的决定》。会后由李富春主持精简委员会，具体实施精简方案。

这次中央机构的调整和精简，确立了毛泽东在全党的核心地位，为党的七大在组织上奠定了基础。机构的调整，实现了中共中央政治局和书记处对全党工作的一元化领导，增强了领导效能。

1943年5月22日，共产国际执委会主席团公开宣布《关于提议解散共产国际的决议》。在这种情况下，国内外反共势力借此大做文章，蒋介石密电胡宗南，企图攻占陕甘宁苏区，发动第三次"反共"高潮。为击退国民党的进攻，中共中央在军事上做了充分的准备，坚决制止内战，克服危机。同时，由任弼时负责，7月9日在延安召开了3万群众参加的示威大会，反对内战，反对分裂，呼吁和平，坚持团结抗日。大会向国民党发出通电，《解放日报》发表题为《起来，制止内战，挽救危亡》的社论。在强大的政治舆论攻势下，国民党不得不改变策略。

整风运动中，由康生主持的清查暗藏反革命工作出现偏差，各机关掀起"抢救失足者"运动，并采取"逼"、"供"、"信"的错误路线。对此，任弼时果断地提出："不能搞逼供！"当他发现各种错误做法颠倒是非时，就向毛泽东汇报，反映情况，提出立即制止错误做法的意见。后来，康生将"抢救运动"改称"自救运动"，但仍然制造了许多冤假错案，造成严重后果。

对此，任弼时表示反对。12月6日，他在中共中央西北局会议上说："对坦白的人，要分别是非轻重，进行甄别。"他说，青年知识分子在"抢救"运动中"坦白"的比例那么大，是逼供信搞出来的，应很好地清理。

12月22日，中共中央政治局会议讨论甄别工作，任弼时在发言中否定康生提出的新的知识分子大多数是特务的谬论。他严肃地说："在延安的新知识分子，中直机关和军队系统，共约4万人，大多数是1937年到1938年来到延安的，其中3600多人是地下党撤退来的，我认为他们中大多数是好的，是为了抗日救国，为了革命投奔延安来的。"任弼时提出，在审查重大特务等方面，要注重调查研究。

毛泽东接受了任弼时的意见，为了团结干部，他还承担了责任，在陕甘宁边区行政学院公开承认"抢救"运动搞错了。

当时，康生只怕两个人，一个是毛泽东，一个是任弼时。同是政治局委员，康生为什么怕任弼时呢？康生自己解释说，在上海大学读书时，任弼时是他的老师。师哲后来总结说："更重要的原因，是任弼时一身正气，康生不敢触犯，更不敢得罪。"1947年，贺龙曾感慨地说过："康生是外向人物，要名誉、要地位，花里胡哨；任弼时是内向人物，他是向内发展的，即在自己身上多下工夫，提高思想认识，加强修养，不断地充实、发展、提高自己。"贺龙的这段话，是对任弼时的由衷敬仰，也是对任弼时政治工作的高度赞扬。

整顿经济，发展根据地是任弼时在边区所做的另一项重要工作。

任弼时不仅努力规范中共中央的各项制度，还鼓励人民群众积极建设和发展边区。1941年2月13日，任弼时在陕甘宁边区各县干部联席会议上指出，不管时局将如何发展，我们陕甘宁边区的地位与意义都是非常重要的："假使时局好转，它是我们的后方，把这个后方建设好，它的影响可以扩大到全国去。假使全面破裂，那边区就更加重要了，我们党就要在西北创造一个大局面，那时我们就要消灭蒋介石的主力，继续支持抗战局面。"①

任弼时强调，不论时局或好或坏，我们的统战工作、建设工作仍是要继续坚持的。他提出要改变我们的作风，做好细致的经济建设工作，以建设好边区。

自1943年下半年以来，边区物价波动，通货膨胀，财政金融出现紊乱。为改变这一混乱状况，毛泽东提议由任弼时负责，朱德、林伯渠、高岗、贺龙、李富春等参加，共同研究治理财政金融问题。1944年1月6日，任弼时在中共中央西北局会议上说："陕甘宁边区今年的工作中心，第一是生产，第二是抓好军队，而目前急需解决的是财政金融困难。"他指出，国民党用经济封锁、贸易操纵等办法扰乱边区金融秩序，我们要和他们保持密切的贸易往来，又要善于做尖锐的斗争，制定"主动的独立的方针和政策"。他强调说，经济战线的斗争是复杂的，"犹如指挥作战一样，如果不能正确地判断情况，灵活运用政策，就可能遭受失败"。

任弼时要求各经济部门克服单纯营利观念，遵纪守法，"对内力求互助合作，发展经济；对外求得统一步骤，集中力量"。任弼时还要求各地党组织下决心抽出一部分真正能掌握政策、党性又好的负责干部，让他们参加贸易、金融、财政机关的工作，因为，"这不仅是为着解决目前的问题，还要使他们专门向贸易、金融、财政和管理企业方面去发展，培养成为我们建国的专门人才。这是在我们全党面前已经被提出来的严重任务。"② 经济上的建设成效，有力地维护了党的政治威信，为军事上的胜利提供了保障。

七 参与重大决策，推动共青团工作

在延安，任弼时参与制定党的重大决策，在筹备党的七大，领

---

① 《任弼时选集》，人民出版社1987年版，第225页。
② 同上书，第348页。

导整风运动、大生产运动中做了大量卓有成效的工作，对党的建设做出了重要贡献。

1944 年 5 月 21 日，中共六届七中全会在延安杨家岭开幕。任弼时向全会报告了七大的筹备工作情况，提出了各项报告的准备委员会组织情况，除政治报告不设委员会外，军事、组织、统战和历史问题四项报告均设准备委员会。

任弼时、刘少奇、康生、周恩来、博古、张闻天、彭真、高岗组成党的历史问题准备委员会，任弼时为召集人。这项工作对党的四中全会以来党中央领导路线进行系统的剖析和总结，集中阐述了以毛泽东为代表的正确路线，并商讨党的七大的准备工作以及城市工作等问题。七中全会会议讨论并通过经党的历史问题准备委员会反复讨论、修改的《关于若干历史问题的决议》，为七大的召开奠定了思想基础。

1945 年 4 月 23 日，在雄壮的《国际歌》声中，任弼时在延安庄严肃穆的中央大礼堂宣布中国共产党第七次全国代表大会开幕。大会制定了"放手发动群众，壮大人民力量，在我党的领导下，打败日本侵略者，解放全国人民，建立一个新民主主义的中国"的政治路线，通过了党的章程，选举了中央委员和候补中央委员。这是一次经过精心准备和筹划的大会，是凝聚了毛泽东、周恩来、刘少奇、任弼时等人心血和智慧的大会，是一次团结的胜利的大会。

在中共七届一中全会上，任弼时当选为中央政治局委员、书记处书记，成为党的第一代中央领导集体的重要成员。

此时，由于日夜操劳，任弼时的身体状况越来越差。他被苏联医生检查出患有高血压、脑血管硬化。医生专门向毛泽东做了汇报，说任弼时的病情非常严重，随时都有可能发生危险，需要多休息。但任弼时一直坚持带病工作，为革命奉献自己的全部精力。

抗战胜利后，毛泽东、周恩来前往重庆谈判。刘少奇、任弼时等人则在后方为配合重庆谈判精心谋划，努力工作。为做好派干部开辟东三省的工作，任弼时起草文电，出席会议，协调各项工作，并与各奉命离开延安前往东北的干部谈话。

1946年3月15日，任弼时出席中共中央政治局会议，研究时局和对策，讨论整军复员计划，解决土地政策及经济政策等问题。在减租运动和解决土地问题上，任弼时主张在彻底减租清算的名义下，克服某些过火的斗争现象，争取年内基本上解决农民的土地要求，以有利于巩固解放区。会后，任弼时与邓子恢、薄一波、黎玉等一起座谈调整土地政策问题。

任弼时常常听取各地的汇报，认真了解各解放区的土地改革情况，及时纠正土改中出现的"左"的错误，调动广大翻身农民积极投身人民解放战争。他的意见在5月4日通过的《关于土地问题的指示》中得到充分体现。

任弼时还起草了《解放区经济建设和财政金融贸易的基本方针》，他指出："我们若不能在经济建设上表示我党组织经济的力量，若是在经济建设上表示无能，则不独不能进一步改善人民生活，而且一定要丧失我们的政治地位。经济战线上的无能与失败则将导致政治上、军事上的失败。全党必须进行经济建设的思想教育，要使党内许多有能力的干部转入经济建设和斗争的战线上去。"[1]

1947年3月开始，蒋介石以重兵进攻延安。3月20日，毛泽东、刘少奇、朱德、周恩来、任弼时在王家坪共商战局。会议决定，中共中央和中央军委继续留在陕北，但中央各机构必须转移到安全地带。为做好这件极其紧迫而又细致复杂的转移工作，25日晚，任弼时为中共中央起草了给晋察冀、晋绥和太行等区《关于掩护中央机关安全问题的指示》，安排了转移群众和档案、埋藏物资、编组行军队伍等工作。

从4月10日开始，毛泽东、周恩来、任弼时三人率中央纵队在陕北主持工作，他们随战争形势的变化，以惊人的毅力跋山涉水，运筹帷幄。

每到一地，任弼时都立即安排好毛泽东的住所，然后指挥架设好电台、安装好电话，保障通信的顺畅。毛泽东后来说："胡宗南进

---

① 《任弼时选集》，人民出版社1987年版，第394—401页。

攻延安之后，在陕北，我和周恩来、任弼时在两个窑洞里指挥了全国的解放战争。"

在参与制定党的重大决策工作的同时，任弼时还进一步对青年团等工作精心谋划，认真指导，促使大批爱国青年为抗日战争和解放战争的胜利做出了积极的贡献。任弼时于 1945 年 9 月上旬召集中央青年团委员会的冯文彬、蒋南翔和宋一平等谈话，要求组织青年工作队去东北开展工作。蒋南翔回忆说：

> 他做了这样指示：东北青年在伪满统治下十四年，他们有强烈的爱国心，但过去没有机会接触外面的世界，像黑屋子里的人骤然跑到阳光下面，一时不容易认清自己的方向，因此我们很迫切地需要到东北去做团结和教育东北青年的工作，提高他们的革命觉悟。东北这个地方很重要，东北革命的胜利将会加速中国革命胜利的进程。他还说：过去我们是在乡村，这回到东北，有可能进入一些城市，可以相机组织"民先"、"青年团"一类先进青年组织。①

在任弼时的指导下，共青团组织了 90 多人的青年工作队辗转跋涉，到达战火纷飞的东北。1946 年 8 月，成立了东北民主青年联盟，在东北积极开展工作。

为了把青年积极分子组织起来，培养他们成为党的突击力量，任弼时着手在解放区建立青年团组织，成立青年联合会。1946 年 9 月 13 日，任弼时主持召开中共中央座谈会，讨论建立青年团的问题，朱德、林伯渠、徐特立、康生、陆定一、蔡畅、习仲勋、饶漱石等出席了会议。任弼时在会上指出，在国民党统治区，要同国民党做争取广大青年的斗争，青年工作就特别重要。国民党建立了三青团，在他们统治地区的学校中，三青团对民主运动起了很大的阻

---

① 蒋南翔：《任弼时统治对青年运动的伟大贡献》，载《任弼时同志八十诞辰纪念集》，中国青年出版社 1985 年版，第 52 页。

碍作用。我们为了同国民党争青年，也应注意组织青年。

经过广泛的讨论，中共中央发出了《关于建立民主青年团的提议》，指示各中央局和分局总结过去的经验教训，因地因时建立青年团。中央青委在任弼时的指导下，在延安附近的冯庄、丰足火柴厂和行知中学建立试点，为之后在农村、工厂和学校建立青年团提供了丰富的工作经验。

1949 年初，任弼时指导建立中国新民主主义青年团，被推选为团中央名誉主席。

在身体状况严重恶化的情况下，任弼时仍然坚持工作，为党和人民的事业操劳。1950 年 10 月 27 日，年仅 46 岁的任弼时被病魔夺去了宝贵的生命。这是新中国成立后，我党遭受的第一个无法弥补的重大损失。

任弼时同志去世后，党中央对他的这种革命精神和崇高品德给予了高度评价，毛泽东同志号召全党向他学习。

叶剑英同志非常中肯和准确地评价任弼时说："他是我们党的骆驼，中国人民的骆驼，担负着沉重的担子，走着漫长的艰苦的道路，没有休息，没有享受，没有个人的任何计较。他是杰出的共产主义者，是我们党最好的党员，是我们的模范。"

彭德怀挽任弼时文

　　任弼时同志虽然离开我们已有半个多世纪了，但是他为中国革命建立的不朽功勋，他在为党和人民事业的奋斗中表现出来的高风亮节，永垂不朽。任弼时的革命实践活动是多方面的，他对青年工作、军队建设、根据地建设、指导土改、整党工作和党的建设等都颇有建树。

　　青年时期，任弼时同志为中国共产主义青年团的建设和发展，倾注了大量心血，为党的青年工作做出了开创性贡献。大革命失败后，任弼时为保存和恢复革命力量做了大量艰苦的工作，为开展土地革命战争做出了卓越的贡献。长征中，任弼时坚决拥护以毛泽东为代表的中共中央，同张国焘的分裂主义做坚决斗争，坚决维护党和红军的团结统一，为胜利实现红军三大主力会师做出了贡献。任弼时驻共产国际期间，通过他的协调和努力，共产国际处理有关中国的事务，无论是方针、政策的研究讨论，还是对中国同志问题的处理，还是培养中国学生的教育方针、教学计划等，都以任弼时为首的中共代表团的意见为依据，对取得共产国际的支持发挥了重要作用。在延安，任弼时参与了党的许多重要的方针政策的制定和组织实施，为促进全党的团结、为抗日战争的胜利做出了重大贡献。抗战胜利后，他指导了土地改革和整顿党组织的运动，在这场解放农业生产力、加强党的基层组织的伟大斗争中，提高了党的基层组织的战斗力。

　　无论是建设青年团，还是维护党的团结；无论是加强党的政治制度建设、规范机构建设，还是协调共产国际与中共的关系；无论是参与制定党的方针政策，还是指导土地改革，都是任弼时为中国共产党的进步和推动中国政治现代化进程所做贡献的最好印证。

　　任弼时被称为"我们党内的妈妈"，他品德崇高，信念坚定，对党的事业无限忠诚。他以坚忍不拔的"骆驼精神"为党和人民的革命事业奋斗不息，为新民主主义革命奉献自己的才华和智慧，为推动中国政治现代化进程建功立业。

参考文献

《陈宝箴集》，中华书局 2005 年版。

钱仲联主编：《广清碑传集》卷 14，苏州大学出版社 1999 年版。

《唐才常集》，中华书局 1982 年版。

《郭嵩焘诗文集》，岳麓书社 1984 年版。

《谭嗣同集》，岳麓书社 2012 年版。

《黄兴集》，中华书局 1981 年版。

饶怀民编：《刘揆一集》，华中师范大学出版社 1991 年版。

陈旭麓编：《宋教仁集》下册，中华书局 1981 年版。

郭汉民编：《宋教仁集》，湖南人民出版社 2008 年版。

湖南省哲学社会科学研究所古代近代史研究室校注：《宋教仁日记》，湖南人民出版社 1980 年版。

罗福惠、萧怡编：《居正文集》，华中师范大学出版社 1989 年版。

刘泱泱编：《黄兴集》，湖南人民出版社 2008 年版。

石芳勤编：《谭人凤集》，湖南人民出版社 1985 年版。

中国社科院近代史所：《孙中山全集》，中华书局 1990 年版。

刘晴波主编：《杨度集》，湖南人民出版社 2008 年版。

《毛泽东早期文稿》，湖南出版社 1995 年版。

中共中央文献研究室编：《毛泽东著作专题摘编》（下），中央文献出版社 2003 年版。

《毛泽东文集》第 1 卷，人民出版社 1993 年版。

《毛泽东选集》第 1 卷，人民出版社 1991 年版。

《中共中央文件选集》第 9、10 册，中共中央党校出版社 1991

年版。

《刘少奇选集》，人民出版社 1985 年版。

《刘少奇论党的建设》，中央文献出版社 1991 年版。

《刘少奇论工人运动》，中央文献出版社 1988 年版。

刘少奇：《论共产党员的修养》，人民出版社 1997 年版。

刘少奇：《论党员在组织上和纪律上的修养》，中共中央党校党建教研室 1981 年版。

刘少奇：《论党》，华中新华书店 1948 年版。

任弼时：《任弼时选集》，人民出版社 1987 年版。

中国史学会编：《戊戌变法》第 4 册，上海人民出版社 1953 年版。

《湖南历史资料》1958 年第 4 期。

《湖南文史资料选辑》第 10 辑。

桃源县政协编：《宋教仁纪念专辑》，1987 年印行。

《桃源文史资料》第 1 辑，1985 年刊。

刘望龄辑注：《孙中山题词遗墨汇编》，华中师范大学出版社 2000 年版。

张廷玉：《明史·李东阳传》，中华书局 1974 年版。

成晓军：《谭延闿评传》，岳麓书社 1993 年版。

张国淦：《北洋军阀史料选辑》（上），中国社会科学出版社 1981 年版。

沈云龙主编：《近代中国史料丛刊》第 68、69 辑，文海出版社 1983 年版。

中国第一历史档案馆：《赵尔巽全宗卷》第 219 卷。

中央档案馆编：《中国共产党第二次至第六次全国代表大会文件汇编》，人民出版社 1981 年版。

《遵义会议文献》，人民出版社 1985 年版。

《陈宝箴和湖南新政》，故宫出版社 2012 年版。

丁平一：《湖湘文化传统与湖南维新运动》，湖南人民出版社 1998 年版。

皮明庥：《唐才常和自立军》，湖南人民出版社 1984 年版。

毛注青：《黄兴年谱长编》，中华书局 1991 年版。

薛君度：《黄兴与中国革命》，湖南人民出版社 1980 年版。

杜元载主编：《黄克强先生纪念集》，台北中央文物供应社 1973 年版。

《黄克强先生荣衰录》，1918 年长沙出版。

田伏隆主编：《忆黄兴》，岳麓书社 1996 年版。

［美］薛君度等编：《黄兴新论》，武汉大学出版社 1988 年版。

李元灿、李育民、迟云飞：《宋教仁传》，国际展望出版社 1992 年版。

徐血儿等编：《宋渔父》第一集后编，《民立报》社 1913 年刊。

章开沅、林增平主编：《辛亥革命史》下册，人民出版社 1981 年版。

迟云飞：《宋教仁与中国民主宪政》，湖南师范大学出版社 1997 年版。

刘基胜：《为民主而斗争：宋教仁与辛亥革命》，美国加利福尼亚大学出版社 1971 年英文版。

李剑农：《戊戌以后三十年中国政治史》，中华书局 1980 年版。

粟戡时：《湖南反正追记》，湖南人民出版社 1981 年版。

郭孝成：《中国革命纪事本末》，商务印书馆 2011 年版。

曹亚伯：《武昌革命真史》下册。

［美］周锡瑞：《改良与革命》，江苏人民出版社 2007 年版。

《湖南近百年大事记述》，载《湖南省志》第 1 卷，湖南人民出版社 1959 年版。

何汉文、杜迈之：《杨度传》，湖南人民出版社 1979 年版。

埃德加·斯诺：《西行漫记》，董乐山译，生活·读书·新知三联书店 1979 年版。

金冲及主编：《毛泽东传（1893—1949）》，中央文献出版社 1996 年版。

《聂荣臻回忆录》上册，战士出版社 1983 年版。

《王首道回忆录》，解放军出版社 1988 年版。

徐海东：《生平自述》，生活·读书·新知三联书店 1982 年版。

蒋泽民：《忆毛泽东在延安》，八一出版社 1993 年版。

《谢觉哉日记》（上），人民出版社 1984 年版。

《萧劲光回忆录》，解放军出版社 1987 年版。

李维汉：《回忆与研究》（下），中共党史资料出版社 1986 年版。

《难忘的回忆——怀念毛泽东同志》，中国青年出版社 1985 年版。

金冲及：《刘少奇传》，中央文献出版社 1998 年版。

黄祖琳：《刘少奇青少年时代》，中国青年出版社 1991 年版。

刘崇文、陈绍畴：《刘少奇年谱（1898—1969）》上卷，中央文献出版社 1996 年版。

《刘少奇自述》，解放军文艺出版社 2003 年版。

《刘少奇与安源工人运动》，中国社会科学出版社 1981 年版。

徐占全、徐婧主编：《工运领袖刘少奇》，贵州人民出版社 2011 年版。

《缅怀刘少奇》，中央文献出版社 1988 年版。

陈毅、萧华等：《回忆中央苏区》，江西人民出版社 1981 年版。

章学新主编：《任弼时传》，中央文献出版社 2000 年版。

《中国工农红军第二方面军战史》，解放军出版社 1992 年版。

师哲：《在历史巨人身边》，中央文献出版社 1991 年版。

《知新报》、《湘报》、《东方杂志》、《国风报》、《民立报》、湖南《大公报》。

《解放日报》、《中国青年》、《人民日报》。